KARTOFFELN AL DENTE

Andrea lernt Deutsch

Angelo Colagrossi

Langenscheidt

Berlin · Madrid · München · Warschau · Wien · Zürich

Kartoffeln al dente – Andrea lernt Deutsch
Angelo Colagrossi
Lektorat: Alexandra Bauer (textwerk, München)
Redaktion: Kathrin Nord für textwerk, München
Layout: Dorothea Huber

Satz: kaltner verlagsmedien GmbH, Bobingen
Druck und Bindung: Stürtz GmbH, Würzburg
ISBN 978-3-468-73837-1
www.langenscheidt.de

12010

*Für meine liebevolle,
laute, lustige Familie*

Langenscheidt

„Mamma mia!“, rutscht es mir ungebremst heraus, als ich aus der S-Bahn steige. Instinktiv will ich sofort wieder einsteigen, aber die Türen schließen sich mit einem „Wuuusch“-Geräusch vor meiner Nase.
Jetzt stehe ich hier an der Haltestelle „Krefeld Süd“, und es gibt kein Zurück. Ich spüre die Blicke auf mir, was sicherlich mit meinem Aufschrei zu tun hat. Jetzt wissen alle anwesenden Krefelder, woher ich komme – nämlich aus Italien, genauer aus Catania auf Sizilien.
„Italiener nennt man in Deutschland Spaghettis, Gastarbeiter und im schlimmsten Falle Mafiosi“, erzählte mir mein Vater immer wieder. Und der kannte sich richtig gut aus, nachdem er als junger Mann ein paar Jahre in Deutschland gelebt und gearbeitet hatte. Doch auf seine Schauergeschichten folgte jedes Mal eine laute Diskussion mit meiner Oma, die in Deutschland geboren worden war – in einer wilden Sprachmischung aus Catanesisch, Deutsch und Italienisch, die nur die beiden verstehen.
Na super, willkommen!, sage ich mir trotzdem, und um mir Mut zu machen, klopfe ich mir selbst ungeschickt auf die Schulter.
Ich traue meinen Augen kaum. Auf dem Bahnhof wimmelt es von lauter bunt verkleideten Leuten, die „Helle Sau, Helle Sau“ oder etwas Ähnliches brüllen und zum Teil total besoffen sind, so als wäre gerade Karneval.
Karneval? Aber doch nicht Mitte November?
Ich bekomme auf der Stelle einen Hirnzusammenbruch. Die absurde Realität mischt sich mit allem, was ich kenne, und das Ganze passt nicht zusammen.
Ich fühle, wie alle meine Synapsen wie eine Horde aufgeregter Ameisen wild durcheinanderknallen, um der verrückten Situa-

tion einen Sinn zu geben – aber dabei kommt nichts weiter heraus als ein verwirrtes „non ci credo“. Das gibt's doch nicht!

Ich atme tief durch, fasse mich wieder, klatsche mir auf meine Wangen und stürze mich widerwillig in die singende Menge – immer darauf bedacht, dass mich niemand mit Bier bekleckert. Schließlich habe ich mir für die Reise extra mein bestes Nadelstreifenjackett und ein weißes Hemd angezogen. Unsicher gehe ich mit meinen beiden Rollkoffern Richtung Ausgang „Hansastraße“, wo ich den Bus nehmen will.

Um meine Eltern in unserer kleinen Pension mit Restaurant nicht nur als Koch zu unterstützen, habe ich mich auf Wunsch meiner Oma Margarete für das Intensiv-Wintersemester „Deutsch als Fremdsprache“ angemeldet.
In der letzten Zeit kommen immer mehr deutsche Touristen zu uns, und die verstehen ja nicht alle unsere Sprache. Auch wenn man sagt, dass wir Italiener mit Händen und Füßen sprechen können, die gesprochene Sprache zu beherrschen, macht vieles einfacher.
Meine Oma stammt aus Krefeld, und sie hat darauf bestanden, dass ich ihre Heimatstadt besuche. Außerdem hat sie mich noch zu dem TV-Wettbewerb „DSD5SK“ angemeldet, den ein großer Privatsender veranstaltet. Meine Oma ist nicht nur sehr praktisch veranlagt, sondern glaubt auch an mich. Und bisher habe ich sie nicht enttäuscht: Ich gehöre tatsächlich zu den 20 Teilnehmern der Finalrunde der Show „Deutschland sucht den 5-Sterne-Koch“. Mir ist nicht ganz klar, weshalb es um fünf geht, denn beim Kochen gibt's ja eigentlich nur drei Sterne, aber wahrscheinlich wollten die „Macher“ einfach kräftig draufhauen, um unter

all den anderen Kochsendungen herauszustechen. Ein kleines Fernsehteam ist auch schon bei uns im Dorf gewesen. Es hat bei uns gedreht und von dem Essen probiert, das ich gekocht habe.
Die meisten Wörter, die ich schon auf Deutsch kenne, hat mir Oma beigebracht, als ich klein war. Sie kam in den 50er-Jahren mit einer Studiengruppe nach Sizilien. Als sie in der Mittagshitze durch die kleinen und verwinkelten Gassen von Catania schlenderte, stolperte sie in ein Loch in der Straße, stürzte und verstauchte sich den Fuß. Da hockte sie nun ganz alleine mitten in der Altstadt, in der Mittagszeit, wenn kein vernünftiger Italiener draußen unterwegs ist. Alle halten um die Zeit Mittagsschlaf – außer meinem Opa Andrea. Als hätte ihn das Schicksal aus dem Haus getrieben, machte er ausgerechnet an diesem Tag genau dort einen kleinen Spaziergang, wo meine Oma sich verletzt hatte.
Er half ihr aufzustehen und brachte sie nach Hause zu seinen Eltern, wo er ihren Fuß mit Eis kühlte und gleichzeitig ihr Herz entflammte. Es war Liebe auf den ersten Blick, und obwohl beide die Sprache des anderen nicht beherrschten, verstanden sie sich sofort.
Und so ist Oma Margarete einfach in Catania geblieben, als ihre Gruppe weiterreiste. Der Rest ist Geschichte, und noch heute pilgern meine Großeltern regelmäßig zu der Stelle in der kleinen Straße, wo das Loch war. Wenn ich an diese Geschichte denke, sehe ich sie immer vor mir wie in einem alten Schwarz-Weiß-Film der 50er-Jahre. Voll romantisch.
Auch wenn sie inzwischen kaum noch Deutsch spricht und schnell zu einer echten italienischen Mamma wurde, hat mir meine Oma immer von ihrer alten Heimat Krefeld vorgeschwärmt.

Und nun bin ich also in Deutschland, besser gesagt, ich fahre in einen kleinen Vorort von Krefeld.
Kochen kann ich schon ganz gut, aber um Omas Muttersprache besser zu lernen, werde ich zu Gast bei einer echten deutschen Familie sein – bei den Heilmanns. Mann, Frau und Kind in einem Reihen-Familien-Haus, mit Vorder- und Hinter-Garten, wahrscheinlich mit lachenden sieben Zwergen in allen Variationen, das alles bei Uerdingen, in der Nähe von „Chempark". Also da, wo „die Aspirinen" produziert werden.

„Helau, Helau", schreit die Menge auf der Straße, und nicht „Helle Sau, helle Sau", wie ich bisher gedacht habe. Eine Frau, verkleidet als knallgelber Kanarienvogel, singt mir direkt ins Ohr: „Ein kleiner Italiener, der kohommt nach Krehefeld", und pustet dann in eine Tröte, die sich durch die Luft ausdehnt, genau in mein Gesicht. Der scharfe Schnapsgeruch, der mir dabei in die Nase steigt, nimmt mir kurz den Atem. Denken die alle, in meinem schicken Jackett bin ich als Mafioso verkleidet? Bei dem Gedanken empfinde ich mich sofort „als Fehler am Platz". Nachdem ich ein paar freundliche Angebote der Karnevalisten, mit ihnen zu schunkeln, abgelehnt habe, steige ich, nicht ohne Probleme, mit meinen beiden Koffern in den Bus.
Der Busfahrer hat eine komische Nase und schunkelt schwungvoll am Steuer von rechts nach links. Ich mache mir Sorgen, dass er leicht betrunken sein könnte – nachher landen wir noch alle im Krankenhaus. Was heißt bloß „mi sento male" auf Deutsch? Ich hole mein kleines Wörterbuch raus und will nachschauen, doch etwas am Busfahrer lenkt mich ab. Neugierig beäuge ich ihn. Hat er da ein riesiges Furunkel oder eine andere seltene

Krankheit? Ich beuge mich näher heran und stelle verblüfft fest, dass die Deformation in seinem Gesicht nur eine knallrote Pappnase aus „Schlaugummi“ ist.
„Ich fühle mich unwohl“, lautet die Übersetzung auf Deutsch, und so fühle ich mich auch – auf Deutsch und auf Italienisch.
Ich setze mich direkt ans Fenster, um das Geschehen auf der Straße aus sicherer Distanz und ungestört überblicken zu können. Von draußen gellen die Helau-Rufe nun etwas gedämpfter herein.
Der lästige Nieselregen scheint die ganze Stadt wie eine Wolke zu umarmen. Ein irreales Bild. Aus dem Grau stechen die Farben der Karnevalisten heraus – begleitet von diesem „Helau“.
Als wir die historische Innenstadt verlassen, verändert sich die Architektur. Festlich geschmückte, moderne Einfamilienhäuser ziehen an meinem Fenster vorbei. Richtung Rhein sind sie besonders aufwendig dekoriert.
Die Gebäude sind also auch verkleidet, allerdings nicht karnevalsmäßig, sondern festlich weihnachtlich. Ich begreife immer noch nicht, warum die heute wie an Karneval aufgedreht durch die Straßen ziehen, und grüble nach dem Grund: Vielleicht hat die Stadt Geburtstag? Eventuell feiern die hier den Vollmond oder die Erlassung der Mehrwertsteuer?
Das SMS-Piepen meines Handys reißt mich aus den Überlegungen. Es ist eine „Messaggino“ aus Italien: „Allora, sei arrivato? Tutto bene?“
Um die Lieben daheim nicht unnötig mit den komischen Ereignissen in Deutschland aufzuregen, antworte ich ohne große Erklärungen auf die SMS, dass ich gut angekommen bin, alles in Ordnung sei, es nicht ganz so kalt sei, wie wir dachten, alles

schön sei und vor allem bunt! Dann kommt auch schon meine Haltestelle.

Mit schnellen Schritten, um der Gefahr, wieder zum Mitschunkeln aufgefordert zu werden, zu entgehen, erreiche ich mit meinen beiden Rollkoffern schließlich eine kleine Nebenstraße, in der es zum Glück wesentlich ruhiger ist. Hier ist es menschenleer, alle scheinen in der Stadt zu sein. Nur von Ferne höre ich leise die Geräusche der Feiernden.
Am Heilmann-Haus angekommen, blicke ich mich im Vorgarten um und stelle erleichtert fest, dass es hier tatsächlich nett ist; und erstaunlicherweise sind von den sieben Zwergen nur drei da.
Das Haus ist rosafarben angemalt und klemmt zwischen zwei mächtigen Backsteinhäusern. Es ist schmal und hat drei Etagen.
Schwungvoll drücke ich die Klingel am Gartentor und vernehme einen niedlichen Klang, wie Glöckchen im Frühling. Mein Herz öffnet sich vor Freude. Alles wird gut.

Aber dann passiert nichts mehr – keine Schritte, keine Begrüßung, nichts. Ich gehe durch das Tor direkt zur Haustür und klopfe zaghaft. Wieder nichts. Dann klopfe ich etwas lauter, aber wieder erfolglos. Niemand kommt und macht die Tür auf und begrüßt mich herzlich. Komisch, die Heilmanns wussten doch, dass ich heute um diese Zeit ankommen würde. Aber keiner ist da.
Ein Anflug von Panik erfasst mich. Vielleicht bin ich in der falschen Straße. Ich marschiere zurück, um mich zu vergewissern. Nein, auf dem Schild steht „Pinienwaldstraße“. „Pineta“, das kenne ich aus Sizilien, und das beruhigt mich. Und auch die Hausnummer stimmt. Da hilft wohl nur Geduld.

Frustriert setze ich mich an der kleinen Treppe vor dem Haus neben ein Kinderfahrrad auf einen meiner Koffer und warte. Wo sollte ich auch hingehen? Gedankenverloren summe ich „Ein kleiner Italiener … ahaleine … Krehefeld …“ vor mich hin.
Eine alte Dame mit einem knallroten Bollerwagen, der zu ihrem Hut passt, geht vorbei und blickt mich skeptisch an. Ich möchte sie etwas fragen, aber sie blafft „Ich nicht kaufen!“ in meine Richtung und geht schnell weiter.
Ihr entgeisterter Gesichtsausdruck hält mich nicht davon ab, ihr hinterherzulaufen, um meine Frage zu stellen. Ich packe meine beiden Koffer und eile ihr nach. Sie läuft etwas schneller und blickt sich immer wieder nach mir um. Dann bleibt sie abrupt stehen und schaut mich böse an.
Nicht ohne ein freundliches Grinsen aufzusetzen, frage ich sie: „Entscheldigung, gnädige Frau, kennen Sie die Familie Heilmann?“ Diesen Satz habe ich in der ersten Lektion des ersten Kurses in meiner Heimat gelernt.
„Ich nix verstehen. Ich zehn Jahre Taxifahrer“, antwortet sie mit einem leichten Schielen und rast weiter, als hätte sie an ihrer Hand einen Ferrari anstelle eines roten Bollerwagens.
Wieso „Taxifahrer“? Das verstehe ich nicht. Resigniert gehe ich zurück zum Haus, setze mich wieder auf meinen Koffer und warte. Früher oder später müssen die Heilmanns ja nach Hause kommen. Hoffentlich hatten sie „keine Unglücke“ mit dem Busfahrer mit der roten „Schlaugummi-Pappnase“.
Ein paar Müllmänner brausen in ihrem orangefarbenen LKW vorbei Richtung Hauptstraße. Was ist denn da los? Wird hier der Frühjahrsputz vorgezogen? Würde mich nicht wundern, schließlich feiern die ja anscheinend auch Karneval zu Weihnachten.

Ich beobachte ein paar kleine Kaninchen, die mit einem Zwerg spielen und durch den Garten hüpfen. Wie niedlich, denke ich. Bei uns sind es manchmal Ratten, die im Vorgarten spielen.
Plötzlich hoppeln alle süßen Kuscheltiere hektisch durcheinander, als sich das Gartentor öffnet. Ein riesiger Mann in einem „Flegelmaus"-Kostüm und eine Afrikanerin mit Kind – wobei der Junge eigentlich viel zu dick ist, um ein Afrikaner zu sein – umzingeln mich bedrohlich.
Ich starre in die dunkelbraun bemalten Gesichter von Mutter und Sohn, beide haben dicke, schwarze Kringellocken und einen großen, weißen Knochen auf dem Kopf. Die moppelige Fledermaus zuckt aufgeregt mit ihren langen Schnurrbarthaaren.
Hoffentlich sind sie das nicht, schießt es mir durch den Kopf.
„Wer bist du? Wir kaufen nichts …", nuschelt die dicke Maus und will vorbeilaufen.
Oh Mann, die denken alle, ich will was verkaufen!
„Ich komme von die Volkshochschule, die habe mit Ihnen das Zimmer für mich reserviert. Also ich bin der Studentgast aus Sicilia, meine Name ist Andrea und …"
„Andrea? Du bist doch 'n Jung. Du kannst nicht Andrea sein!"
„Wieso nicht? Das ist meine Name!"
Alle sind eine Sekunde lang still und starren mich forschend an.
„Andrea ist doch ein Mädchenname, und wir haben ein Mädchen erwartet, das Andrea heißt!"
„Wieso? Andrea ist doch eine ganze normale Name. Bei uns ins Dorf heißen viele Männer so – mein Großvater, mein Onkel und eine Cousin. Mit denen alle teile ich auch meine andere Vorname – ich heiße vollständinger Andrea Gabriele Maria Sarto!"
Die Maus fängt an, laut zu lachen, und erstickt fast an ihrem

eigenen Gelächter: „Na gut, dann komm mal rein, du männliche Andrea Gabriele Maria, du." Kichernd klopft die dicke „Flegelmaus" mir energisch auf die Schulter.

Kein Zweifel – die Familie Heilmann ist da.

„Du sprichst unsere Sprache ja schon ganz passabel, du kleiner Italiener", knarzt die Afrikanerin mit einer Stimme, die klingt, als würde man mit den Fingernägeln über eine Schiefertafel kratzen. Meine Haare stellen sich augenblicklich auf.

„Ja, ja", murmele ich. „Ich kann schon etwas Deutscher. Ich komme gerade aus Italia angekommen und ..."

Meinen letzten Satz kann ich nicht vervollständigen, denn schon brüllen alle aufgeregt durcheinander. Ich fühle mich plötzlich wie einer dieser weißen Forscher, den die Kannibalen, an Händen und Füßen an einer Stange hängend, in einen großen Topf mit kochendem Wasser werfen wollen.

Mit einem lauten „Herzlich willkommen bei uns, du kleiner Italiener" greifen sich die Fledermaus und das dicke Kind je einen meiner Koffer, und schon schiebt mich die fröhliche Sippe unter „Avanti, Avanti"-Rufen voller Elan ins Haus. Verwirrt und schweigend lasse ich es geschehen.

Der Geruch nach Imbissbude schlägt mir entgegen. Die haben heute bestimmt was frittiert und nicht gelüftet, geht es mir durch den Kopf und durch die Nase. Im Vorbeigehen registriere ich die wild gemusterten 70er-Jahre-Tapeten im Flur, eine undefinierbare zweite Wand aus kleinen grün-weißen Kästchen, eine wuchtige Holzgarderobe, daneben führt eine Holztreppe nach oben und vom braunen Fliesenboden schreien mich bunte Teppichläufer an. Im Zusammenspiel mit der „frittierten" Luft nimmt mir das bürgerliche Ambiente den Atem.

Dann werde ich am Küchentisch platziert, die Familie setzt sich dazu. Frau Heilmann steckt eine Zigarette in eine goldene Spitze, ihr Mann rückt das Stuhlkissen unter seinem ausladenden Hintern zurecht und ihr Sohn bohrt abwesend in der Nase. Alle sehen mich erwartungsvoll an.
Erwarten die, dass ich jetzt was erzähle, oder erforschen sie mich nur? Ich sage lieber nichts, sondern weiche ihren Blicken aus; von der Wand gegenüber starrt mich ein lächelnder Elch an. Das Bild hängt ein bisschen schief. Ich fühle mich beobachtet. Mir ist es unangenehm, und ich versuche, auch dem Elch-Grinsen auszuweichen.
Als ich mich umsehe, erkenne ich, dass das, was ich vorhin im Flur als grün-weiße Wand wahrgenommen habe, eine mannshoch aufgestapelte Mauer aus Aspirin-Päckchen ist.
Wo haben sie die denn alle her? Ist er oder sie krank? Nein, die sehen alle gesund und munter aus. Aber wieso reden sie nicht? Die Stille ist jetzt fast unerträglich. Ich nicke unsicher und grinse ab und zu.
Herr Heilmann scheint meinen skeptischen Blick auf den Aspirin-Vorrat bemerkt zu haben. Er sieht zur Wand und dann wieder mich an: „Ich war früher in der Fabrik angestellt. Als ich hörte, dass viele Leute wegen der Wirtschaftskrise entlassen werden sollen, hab ich angefangen, die mit nach Hause zu schleppen. Jetzt bin ich tatsächlich auch Hartz-IV-Patient und bestens gerüstet gegen Kopfschmerzen“, er grinst mich stolz an.
„Ich find dat unmöglich. Wenn er nun erwischt worden wär … Aber ich darf ja nichts dazu sagen“, mischt sich Frau Heilmann empört ein, nimmt einen kräftigen Zug aus ihrer Zigarette und pustet den Rauch in Richtung ihres Mannes.

Ich grinse verlegen, obwohl ich nur die Hälfte von dem, was sie gesagt haben, verstanden habe. Also scheint er doch ein ernsthaft kranker Patient zu sein, denke ich. Ich bin mehr als verwirrt von der ganzen Situation, zumal vor mir ein erwachsener Mann mit rötlichem Haarkranz um die Glatze und verkleidet als fliegende Ratte sitzt, der sich so verhält, als würde er ein elegantes Designerstück von Versace tragen.
Herr Heilmann holt zwei Bier und eine große Plastikflasche aus dem Kühlschrank: „Heute ist der 11. November, die närrische Auferstehung von Hoppeditz, da wird bei uns der erste Karnevalstag gefeiert und Bier und Schnaps getrunken. Den Schnaps habe ich selber aus Kartoffeln gemacht. Hier, für dich!"
Wer ist auferstanden?? Also feiern die Ostern, oder was?
Er drückt mir ein Bier in die Hand und schenkt aus der Plastikflasche in die Wassergläser, die seine Frau auf den Tisch gestellt hat, einen kräftigen Schluck ein. Der scharfe Geruch von Alkohol schlägt mir entgegen. Dann hebt er sein Glas, fuchtelt damit herum und ruft: „Zur Mitte, zur Titte, zum Sack, zack, zack!"
In einem Zug stürzt er den Inhalt hinunter und fordert mich auf, auch zu trinken. Ich zögere einen Moment. Zum Sack? Was er damit wohl meint? Aber die erwartungsvollen Blicke der Afrikanerin und ihres Kindes lassen mir keine andere Wahl. Ich reiße mich zusammen, schließe die Augen und kippe den klaren, wasserartigen Inhalt hinunter. Platsch! Wie flüssiges Feuer läuft der Fusel durch meine Kehle und explodiert in meinem leeren Bauch. Außer meinem typisch italienischen Frühstück mit Cappuccino und Keksen habe ich noch nichts weiter gegessen.
Mein Kopf wird rot, meine Gedanken nebelig und meine Reaktionen etwas lahm. Ein dämliches Grinsen nimmt jetzt auf mei-

nem Gesicht Platz. Nur der Elch gegenüber grinst noch breiter. Alle lachen und applaudieren.
„Bravo Andrea, das hast du fein gemacht. Jetzt hast du deine erste deutsche Lektion hinter dir“, sagt Herr Heilmann lallend.
Wieso spricht er jetzt in dieser Kindersprache mit mir? Er will mein Glas gleich wieder füllen.
Höflich, aber bestimmt lehne ich ab. „Ich habe nichte gegessen, wäre besser, wenn ich was in die Bauch hätte.“ Wie um das zu unterstreichen, knurrt mein Magen plötzlich laut. Peinlich berührt verstärke ich mein dämliches Grinsen und warte ab. Die Afrikanerin steckt sich die Zigarettenspitze zwischen die Lippen und steht auf. Na bitte, mein italienisches Gegrinse scheint zu wirken.
„Weißt du Andrea, bei uns bist du richtisch, um gutes Deutsch zu lernen. Wir sprechen immer Hochdeutsch. Weißt du, man kommt auch mal nach Hamburg, und die müssen disch auch verstehen“, sagt sie und holt einen Teller „Polpettine“, Frikadellen, aus dem Kühlschrank. „Die habe ich heute Morgen frisch jemacht. Schmecken super“, erklärt sie und stellt den Teller mit einem Lächeln vor mich auf den Tisch.
Gierig beiße ich in einen der kalten, runden, appetitlichen Bälle. Befriedigt kaue ich und schlucke den ersten Bissen hinunter. Alle drei Heilmanns schauen mich interessiert an. Als ich weiterkaue, nimmt sich jeder von ihnen auch ein Bällchen vom Teller. Jetzt sind wir alle vier still am Kauen.
Doch was ist das? Gequält blicke ich auf den angebissenen Fleischklops in meiner Hand. Mein Gaumen, taub vom Schnaps, hat nicht gleich bemerkt, dass die Frikadellen zum größten Teil aus Pfeffer, Zwiebeln und einer dicken Schicht Senf bestehen.

Vorsichtig beiße ich erneut ab, und das Grinsen verschwindet endgültig aus meinem Gesicht. Ich weiß nicht, was schlimmer ist, der Schnaps oder der scharfe Klops. Auf jeden Fall stimmt die Mischung nicht. Meine Gastgeber kauen dagegen voller Begeisterung. Um das Ganze irgendwie herunterzukriegen, schenke ich mir noch einen Schnaps ein und spüle alles tapfer weg.
„Fantastisch Andrea, du hast kapiert, wie es bei uns funktioniert", gratuliert mir der Herr des Hauses und schenkt sich ebenfalls noch einen ein.
Als ich vor lauter Hunger mutig drei Frikadellen gegessen und ein weiteres Glas Bier getrunken habe, frage ich lallend, wo denn mein Zimmer sei.
„Komm, ich zeig es dir", sagt der kleine Afrikaner.
„Hier, die kannst du vielleicht später gebrauchen." Seine Mutter drückt mir zwei Päckchen Aspirin in die Hand.
Mit meinem Gepäck folge ich dem Kind in den Flur und will instinktiv die Treppe nach oben laufen, doch mein Versuch wird sofort von dem Jungen unterbrochen: „Halt! Hier geht's lang." Damit öffnet er eine andere Tür. Als ich ihn fragend ansehe, ergänzt er laut: „Ins Sutenrän."
„Souterrain, Thorsten!", kräht seine Mutter aus der Küche.
„Kellergeschoss!", brummt Herr Heilmann.
Unten angekommen zeigt der Junge mir stolz die holzvertäfelte Sauna und gleich daneben eine Glastür, die zum Garten hinter dem Haus führt. Ich blicke nach draußen und da stehen die anderen vier Zwerge, also ist die Familie komplett.
„Du hast sogar einen eigenen Zugang zum Garten! Und hier ist dein Zimmer." Er öffnet die nächste Tür, verabschiedet sich, und ich trete vorsichtig ein.

Ein bisschen enttäuscht sehe ich mich in meinem neuen Zuhause um. Eine Melancholie-Attacke erwischt mich unangemeldet. Oma! Mamma! Was mache ich hier bloß? In einem Keller in der Vorstadt von Krefeld … Ich bin Italiener! Ich kann mit Händen und Füßen sprechen! Wozu brauche ich einen Deutschkurs? Und gut kochen kann ich schon, das brauche ich niemandem zu beweisen! Warum fahre ich nicht einfach wieder zurück? In Italia habe ich alles und nun suche ich hier mein Glück? Das wird nie was.
Die Zugluft schlägt die Tür mit einem lauten Knall hinter mir zu. Ein Zeichen? Es bleibt mir wohl tatsächlich nichts anderes übrig, als hierzubleiben. Im Moment.
Durch ein vergittertes Kellerfenster, ziemlich weit oben in der Wand, fällt das graue Novemberlicht. Links hinter der Tür steht ein einladendes, breites, scheinbar sehr gemütliches Doppelbett und gegenüber ein Holzschrank mit zwei Schiebetüren. Unter das Fenster haben die Heilmanns einen kleinen Kinderschreibtisch gestellt. Ein orangefarbener Ohrensessel aus Leder dominiert den Raum. Eine Tür führt in ein kleines Bad mit Dusche und Toilette, aber ohne Bidet. Das hatte mir schon meine Oma gesagt: „Mein Junge, wunder dich nicht, aber in Deutschland wirst du nie, nie ein Bidet finden!“ Und da hatte sie anscheinend recht. Ich frage mich nur, wie sie das machen … Danach …

Oh Mamma mia! Die von der VHS haben mir was Besseres versprochen, und ich habe mir auch was Besseres vorgestellt, aber jetzt ist es zu spät.
Mein Schnaps-Kopf ist wie wattiert, ich kann meine Gedanken schwer ordnen, alles dreht sich ein bisschen. Ich gehe mal schnell auf die Toilette. Also, schnell ist was anderes. Ich muss be-

stimmt fünf Minuten lang Wasser lassen oder, besser gesagt, den Alkohol wieder rauspullern. Da freuen sich bestimmt die Fische im Rhein, wenn heute Abend die ganzen Krefelder und Krefelderinnen, genauso wie ich, die hochprozentigen Abfälle durch die Kanalisation spülen.
Ich muss kichern. Mit diesem Gedanken im Kopf packe ich dann meine Koffer aus. Ich hab nicht viel mit, aber für die Fernsehshow habe ich natürlich etwas Schickes dabei.
Nachdem die Klamotten auf der Kleiderstange im Schrank ordentlich verstaut sind, mache ich meinen „Ernährungs"-Koffer auf. Darin habe ich alles, was ein Italiener im Ausland zum Überleben braucht. Und ein bisschen mehr – die Zutaten für die Kochshow: Das große Glas mit frisch in Öl eingelegtem Thunfisch und die Flasche mit dem kaltgepressten Extra-Vergine-Olivenöl von Onkel Peppe bugsiere ich vorsichtig ins Regal. Ich bin erleichtert, dass die Gläser – entgegen der Warnungen meiner Oma – die Reise heil überstanden haben. Daneben staple ich den frischen Knoblauch, einen Bund rote Peperoncini, die Kapern in Salz, Sardellen in Salz, den getrockneten Stockfisch in Salz, getrocknete Tomaten in Salz, ein Kilo Speck von Tante Palmira für die Carbonara, jede Menge sonnengetrocknete Kräuter und natürlich vier Sorten Pasta – Farfalle, Spaghetti Nr. 5, Bucatini und Maccheroni Nr. 44. Als ich alles sorgfältig eingeräumt habe, mache ich einen Schritt zurück und bewundere meine Vorräte. Ich bekomme schon wieder Appetit. Im selben Moment muss ich von den Frikadellen aufstoßen. Also schließe ich den Schrank und hänge ein Foto von meinem Dorf an die Tür. Ich fühle mich im Moment sehr alleine hier, obwohl das Ganze auch sehr spannend ist.

Von oben höre ich leise Schritte und jede Bewegung der Familie im Haus. Vielleicht ist das nur heute so, wo Karneval ist, denke ich optimistisch und strecke mich für eine kleine Siesta vor dem Abendessen auf dem Bett aus.
Madonna mia! Kaum will ich mich hinlegen, da springe ich wieder hoch. Das glaube ich jetzt nicht! Fast verschlucke ich mich an meiner eigenen Spucke, der Rest-Schnaps in meinem Magen wird zu Essig. Das Bett, auf das ich mich entspannt fallen gelassen habe, entpuppt sich als Wasserbett! Sobald man auf einer Seite liegt, geht die andere hoch, wie auf einem Schiff auf offener See. Rauf und runter, rauf und runter. Aber es nützt nichts, zu meckern – ich bin besoffen, müde und in Krefeld. Also krabble ich unter die dicke Daunendecke, denn hier gibt es kein „Lenzuolo“ wie zu Hause, also ein anständiges Bettlaken mit einer Wolldecke, ordentlich festgestopft unter der Matratze. Wenn ich an dieser deutschen „Piumone“ ziehe, kommen meine Füße unten raus, wenn die Füße unter der Decke stecken, dann ist meine Brust nicht bedeckt. Ich muss mich in eine Art Fötus-Position einrollen, um total zugedeckt zu sein. Mit 25 Jahren schlafe ich wieder wie ein Baby! Danke Deutschland!
In dieser ungewohnten Lage beginnt die Hochseefahrt bei Windstärke zehn. Irgendwann stelle ich fest: Je weniger ich mich bewege, desto ruhiger ist das Meer. Mir bleibt wohl nichts anderes übrig, als still zu liegen wie der Stockfisch in meinem Schrank. Endlich herrscht Ruhe, doch dann merke ich, dass das Abendlicht, das durchs Fenster hereindringt, mich stört. Aber ich bin zu müde, um wieder aufzustehen und die Gardinen zu schließen. Ich werde das später machen, verspreche ich mir. Dann schlafe ich endlich ein.

LEKTION NR. 1 – HERVORHEBENDE SATZGLIEDSTELLUNG

„Durch die Regeln der neutralen Satzgliedstellung werden nur die von der Sprechergemeinschaft allgemein akzeptierten Stellungsregularitäten erfasst. Der Einzelsprecher hat nun die Möglichkeit, diese Regeln in verschiedener Weise zu modifizieren. Dies geschieht dadurch, dass die der Satzgliedstellung zukommenden Funktionen von anderen Sprachmitteln übernommen werden. Solche Sprachmittel sind die Betonung (Hervorhebung) und die Satzintonation, die eine unterschiedliche Wirkung auf die Satzgliedstellung haben."

(Helbig, Gerhard/Buscha, Joachim: Deutsche Grammatik. Ein Handbuch für den Ausländerunterricht. Berlin und München 2001.)

„Wer von Ihnen kann mich gut verstehen?", schmettert Frau Sommer, unsere Lehrerin mit den blonden Haaren – sicherlich gefärbt, so blond wie die sind. Ihre blauen Augen heftet sie fest auf uns, die fünf Studenten. Sie brüllt, als wären wir taub und nicht bloß Ausländer. Ich kenne das, man spricht automatisch lauter mit einem Ausländer in der Hoffnung, er könnte dann die fremde Sprache besser verstehen.

Das habe ich bei uns zu Hause in Italien beobachtet. Wenn da ausländische Gäste in unserer kleinen Pension ankommen und mein Vater sie begrüßen muss, weil weder Mutter noch Oma da ist, gibt es immer eine große Schreierei. Er versucht dann besonders laut und deutlich auf Italienisch zu erklären, wo die Zimmer sind und wann es Frühstück gibt. Die ratlosen Gesichter der Gäste hellen sich meist erst auf, wenn meine Mutter endlich kommt und ihnen in ihrem gebrochenen Deutsch freundlich und in Zimmerlautstärke erklärt, wie alles so läuft.

„Ob Sie mich verstehen!“, schmettert Frau Sommer noch einmal und endlich heben wir alle fünf stolz den Arm.
Obwohl es schon neun Uhr morgens und draußen hell ist, wird das sterile Zimmer vom künstlichen Licht einer Neonlampe beleuchtet. An den Wänden hängen verschiedene Fotoaufnahmen von Deutschland und vor allem Krefeld, wobei Krefeld nicht so spannend wirkt. Erstaunlicherweise ist auf keinem Bild der Karneval abgebildet. Ich hatte vorher die Stadt gegoogelt und ein paar schöne Ecken entdeckt. Die sind aber nicht auf diesen Bildern zu finden.
Wir sitzen nebeneinander an einem schmalen, langen Tisch, und am Pult vor uns thront Frau Sommer, die Leiterin des Volkshochschulkurses „Intensivkurs – Deutsch als Fremdsprache“.
„Na denn, dann wollen wir mal sehen, ob Sie mich wirklich alle verstehen“, wiederholt sie in normaler Lautstärke mit einem freundlichen Lächeln. „Heute beginnen wir mit den Geschlechtswörtern, den Fürwörtern, Verhältniswörtern, Umstandswörtern, Bindewörtern und Ausrufewörtern der deutschen Sprache, also intensiver geht's nicht. Aber vorher stellen wir uns von links nach rechts alle mal vor.“ Sie holt aus ihrem Rucksack einen braunen Teddybären. „Das ist Thommy, unser Maskottchen.“ Sie wirft den Plüschpelz in die Luft, fängt ihn wieder auf, lächelt uns stolz an und lacht: „Gefangen! Jetzt kann ich mich vorstellen. Ich bin Frau Sommer, Stephanie Sommer mit ph! Bin in Krefeld geboren, glücklich verheiratet und werde für die nächsten fünf Wochen Ihre Lehrerin sein.“
Dann schreibt sie ihren Namen in Großbuchstaben an die Tafel und dreht sich um. „Hier siezen wir uns. Darf ich fragen wie Sie heißen?“ Damit wirft sie den Bären einem jungen Asiaten zu.

Er schnappt sich das Plüschtier und stellt sich vor: „Mein Name ist Chang Lee. Ich komme aus Taiwan, habe schon trei Jahre in Pingtung, meiner Heimatstadt, die teutsche Sprache stutiert. Ich möchte Tolmetscher werden."
„Sie meinen Dolmetscher", unterbricht Frau Sommer freundlich.
„Sag ich toch! Normalerweise sagt man ja, die Asiaten könnten kein ‚r' aussprechen, tas ist aber Quatsch. Ich zum Beispiel habe nur eine leichte T-Schwäche."
„Was meinen Sie damit?", fragt Frau Sommer interessiert.
„Na, mir fallen Worte sehr schwer wie Tolmetscher, tunkel, Teutsch …"
„Ah, ja …", unterbricht Frau Sommer und fordert Chang Lee auf, das Tier weiterzuwerfen.
Ich blicke kurz aus dem Fenster. Gegenüber entdecke ich einen riesigen, dampfenden Swimmingpool. Da wohnt entweder ein sehr reicher Mensch, oder das ist eine öffentliche Therme, überlege ich, aber es ist niemand zu sehen. Wahrscheinlich ist es noch zu früh.
Jetzt ist der Nächste dran.
„Und wer sind Sie? Können Sie sich bitte vorstellen?"
„Klaro, ich bin 35 Jahre alt und vor zehn Jahren aus der oder die Türkei nach Deutschland gekommen, weiß du? Mein Name ist Mustafa Yildirim", rattert er fast fehlerfrei runter. Nach einer kurzen Atempause fährt er langsamer fort: „Hab dem deutsche Sprache auf der Straße studiert. Jetzt möchte aber gut Deutsch sprechen lernen. Ich arbeite in Import-Export zwischen die beide Länder! Weiß du? Deutsch gut, alles gut."
„*Den*, Herr Yildirim, das heißt zwischen *den* beiden Ländern", korrigiert Frau Sommer und lächelt jetzt mich freundlich an.

Mit einer Kopfbewegung deutet sie an, dass er jetzt mir das Maskottchen geben soll.
Nachdem ich den Teddy ergriffen habe, fange ich an: „Mein Name ist Andrea." Die anderen fangen an zu kichern. „Ja, ja, ich weiß schon. Andrea ist hier eine Mädchenname, aber ich bin eine Mann und heiße Andrea Sarto. Ich komme aus Catania und bin die Koch. Ich möchte die echte italienische Küche mit alle ihre Gusti, äh, die Geschmäcker, zu Deutschland bringen. Dafür hab ich mir auch bei die ‚DSD5SK' beworben", sage ich stolz.
„Wo?", fragt Chang Lee interessiert.
„Na, bei ‚Deutschland sucht dem 5-Sterne-Koch'!"
„*Den*", verbessert Frau Sommer.
„Nee, nee, nicht *den* Chang", erkläre ich aufgeregt und deute auf meinen Mitschüler, „sondern *die* Koch!" und klopfe stolz auf meine Brust. Frau Sommer nickt stumm, und ich werfe den Teddy weiter zu einer der beiden Frauen in unserer Runde. Sie ist sehr schick angezogen, hat eine Gucci-Tasche, trägt glitzernden Schmuck an Ohren und Armen.
Ein bisschen zu übergeschminkt, denke ich. Die gehört eher ins Goethe-Institut als an die Volkshochschule.
Fast akzentfrei sagt sie dann: „Ich spreche schon Englisch, Französisch, Italienisch und etwas Deutsch. Mein Name ist Lydia Gorbatschowa und ich komme aus Kiew, Ukraine. Mein Mann ist Diplomat und jetzt hierher versetzt."
Ganz schön perfektes Deutsch, denke ich beeindruckt, bevor sie fortfährt: „Wir haben schon schönes Haus hier gefunden, Wetter ist nicht so schön, Essen ist lecker, Leute sind nett." Als sie sich zufrieden zurücklehnt, klimpern ihre vielen goldenen Armreifen leise.

„Sehr schön, Frau Gorbatschowa, aber wo sind denn die Artikel? *Das* Wetter, *die* Leute ...“, sagt Frau Sommer.
„Brauche ich nicht, ist mir zu kompliziert“, antwortet Lydia lächelnd und reicht mit einer eleganten Geste und klimperndem Schmuck den Teddy weiter.
Frau Sommer wendet sich irritiert ihrer nächsten Studentin zu und fordert sie mit einem Nicken auf, zu sprechen.
„Mein Name ist Marali, das heißt Duft“, ergänzt sie mit einem strahlenden Lächeln, „Marali de Pemba. Ich komma aus Mosambik, will hier Medizina studieren und für meina Prüfung an die Uni brauch ich der Zeugnis-Deutsch mit besta Zensur. Ich musste aus mein Land flüchten, bin hier in Asyl, weil ich Shanam liebe“, presst sie den letzten Satz heraus.
„Und warum haben Sie Ihren Freund heute nicht mitgebracht?“, forscht Frau Sommer nach.
„Sie sitzt in Maputo im Gefängnis. Wir wurde von Nachbarn angezeigt. Ich konnta fliehen und sie nicht.“
„*Er* sitzt im Gefängnis“, verbessert Frau Sommer nachsichtig lächelnd.
„Nein, nein, Shanam ist meina Freundin. Sie ist eine Frau wie ich.“
Stille. Wir alle schauen Marali, die gedankenverloren auf den Tisch blickt, überrascht und bedauernd an.
„So, Achtung Freunde!“, unterbricht Frau Sommer fröhlich die angespannte Stille. „Jetzt wird's wichtig! Wir kommen nun zu den Geschlechtswörtern ...“ Sie dreht sich um und schreibt in Großbuchstaben an die Tafel.
Ich kann mich nicht recht auf den Unterricht konzentrieren und lasse meinen Blick nach draußen schweifen. Ich entdecke jetzt

ein paar Menschen, die um den dampfenden Außenpool herumlaufen, in dem einige andere schwimmen.
Das wäre mir jetzt zu kalt so ganz nackt, denke ich verträumt. Ganz nackt??? Ich richte mich abrupt auf und sehe noch mal genauer hin. Ich kann es nicht fassen. Tatsächlich, da drüben laufen Männer und Frauen ohne Badesachen rum. Vorsichtig blicke ich zu meiner Lehrerin, ob sie das auch gesehen hat, doch die schreibt immer noch mit dem Rücken zu uns an die Tafel. Dafür grinst mich Mustafa wissend an und nickt Richtung Fenster. Ich blicke sicherheitshalber noch mal rüber und hoffe, dass es sich hier einfach nur um eine Sauna mit Außenschwimmbereich handelt. So viele Leute … Alle nackt … Diese Krefelder … Arbeiten die alle nicht? Wo bin ich hier bloß hingeraten? Bei uns würde das keiner machen. Noch dazu mitten in der Stadt! Da gucken doch auch Kinder zu!
Die laute Stimme unserer Lehrerin bringt uns augenblicklich zurück in das neonlichthelle Klassenzimmer, und wir wenden unsere Blicke nach vorne.
„Ich merke, Sie haben noch einige Sprachlücken. Aber dafür sind wir ja hier.“ Nach Zustimmung heischend lächelt sie uns an, bevor sie fortfährt: „Die Geschlechtswörter sind nichts anderes als die Artikel.“ Damit schreibt sie an die Tafel:

DER – DIE – DAS *DIE (Plural)*

Nach drei Stunden intensivem Unterricht mit allen vier Fällen der Geschlechtswörter verlassen wir erleichtert die Schule. Ich bezweifle, dass ich die alle jemals in meine neue Sprache einbauen und im Alltag benutzen kann. Ich versuche es trotzdem:

„*Der* Kater von gestern hab ich noch immer nicht ganz überge-standen." Na, bitte, geht doch, freue ich mich und schlucke noch ein Aspirin.

Ich will noch nicht sofort nach Hause gehen und mache statt-dessen einen Spaziergang an der frischen Luft. Im Vergleich zu gestern sieht die Stadt verschlafen aus. Wenige Leute sind auf den sauberen Straßen unterwegs, ein einsamer, orangefarbener Wagen beseitigt den letzten Beweis des gestrigen Karnevals. Es ist kalt.

Ich mache mutig meinen ersten kleinen Bummel durch die „Fuß-gängsterzone". Das komische Wort habe ich schon gestern ge-hört. Ängstlich sehe ich mich um, kann aber zum Glück heute keine Krefelder Gangster entdecken.

Schließlich erreiche ich die einzige Ampel weit und breit. Ich warte darauf, dass das rote Männchen endlich grün wird. Kein Mensch ist zu sehen. Nach gut drei Minuten schaue ich mich noch mal um – niemand da. Gerade als ich Anstalten mache, mich auf die Straße zu bewegen, geht mein Blick zum gegen-überstehenden Haus. Auf dem Balkon lehnen sich zwei ältere Männer über die Brüstung. Sie haben verblüffende Ähnlichkeit miteinander, sogar ihre Strickjacken haben das gleiche verwa-schene Grün. Als ich sie genauer betrachte, fällt mir auf, dass sie sogar identisch aussehen – Zwillinge!

Ich beobachte, wie sie synchron rauchen, inhalieren und den Rauch wie Drachen aus den Nasen stoßen. Ihre vier Augen sind fest auf mich gerichtet. Augenblicklich bleibe ich mitten in der Bewegung wie zementiert stehen, kratze mich aus Verlegenheit am Hinterkopf, versuche ihrem kritischen Blick zu entgehen und mache automatisch einen Schritt zurück.

Nach einer weiteren langen Weile wird die Ampel endlich grün, und ich traue mich, mich wieder in Bewegung zu setzen. Ich blicke starr nach vorne, bis ich drüben angekommen bin. Dann wage ich es, nach oben zu gucken und den beiden freundlich zuzunicken. Sie schenken mir ein „Einverstanden-Lächeln" und blasen wieder synchron den Rauch durch ihre vier Nasenlöcher.

Auf dem Weg nach Hause gehe ich in ein Kaufhaus, denn ich will mir ein Bettlaken kaufen. Ich kann nicht ohne schlafen. In Italien schlafen wir alle mit einem Bettlaken als Decke, das am Fußende und drum herum fest unter die Matratze gestopft wird, sodass die Füße nicht herausschauen. So ähnlich wie ein Schlafsack – warm und sicher.

Die Abteilung ist riesengroß, und bevor ich endlich das Richtige finde, vergeht viel Zeit. Schließlich stehe ich vor einem hohen Regal mit vielen verschiedenen Bettlaken – in allen Farben, Materialien, Größen, mit Gummizug und ohne. Ich bin schier erschlagen von dieser Vielfalt.
Zum Glück höre ich bald eine freundliche Stimme hinter mir: „Na, junger Mann, kann ich Ihnen helfen? Was darf's denn sein? Neue Bettwäsche? Für Sie und Ihre Freundin? Nur für Sie? Doppelbett oder Einzel? 80, 1,40 oder 1,60? Baumwolle oder Biber?"
Der Redeschwall der Verkäuferin ebbt ab, als ich mich zu ihr umdrehe und sie verwirrt anstarre.
„Biber? Diese Tiere?"
Sie lacht amüsiert auf: „Der Spruch ist nicht ganz neu, aber immer wieder schön, nicht wahr?"
Ich frage lieber nicht noch mal nach und sage schlicht: „Ich brauche ein Bettlaken, bitte."

„Ja, das hab ich mir fast gedacht“, lächelt sie nachsichtig. „Dann mal Butter bei die Fische. Was soll’s denn sein?“
Erst Biber, jetzt Fische … Ich will doch nur ein Laken zum Zudecken. „Ein breites Laken zum Zudecken“, sage ich vorsichtig und wappne mich für das nächste Tier, das sie mir vorschlagen wird. Doch stattdessen antwortet sie: „Ach, zum Zudecken! Sagen Sie das doch gleich! Dat kenn ich aus Malle. Zwei Wochen allet inklusive. War schön … Na ja, dat Büfett nicht so, aber sonst. Da haben wir auch sowat Albernes aufm Bett gehabt. Damit kann man doch nicht schlafen!“ Entrüstet sieht sie mich an, besinnt sich jedoch gleich wieder auf ihre Aufgabe und zerrt drei in Klarsichthüllen verpackte Päckchen aus dem Regal. „So, dann schaun Sie doch mal, ob da was dabei ist.“
Ich blicke auf drei scheinbar identische, weiße Laken-Pakete. Noch bevor ich fragen kann, rattert die Verkäuferin weiter: „Also dat is normale Baumwolle, dat da Mako-Satin und dat Biber.“
Da ist das Viech wieder. Ich schaue auf die Preisschilder und schrecke zurück. „Die sind aber ganz schöne teuer …“
„Ist aber auch 1-a-Qualität! Da haben Sie ein Leben lang was von.“
„Aber ich brauche das Laken nur für eine paar Wochen. In Italien ich habe genug davon.“
Unvermittelt stößt sie einen spitzen Schrei aus: „Italien! Wie herrlich! Da hab ich damals meine Flitterwochen verbracht. Und gegessen haben wir da! Ich sage Ihnen – gegessen! So lecker!“ Ich nicke und sie strahlt mich an, bevor sie laut schmettert: „Bella Italia! Das Land, wo die Zitronen wachsen!“
Nun also auch noch Obst … Ob ich hier heute wohl noch ein einfaches Bettlaken bekomme? „Ja, ich bin als Sprachstudente

in Krefeld …“, versuche ich zu erklären, doch die Verkäuferin unterbricht mich sofort wieder.
„Kein Problem, junger Mann. Da sitzt das Geld nicht so locker. Ich verstehe. Aber ich glaube, ich habe da genau das Richtige für Sie. Ein Sonderangebot! Ganz was Entzückendes! Reine Baumwolle! Sehen Sie?!“ Sie zerrt ein buntes Päckchen aus dem untersten Regal und drückt es mir in die Hand. Erwartungsvoll sieht sie mich an. Entgeistert starre ich auf den bunt bedruckten Stoff, doch sie lässt nicht locker. „Gucken Sie mal, da hoppeln lauter süße Häschen auf Ihrem Bettlaken herum. Ist das nicht niedlich? Genau! Jetzt erinnere ich mich! Das haben wir in Italien damals so gerne gegessen: Kaninchen – Coniglio!“
Das ist jetzt das dritte Tier! Ich gebe mich geschlagen, bevor der Zoo noch größer wird. Artig bedanke ich mich bei der freundlichen Verkäuferin und trage meinen Baumwoll-Karnickelstall zur Kasse.
Zu Hause angekommen klingele ich, aber es scheint niemand da zu sein. Zum Glück habe ich jetzt einen Hausschlüssel. Der abgestandene, leicht frittierte Geruch empfängt mich wieder. Da niemand da ist, reiße ich die Fenster auf, um durchzulüften. Bevor ich runter in mein Zimmer gehe, rücke ich noch schnell das schiefe Elchbild gerade. Als ich mein Kellerfenster öffnen will, sehe ich zwei Männerbeine durch den Vorgarten gehen. Einen Augenblick später öffnet sich die Haustür, und ich höre schwere Schritte über mir.
„Das gibt's doch wohl nicht! Welcher Idiot hat hier alles aufgerissen?“, brüllt es durchs Haus.
„Oh, Madonna, il Pipistrello!“, die Fledermaus, rutscht es mir raus, und ich renne mit schlechtem Gewissen nach oben.

„Entschädigung, Herr Heilmann. Ich wollte nur was Gutes machen“, sage ich kleinlaut.
„Ja, genau, du musst mich entschädigen für die extra Heizungskosten!“, brummelt er.
„Aber ich habe miche doch gerade entschädigt“, antworte ich prompt.
„Entschuldigt hast du dich! Aber entschädigen müsstest du mich eigentlich! Du bist hier Gast und sollst nur studieren, sonst nichts“, ereifert er sich weiter, während er alle Fenster wieder schließt.
Ich widerspreche nicht, obwohl es jede Menge Gründe dafür gäbe. Hier stinkt's! Doch das behalte ich wohl lieber für mich.
„Es ist besser, wenn du jetzt in dein Zimmer gehst“, kommandiert Herr Heilmann schließlich genervt. „Wir essen immer pünktlich um sieben, also 19 Uhr. Capito?!“
„Ja, ja, klar“, sage ich bedröppelt und ziehe ab. Auf dem Weg nach unten piept mein Handy: „Come stai? Com'è la famiglia Heilmann?“ Eigentlich bin ich nicht in der richtigen Stimmung, um sofort zu antworten und meine Gastfamilie zu beschreiben, trotzdem tippe ich schnell: „Sind alle nett zu mir und mir geht's gut.“ Dann mache ich erst mal meine Hausaufgaben:

DER – DIE – DAS	*DIE*
DEN – DIE – DAS	*DIE*
DEM – DER – DEM	*DEN*
DES – DER – DES	*DER*

Die Geschlechtswörter haben eine so beruhigende Wirkung auf mich, dass ich fast über meinen Aufgaben einschlafe. Pünktlich

zum Abendessen erscheine ich in der Küche. Ich habe Hunger und freue mich auf das erste gemeinsame Mahl mit der ganzen Familie. Gestern hatte ich es wegen des Karnevals-Schnapses leider verpasst und stattdessen bis zum nächsten Morgen durchgeschlafen.

Am gedeckten Tisch ist nur ein Platz frei – gegenüber vom grinsenden Elch. Täusche ich mich oder hängt das Bild schon wieder schief? Erstaunt starre ich die unbekannte Frau mir gegenüber an. Die Afrikanerin mit den langen, schwarzen Löckchen hat keine dunkle Schminke mehr im Gesicht, sondern ist jetzt eine sehr blasse Blondine mit Pagenkopf. Auch das Kind mit den rötlichen Haaren hat keine Ähnlichkeit mehr mit dem kleinen Afrikaner von gestern, dafür umso mehr mit der dicken Fledermaus, die auch heute, bis auf die fehlenden Schnurrbarthaare, nicht viel anders aussieht als in der Karnevals-Maskerade.
„Ciao", grüße ich etwas verwirrt in die Runde fremder Gesichter.
„Was? Willst du schon wieder gehen?", fragt die Blondine ungläubig. Jetzt erkenne ich die schrille Stimme von Frau Heilmann, denn meine Nackenhaare stellen sich augenblicklich wieder auf.
„No, ja, doch, nein ... Ich habe euch doch nur begrußt", antworte ich.
„Aber in Deutschland sagt man ‚Tschau' wenn jemand weggeht. Wenn man ankommt sagt man ‚Hallo'."
„Hallo!", sage ich zur Freude der ganzen Familie, besetze meinen Platz und Punkt 19 Uhr beginnt das Abendbrot.
Auf dem Tisch stehen ein Korb mit einigen Scheiben Schwarzbrot, ein Stück Butter, Aufschnitt von Schinken sowie Salami,

eine rosafarbene Pastete, zwei verschiedene Gläser mit eingelegten Gürkchen, eine Flasche Sprudelwasser, eine Tüte Orangensaft und eine Flasche Bier.
Ich warte ab und schaue erst mal, was die anderen tun, bevor ich wieder etwas falsch mache. Jeder nimmt sich eine Scheibe Schwarzbrot, beschmiert sie mit Butter, legt eine Scheibe Aufschnitt darauf, fischt sich ein Gürkchen aus dem Glas und fertig ist das Ganze. Dann wird abwechselnd von Brot und Gürkchen abgebissen und ein Schluck getrunken.
Dieser Vorgang wiederholt sich dreimal – mit Schinken, dann mit Salami und schließlich mit der rosafarbenen Pastete. Das obligatorische Gürkchen ist jedes Mal dabei.
Bei der zweiten Runde fragt Herr Heilmann mit vollem Mund: „Na, schmeckt's?"
„Si, die Pastete ist kostlich", rufe ich begeistert.
Als Antwort ernte ich drei erstaunte Blicke. Frau Heilmann erklärt schließlich stolz: „Pastete? Nee, das ist doch Leberwurst – aber die feine!"
„Was hast du denn heute in der Schule gelernt?" Herr Heilmann schiebt sich noch ein Stückchen Gurke in den Mund.
„Ach Papa, bitte nicht jetzt! Ich will essen!", quengelt Thorsten und beißt in sein Brot.
„Nicht du! Andrea, meine ich!"
Mithilfe eines Schlückchens Wasser beeile ich mich, das Schwarzbrot herunterzuschlucken: „Die Geschlechtswörter in Beziehung zu den Hauptwörtern."
„Was?", meldet sich Thorsten kauend zu Wort.
„Ich denke, du willst Deutsch lernen und hier nicht auf Mädchenjagd gehen", prustet Herr Heilmann los.

„Nein, das sind doch die Artikel in allen vier Fällen. Der, die, das, den …"
„Ja, ja, das kennen wir schon", beendet er meine Deklinationsversuche. „Na ja, dann Prost." Herr Heilmann hebt sein Glas und trinkt den Rest Bier mit Genuss.
Zeit, das Thema zu wechseln, denke ich mir. „In der Stadt ich habe mir neue Bettwäsche gekauft. Darf ich später machen eine Waschmaschine?", frage ich vorsichtig.
„Aber du hast doch so eine schöne Daunendecke. Was passt dir denn nicht daran?", fragt Frau Heilmann und legt skeptisch ihren Kopf schief.
„Doch, doch", beeile ich mich zu sagen. „Die ist mir nur zu kurz."
„So, so …", antwortet sie gedehnt.
Ob ich es mir jetzt schon mit meiner Gastfamilie verscherzt habe?, grüble ich verunsichert, als die laute Stimme von Herrn Heilmann ertönt: „So, um es mit deinem Landsmann Trapattoni zu sagen: Ich habe fertig!"
Alle drei lachen laut. Was gibt's denn da zu lachen? Das verstehe ich nicht! „Ich habe auch fertig", sage ich selbstbewusst, und wieder lachen alle. Verwirrt bedanke ich mich für das Essen und will helfen, den Tisch abzudecken.
„Nein, nein, dat mache isch", sagt Frau Heilmann. „Willst du fernsehen?"
„Ja, gerne. Mich interessiere vor allem Kochsendungen." Erwartungsvoll blicke ich in die Runde, doch niemand reagiert.
„Aber die Fernbedienung behalte ich", wirft Herr Heilmann bestimmt ein und steht auf.
Ich folge ihm ins Wohnzimmer, wo sich Thorsten seine Playstation greift und aufs Sofa verkrümelt. Ich warte ab, bis sich das

Familienoberhaupt auf den Sessel fallen lässt, und setze mich mit auf die Couch. Herr Heilmann zappt schnell durch die Kanäle, bis er einen Sportsender gefunden hat, und platziert die Fernbedienung auf seinem Schoß – sicher vor etwaigen Zugriffen.
„Es läuft wie immer nichts im Fernsehen. Nur Sport kann man gucken, das ist spannend. Gefällt dir Fußball, Andreas?“, will er wissen, ohne seinen Blick vom Fernseher abzuwenden.
Andrea!, denke ich und verdrehe heimlich die Augen. „Na ja, nicht immer …“, antworte ich vorsichtig. „Ich sehe lieber die Spielfilme und Kochsendungen.“
„Kochsendungen …?“ Er blickt mich fragend an. „Aber wenn das nicht läuft, dann lieber Sport, oder?!“

Nach circa 15 Minuten wird mir langweilig, und das liegt nicht nur daran, dass ich nicht viel verstehe, weil die Moderatoren so schnell sprechen, wie die Fußballer über den Rasen rennen. Es interessiert mich nicht, dabei zuzugucken, wie mir unbekannte Spieler hinter einem Ball herlaufen. Ich stehe auf und verabschiede mich.
Mithilfe von Frau Heilmann mache ich noch schnell die Waschmaschine in der kleinen Waschküche im Keller an.
Endlich bin ich wieder alleine in meinem Zimmer. Als Erstes öffne ich den Schrank und kontrolliere meine Vorräte. Ich greife mir einen leckeren, hausgemachten Cantuccetti-Keks und schließe die Tür sorgfältig.
In der Stadt habe ich mir auch ein paar Illustrierte gekauft – „Frau Hallo“, „Wer mit wem?“ und mein Favorit „100% Prominent“ liegen jetzt auf meinem Schreibtisch. Genau die Zeitschriften kannte ich schon aus Italien, die deutschen Gäste haben

sie oft in unserer Pension liegen gelassen. Mit dieser aufschlussreichen, sehr interessanten Lektüre habe ich mich vorab über Deutschland informiert. Die Illustrierten sind einfach geschrieben und haben viele Fotos, die helfen, den Kontext zu verstehen, auch ohne die Sprache gut zu beherrschen. Es ist alles darin, was man braucht, und man kann sich damit über ein fremdes Land fortbilden. Daher kenne ich viele deutsche Prominente. Ich weiß sogar die Namen aller Ex-Frauen von Dieter Bohlen – Naddel, Verona, Estefania, Paris … Ach nee, die Hilton nicht.
Mit den Heften in der Hand überlege ich, ob ich lieber auf meinem Schiff-Bett lesen soll oder besser auf meinem orangefarbenen Sessel. Ich entscheide mich sicherheitshalber für das Festland. Auf Seite drei von „100% Prominent" lese ich einen Artikel über einen Italiener, der ein Buch mit dem komischen Titel „Herr Blunagalli hat kein Humor" geschrieben hat. Das Buch scheint ein großer Erfolg zu sein, aber der Autor kann ja nicht mal richtig Deutsch! Wie geht das?
Das muss doch *keinen* heißen!
Über so einen Quatsch schreiben die, aber einen Bericht über die Kochshow ‚DSD5SK' finde ich in keinem der drei Hefte. Schließlich gebe ich auf und bereite mich lieber fürs Bett vor.
Ich bin es gewöhnt, in völliger Dunkelheit zu schlafen, doch nach Rollläden suche ich an meinem Fenster vergeblich. Zum Glück gibt es Gardinen. Voller Hoffnung ziehe ich sie zu und voller Enttäuschung stelle ich fest, dass sie 20 Zentimeter zu kurz sind, um den Raum vernünftig abzudunkeln. Zum Glück bin ich auch heute viel zu müde, als dass mich das und die Tatsache, dass mein Wasserbett schwankt, stören könnten. Nach ein paar hohen und tiefen Wellen schlafe ich ein.

LEKTION NR. 2 – DIE KÖRPERSPRACHE

„Dem Muttersprachler dient eine Grammatik vornehmlich dazu, etwas bewusst zu machen oder zu systematisieren, was er ohnehin – aufgrund seines ‚Sprachgefühls' (d. h. seiner in der Kindheit erworbenen Sicherheit in der Handhabung der sprachlichen Regeln) – richtig bildet und verwendet. Dem Ausländer fehlt dieses Sprachgefühl, die ‚Kompetenz' in der betreffenden Sprache. Deshalb verlangt eine Grammatik für den Fremdsprachenunterricht explizitere Regeln […]"

(Helbig, Gerhard/Buscha, Joachim: Deutsche Grammatik. Ein Handbuch für den Ausländerunterricht. Berlin und München 2001.)

„Heute möchte ich mit euch über die Körpersprache nachdenken", sagt Frau Sommer, ohne eine einzige Bewegung mit ihrem Körper zu machen. „Das Wort ‚Körpersprache' beinhaltet nicht ohne Grund das Tätigkeitswort oder Zeitwort ‚sprechen', also das Verb. Wir teilen unsere Meinung auch mit dem Körper mit. In all meinen Jahren als Lehrerin habe ich gemerkt, dass ihr Ausländer mehr und anders gestikuliert als wir Deutschen. Dazu kommt noch, dass ihr für eure Bewegungen mehr Platz braucht. Die Körpersprache kann viel verraten, schon bevor einer überhaupt was sagen will. Und wenn einer nicht viel verraten möchte, bleibt er in seinen Bewegungen einfach still! Das scheint jetzt, wo ihr das alle wisst, eure Strategie zu sein, denke ich! Aber schauen wir Andrea an. Wenn er spricht, bewegt er sich mit dem ganzen Körper."

Die anderen nicken zustimmend, während ich mich ertappt fühle und steif wie der Stockfisch zu Hause in meinem Schrank bei den Heilmanns dasitze.

„Andreas Hände rotieren von links nach rechts, wenn er spricht, als würde er in der Luft nach etwas greifen“, redet Frau Sommer weiter, ohne eine Miene zu verziehen. „Jeder von uns hat seine eigene Körpersprache. Aber jede Sprache hat auch ihre eigene Körperbewegung. Das muss beides zusammenpassen, sonst versteht uns niemand. Das heißt, Sie müssen nicht nur die Vokabeln lernen, sondern auch, wie man sie richtig zum Ausdruck bringt. Es gibt ein paar Gesten, die international sind und die wir alle in unserem Alltag benutzen. Wenn wir etwas ablehnen, zeigen wir mit dem Daumen nach unten, nach oben hingegen, wenn wir begeistert sind. Das war schon bei den alten Römern so. Es gibt internationale Gesten, die jeder versteht, zum Beispiel ‚Ich möchte bezahlen‘, ‚Es stinkt‘, ‚Du bist bekloppt‘ oder ‚Ich will mit dir ins Bett gehen‘.“
Lydia guckt etwas pikiert, während wir anderen zustimmend nicken.
„Herr Sarto, welche Gesten kennen Sie noch?“
„Wenn es schmeckt, streckt man den Zeigefinger aus und dreht die Spitze auf der Backe“, erkläre ich eifrig und mache die Bewegung, begleitet von einem lauten „mmmmmhhhh“, vor.
„Achtung Andrea, das ist die Wange, die Backe ist weiter unten“, unterbricht mich Frau Sommer.
Oh Mann, ich muss wirklich mit den Wörtern und mit meiner Körpersprache aufpassen. Es kann schnell zu Verwechslungen kommen. Diese Sprache bringt mich manchmal zum Verzweifeln. Ich würde gerne meinen Gedanken noch ein wenig nachhängen, doch Frau Sommer redet schon weiter.
„Herr Yildirim ist auch ein typischer südländischer Mann, der sehr ausgeprägt seinen Körper einsetzt. Dagegen ist Frau de Pem-

ba zurückhaltend in ihren Bewegungen. Zeigen Sie uns eine typische Geste aus Ihrem Land?“
„Bei uns ist das Reden immer begleitet von viela Gesta, nur ich bin keina große Rednerin. Aber zum Beispiel wenn man erklärt, wie groß ein Kind ist, streckt man bei uns die Handa nach vorne und die Handflächen zeigen nach oben. Denn das Kind wird ja noch weiter wachsen. Hier haba ich gesehen, dass man dabei die Handfläche nach unten hält. Aber so stoppt man, denke ich, das Weiterwachsa!“
„Bei uns in Taiwan achtet man auf eine ruhige Körpersprache“, mischt sich Chang Lee ein. „Übertriebene Gesten oder starke Mimik sowie laute Stimmen wirken auf uns sehr fremd und sind nicht willkommen.“

„Aber grundsätzlich gilt, wenn ein Südländer eine fremde Sprache nicht beherrscht, versucht er, die fehlenden Worte durch Gesten darzustellen. Er redet mit Händen und Füßen, kommt sogar ins Schwitzen, um irgendwie eine Lösung des Problems zu finden. Ein Deutscher dagegen würde in der gleichen Situation eher stumm bleiben und den Fremden nur fragend anschauen“, spricht Frau Sommer weiter.
Dem können wir alle zustimmen, als die Pausenglocke klingelt. Draußen diskutieren wir eifrig weiter. Unter großem Gelächter gucken wir Marali und Chang Lee zu, wie sie wilde Verrenkungen mit ihren Körpern vollführen, die in ihrer Heimat lustige Bedeutungen haben. Für mich sieht Maralis Handbewegung für „Das schmeckt sehr lecker“ eher aus wie „Ich will mit dir ins Bett“. Alle versuchen, die Gesten nachzumachen. Jetzt lachen die Afrikanerin und der junge Mann aus Taiwan über uns.

Als wir zurück in den Klassenraum kommen, hat Frau Sommer schon die nächste Lektion an die Tafel geschrieben:

NOMINATIV	*DATIV*	*AKKUSATIV*
ICH	*MIR*	*MICH*
DU	*DIR*	*DICH*
ER, SIE, ES	*IHM, IHR, IHM*	*IHN, SIE, ES*
WIR	*UNS*	*UNS*
IHR	*EUCH*	*EUCH*
SIE	*IHNEN*	

Als Letztes schreibt sie noch „SIE" in die untere rechte Ecke. „Achtung, Freunde!", ruft Frau Sommer, um unsere Aufmerksamkeit zu erregen. „Das ist jetzt sehr wichtig! Dies sind die Pronomen in allen Fällen. Die kann man nicht erklären, sondern nur auswendig lernen", sagt sie bestimmt. „Sie müssen versuchen, sehr gut Deutsch zu sprechen, denn die Institutionen möchten eigentlich am liebsten nur Ihren Rücken sehen – und zwar am Flughafen in Richtung Ihrer Heimat. Und dann wäre auch ich meinen Job los …" Sie zieht eine bedauernde Miene. „Also, alles verstehen ist besser! Und ein kleiner Tipp am Rande, wenn Sie noch Hemmungen haben, Deutsch zu sprechen: Führen Sie einfach Selbstgespräche! Auf Deutsch natürlich. Ich bin sicher, das hilft Ihnen. Wenn Sie allein sind, im Zimmer, unter der Dusche oder beim Radfahren beispielsweise – sprechen Sie mit sich selbst. So überwinden Sie Ihre Scheu und gewöhnen sich an die Aussprache."

Als ich nach Hause komme, sitzt Herr Heilmann schon wieder vor der Glotze und guckt Fußball.
„Hallo, ich bin's", begrüße ich ihn und bleibe im Flur neben der Aspirin-Wand stehen. „Ich hab was fürs Abendessen gekaufte", sage ich und strecke ihm stolz meine beiden Einkaufstüten hin.
Er nickt nur kurz, wendet sich wieder dem Fernseher zu und murmelt: „Gut, aber um sieben wird gegessen, capito?!"
„Mangiare, ja, klar, ich mach Salata."
„Sind wir Kaninchen oder wat?!", nuschelt er wenig begeistert.
„Nein, aber …"
„Tor, Tor, Tor!", brüllt er jetzt und springt auf, ohne dass seine rund 120 Kilo das verhindern könnten. „Hast du das gesehen? Super Schuss!" Und mit einem Plumps landet er schwungvoll wieder auf dem Sessel.
Die Aspirin-Wand wackelt gefährlich, zur Sicherheit entferne ich mich schnell ein paar Schritte und gehe dann in die Küche.
Während ich alles vorbereite, kommt Frau Heilmann mit zwei Taschen in der Hand von der Arbeit zurück.
„N'Abend, Lothar." Dann erblickt sie mich in der Küche: „N'Abend, Andreas, wat machst du denn hier? Und wat is dat denn da für'n Berg von Grünzeug?"
„Andrea!", verbessere ich sie.
Mittlerweile habe ich mich an ihre schrille Stimme gewöhnt, und die Haare stellen sich nicht mehr auf. „Das ist für die Abendbrote, Frau Heilmann."
„Salat?! Zum Abendbrot? Klaust du das Essen von den Karnickeln oder wat?!"
„Keine Sorge, das wird sehr lecker. Müsse Sie probiere." Unbeirrt schnipple ich weiter.

Um genau 19 Uhr stelle ich meine bunte Salatschüssel mit Römersalat, Karotten, Radieschen, Sellerie, Tomaten, Zwiebeln, Kapern, Fenchel, Parmesankäse, gerösteten Brotstückchen, Pinienkernen und einem Dressing aus Salz, Pfeffer, Balsamico-Essig und dem guten Olivenöl von Onkel Peppe auf den Tisch. Sieht toll aus neben dem üblichen Korb mit Schwarzbrot und dem Aufschnitt – heute sogar mit Käse – finde ich.
„Ecco! Das ist die Salat!“, verkünde ich stolz. Alle drei beugen sich neugierig über die Schüssel, schauen mich an und dann wieder den Salat.
„Darf ich?“, frage ich und beginne, die Heilmanns zu bedienen. Die nächsten drei Minuten vergehen in absoluter Stille, man hört nur das Geräusch des Kauens auf den knackigen Salatblättern. Bei jedem Bissen richten sich die Blicke automatisch auf mich.
„Andreas, die Kaninchen werden bei dir richtig glücklich“, sagt Herr Heilmann grinsend. „Aber es gibt nichts Besseres als ein Schnittchen mit Gürkchen zum Abendbrot“, ergänzt er und schmiert sich eine Scheibe Schwarzbrot.
Am Ende bleiben dennoch ein paar Scheiben Brot übrig, aber die Salatschüssel ist leer geputzt.
„Morgen konnte ich mal etwas kochen“, schlage ich vor.
„Na gut, aber einkaufen musst du selber gehen. Mann, Mann, Mann, diese Italiener …“ Kopfschüttelnd verzieht Herr Heilmann sich Richtung Wohnzimmer, die Fernbedienung fest in der Hand.
„Ja, klar. Gute Nacht“, verabschiede ich mich und gehe in mein Zimmer.
Während ich alles für den nächsten Morgen vorbereite, grüble ich über Sinn und Unsinn meines Versuchs nach, Deutsch zu lernen. Diese Sprache werde ich nie perfekt beherrschen. Sie ist

einfach zu kompliziert für mich. Ich kann mir auch diese ganzen Vokabeln nicht merken. Dauernd verwechsle ich die Wörter. Einige haben gleich mehrere Bedeutungen, und man kann sie auch als Schimpfwörter benutzen. Manchmal habe ich das Gefühl, dass es nur Geräusche sind, die ich produziere, denn die Leute mustern mich mit verwirrten Blicken, die sagen: „Was hat er gesagt?“ – mit einem langen „a“ bei „gesaaaaagt“.
Ich gebe aber nicht auf deswegen, sondern habe mir ein kleines Heft gekauft. Dort werde ich jedes neues Wort reinschreiben, das ich höre, und immer wieder lesen und laut sprechen, so wie Frau Sommer es uns geraten hat. Bis ich die Bedeutung vielleicht irgendwann begreife. Ob ich in meinem Alltag das Wort „Flottenstützpunkt“ jemals benutzen werde, ist fraglich, aber ich schreibe es trotzdem in mein Heft.

Flottenstützpunkt	*base aereonavale*
Keuchen	*affanno*
Entstehung	*genesi*
stromlinienförmig	*dalla forma aereodinamico*
Pfeifenreiniger	*scovolino*
Dohle	*taccola*
Mahagoni	*mogano*
Heuschrecke	*locusta*

So, nun mache ich mich mal zum Schlafen fertig. Die neue Bettwäsche ist echt schick, denke ich, während ich mich ins schwankende Wasserbett fallen lasse.

LEKTION NR. 3 – DIE VERHÄLTNISWÖRTER/PRÄPOSITIONEN

„Präpositionen […], auch Fallfügteile, Verhältniswörter, Vorwörter oder Lagewörter genannt, drücken Verhältnisse bzw. Beziehungen zwischen Personen, Gegenständen und/oder Sachverhalten aus. In flektierenden Sprachen wie dem Deutschen gehören sie zu den nicht flektierbaren Wörtern (d. h. sie sind unveränderlich). […] Präpositionen können lokale, temporale, kausale, konzessive, modale u. a. Verhältnisse ausdrücken."

(www.wikipedia.de, 2011: Wikimedia Deutschland – Gesellschaft zur Förderung Freien Wissens e.V., Berlin)

Diese Lektion werde ich leider verpassen, denn heute mache ich blau. Statt zum Unterricht fahre ich nach Köln zur letzten Castingrunde der Kochshow. Die Zutaten für mein Wettbewerbs-Gericht habe ich alle im Rollkoffer verstaut, nur das gute Olivenöl von Onkel Peppe trage ich sicherheitshalber in der Hand. Nach einer langen Fahrt durch die Stadt, diversen Malen ein-, aus- und umsteigen, erreiche ich mit dem Bus 148 endlich Ossendorf/Coloneum, den Medienbezirk von Köln. An der Bushaltestelle wirbt ein Riesenplakat mit einem solariumsgebräunten Mann für eine andere bunte TV-Show. Hier bin ich richtig! Ist das nicht …? Den da kenne ich doch …?!

Aber als ich auf der langen, geraden Straße stehe, sieht alles ganz anders aus, als ich erwartet habe. Überall sehe ich nur hässliche, graue Hallen, die nahtlos in den grauen Himmel übergehen. Das Ganze wirkt auf mich eher wie ein Industriegebiet, keine Spur von Glitter und Glamour. Ich bin ein bisschen enttäuscht, doch dann braust eine lange, weiße Limousine mit verdunkelten Scheiben an mir vorbei.

Wer da wohl drin sitzt? Bestimmt einer, der sich wichtig machen will, überlege ich neugierig. Bestimmt ein berühmter Star. Ich bin beeindruckt. Nach ein paar Metern bremst der Wagen ab und setzt zurück. Die dunkle Scheibe auf der Beifahrerseite geht runter, und ein blonder Mann mit einer großen, schwarzen Sonnenbrille auf der tiefgebräunten Nase beugt sich zu mir raus: „Hi! Ey, willst du auch zu ‚DSDS‘? Falls du weißt, wo das neue, megageile Studio ist, können wir dich gleich mitnehmen."
Ich schüttle den Kopf und starre ihn ungläubig an. Den hab ich doch schon mal irgendwo gesehen …? Das ist doch der Dings, da vorhin an der Haltestelle … Überrascht platze ich heraus: „Nee, aber eben an die S-Bahn-Haltestelle hab ich deine, äh, das Plakate gesehen, auf dem stand ‚Deutschland sucht den Superstar – *neu* in Studio 5‘."
„Ey, super, Alder. Hier für dich!" Damit streckt er mir ein buntes Foto entgegen und rauscht wieder ab.
Ist ja ein Ding! Der war das tatsächlich, denke ich, als ich die Autogrammkarte in die Tasche stecke.

Als ich das Gelände erreiche, benutze ich noch schnell den silbernen Türrahmen der Pförtnerloge als Spiegel und fahre mir noch einmal mit den Fingern als Kammersatz durch die Haare. Tja, es nützt ja nichts, da muss ich jetzt durch, denke ich, greife nach der Türklinke, betrete die Loge, stelle mich vor und zeige dem Pförtner meine Einladung zum Casting von „Deutschland sucht den 5-Sterne-Koch".
„Na, biste auch einer von diesen Kochkünstlern? Mach dir mal keine Sorgen, ming Jung, dat wird schon. In Köln sagt man: ‚Et kütt wie et kütt und is noch immer joot jejange‘. Verstehste?"

Ich schüttle meinen Kopf und starre ihn ungläubig an. Als ich nicht reagiere, grinst er: „Findste schon. Is ausgeschildert."
Ich nicke verunsichert und marschiere in die Richtung, die er mir anzeigt. An der großen Studiotür versperrt mir eine Kaugummi kauende Frau von Anfang 20, in einem kurzen, schwarzen Minirock mit langen Overknee-Stiefeln, den Weg. „Hallo, wo willst du hin?"
„Ins Studio. Ich bin Kandidat."
„Ach, schön. Wie heißt du denn?" Damit zückt sie ein großes DIN-A4-Klemmbrett mit vielen Namen drauf.
„Ich heiße Andrea-s ..." So, jetzt habe ich es getan. Ich habe aufgegeben. Bevor ich hier wieder lange meinen „Mädchennamen" erklären muss, taufe ich mich kurzerhand um. Aber meine Haare färbe ich nicht blond, die bleiben schwarz!
„Ich hab hier aber nur 'ne Andrea", sie schaut mich verwirrt an.
„Ja, ja, das ist eine Tippefehler. Andrea ist doch eine Mädchenname! Ich bin Andreas Sarto aus Italia."
„Ach so. Schön. Ich bin Susi Schotte, aber alle nennen mich Schotty", begrüßt sie mich dann fröhlich mit zwei Küsschen auf die Wangen. „Willkommen in der Familie. Ich begleite dich den ganzen Tag. Wenn du etwas wissen willst, frag mich. Wenn du auf die Toilette musst, sag mir Bescheid. Alles klar? Hast du alles mit? Was willst du heute kochen?"
Bevor ich antworten kann, eilt sie mir voraus.
Wir laufen Treppen hoch und Treppen runter. Durch Flure, an denen kleine Büros liegen, durch eine kleinere Halle, in der sich Leute unterhalten und etwas trinken. Überall hängen große Bilder vergangener Sendungen, wohl von den TV-Stars von heute und von gestern und von ein paar halbnackten Sternchen. Da-

zwischen entdecke ich ein Foto von dem Typen mit der Sonnenbrille, den ich gerade in der Limousine gesehen habe. Doch bevor ich Schotty von meiner Begegnung erzählen kann, ist sie schon ein ganzes Stück vorausgelaufen, und ich beeile mich, ihr auf dem blauen, zum Teil mit Kaffee bekleckerten Teppich hinterherzusprinten.

Man hört Lachen, Streiten, Weinen, Musik, Klatschen. Jedes Zimmer ist eine Welt für sich. Alles ist hell beleuchtet. Wohl um das graue Wetter von draußen zu kompensieren, denke ich mir. Jeder, der an uns vorbeikommt, begrüßt uns mit einem „Hey“ oder „Hallo“. Oder sie begrüßen sich untereinander mit „Tach“, „Na, wie is' et?“, „Tolle Quote gestern“, „Mahlzeit“ oder „Muss, ne?!“.

Ab und zu küsst Schotty jemanden und eilt dann weiter. Eine der Frauen, die sie unterwegs begrüßt, drückt auch mir gleich mal zwei dicke Schmatzer auf die Wangen. Kennen die sich alle?, grüble ich. Als wäre ich in einem Dorf unterwegs, in dem jeder jeden kennt. Ich bin überrascht, finde es aber eigentlich ganz nett hier. Ich grüße und nicke fröhlich zurück.

Schotty hat einen flotten Schritt drauf. Um mit ihr mitzuhalten, muss ich mächtig Gas geben und dabei aufpassen, dass meine Zutaten nicht zu sehr strapaziert werden. Plötzlich hält sie vor einer Tür, klopft an und öffnet sie. „Das ist die Maske, komm!“ Sie schiebt mich in den kleinen Raum. „Hallo Inge, das ist Andreas, einer der Kandidaten. Schau, was du machen kannst. Ich geh mal so lange eine rauchen. Andreas, wenn du fertig bist, gehen wir ins Studio, okay?!“

Ich lasse einfach alles geschehen, nehme es, wie es kommt, und vor dem Spiegel Platz.

Inge, eine kleine Frau mit einem sympathischen Lächeln, ist sehr bunt angezogen und beginnt, mich zu schminken. Eine völlig neue Erfahrung für mich. Ich finde es sehr befremdlich, als Mann mit Make-up und Puder aufgehübscht zu werden.
„So fertig, junger Mann, bei dir musste ich nicht viel machen. Warst du vorher extra im Solarium?“
„Ich? Nee, so was mache ich nichte. Ich bin von Natur aus braun“, rutscht es mir heraus.
Ich finde Schotty in einem stinkenden Raucherzimmer. Als sie mich sieht, springt sie auf und saust wieder los. Ich bleibe ihr dicht auf den Fersen.
„So, da wären wir.“ Sie stemmt sich gegen das schwere Tor, auf dem eine große „8“ prangt und schiebt mich ins Studio. Drinnen ist es dunkel. Meine Augen brauchen einen Moment, um sich daran zu gewöhnen.
Schotty dagegen rennt schon wieder los, zieht einen Vorhang beiseite, stürmt ein paar Stufen hinauf und auf die Zuschauertribüne. Hier im Studio ist es plötzlich gleißend hell. Schnaufend bleibt sie oben stehen und deutet mit einer ausladenden Armbewegung auf die große Halle. „Das ist es!“, grinst sie mich an und bläst mit ihrem Kaugummi triumphierend eine dicke Blase. Wir stehen ganz oben auf der Publikumstribüne. Direkt gegenüber erkenne ich die riesige Bühne mit einer imposanten Kulisse.
Ich habe den Eindruck, dass tausende von Leuten hier in Bewegung sind und weitere tausend Menschen hineinpassen würden. Eine kleine Stadt, untergebracht auf 600 Quadratmetern Studiofläche. Alle sind beschäftigt mit irgendetwas. Erstaunlicherweise wird recht leise gesprochen. Jeder scheint konzentriert seinen Job zu machen. Das liegt wohl an den Kopfhörern mit den kleinen

Mikrofonen, die alle auf dem Kopf tragen, überlege ich. Da müssen die nicht brüllen, um miteinander zu kommunizieren.
Durch die leeren Reihen der Tribüne gehen wir nach unten auf die Bühne, mitten in die Kulisse.
Ich bin tief beeindruckt von dem großen Raum. Im Vorübergehen sehe ich fünf einzelne Küchen mit Herd, Schränken und allem, was dazugehört. Direkt daneben sind fünf Stehtische mit Barhockern, an denen die anderen Kandidaten zusammensitzen – die Konkurrenz sozusagen. Er wirkt ein bisschen steril bei der hellen Studiobeleuchtung, aber alle quatschen fröhlich durcheinander. Schotty schiebt mich an einen der Tische. „Hi Leute, das ist Andreas aus Italien. Ihr seid zusammen in einer Castinggruppe. Ihr stellt euch dann gegenseitig vor, ja?! Gleich geht's los. Ihr werdet gruppenweise aufgerufen und in die Küchen geführt. Bis gleich, man sieht sich." Und schon ist sie verschwunden.
Wir sehen uns etwas unsicher an und schließlich sage ich: „Ich bin Andreas."
„Ich bin Sarah, was willst du kochen?" Nervös knabbert das Mädchen in dem schicken Cocktailkleid an ihren langen, rot lackierten Fingernägeln und sieht mich neugierig an.
„Ich möchte Stockfisch mit Kartoffeln kochen."
„Iiiieeehhh, wer isst denn so was?", platzt es aus dem Mädchen heraus.
„Und du?", frage ich zurück. Sie sieht mich herablassend an, zischt: „Eine deutsche Spezialität: falscher Hase mit Erbsen!", und wendet sich dem jungen Mann neben ihr zu.
„Und was machst du?"
„Icke? Currywurst mit Pommes", sagt er grinsend.
„Lecker", freut sie sich.

Still hocke ich auf meinem wackligen Barhocker.
Oh Mamma mia, ich bin wirklich in einem Fernsehstudio in Deutschland. Das schaffen nicht alle. Mich durchfährt ein Glücksgefühl und ein stolzes Lächeln breitet sich auf meinem Gesicht aus.
Wenn ich das alles meiner Oma erzähle! Gedankenverloren schaue ich mich um. Mein Blick bleibt an einem roten Schild an der Wand hängen: „Beschäumung – Heizöllager". Was das bloß bedeutet? Da ich mir keinen Reim darauf machen kann, gehe ich in Gedanken lieber noch mal mein Rezept durch. Zu Hause bei den Heilmanns in Krefeld hatte ich den Fisch bereits gestern Abend in Wasser eingeweicht, sodass ich ihn jetzt nur noch klein schneiden und zusammen mit Kapern und Kartoffeln in den Topf tun muss.
Schon taucht Schotty wieder auf und ruft gut gelaunt: „Also dann, Leute, jetzt wird's ernst. Wir fangen mit eurer Gruppe an. Folgt mir. So Freunde, das ist der Detlev." Schotty deutet auf einen mageren jungen Mann mit Kopfhörer-Mikrofon und einem Klemmbrett voller Zettel in der Hand. Er wirkt total gestresst und verloren. „Das ist der Aufnahmeleiter im Studio, und der wird euch ab jetzt sagen, wo ihr hin müsst. Sag hallo, Detlev!"
„Hallo", murmelt er leise.
„Na toll, sprechen kannst du ja inzwischen", sagt Schotty ironisch, verdreht heimlich die Augen und klopft ihm jovial auf die Schulter.
Der Aufnahmeleiter weist uns unsere Plätze am Herd zu. Das Ganze läuft nicht ohne Probleme ab, denn wir müssen ein paar Mal die Plätze wechseln, als würden wir „Die Reise nach Jerusalem" spielen.

„Ja, also, wir sehen uns dann später wieder. Ich drücke euch die Daumen“, Detlev lächelt schüchtern und macht sich eilig wieder aus dem Staub.

Wir stellen unsere Zutaten bereit und warten gespannt, was als Nächstes passiert. Inzwischen beobachte ich die fünf großen Studiokameras, die trotz ihrer Rollen über den Boden zu schweben scheinen, wenn sie von den Kameraleuten hin- und hergeschoben werden. Hinter jeder Kamera steht zudem ein total verschwitzter Junge oder ein verschwitztes Mädchen – sie tragen die Kabel geschickt hin und her.

Ein Kameramann mit einer kleineren Handkamera windet sich gekonnt an ihnen vorbei, ganz nah an uns heran und bewegt sich zwischen uns und unseren Zutaten. Interessiert sehe ich ihm dabei zu.

Als plötzlich eine Stimme aus den Lautsprechern ruft, zucke ich zusammen: „So, liebe Kandidaten, jetzt wird es ernst. In der letzten Castingrunde entscheidet sich, wer als Kandidat ab nächster Woche um den Titel ‚Deutschlands Fünf-Sterne-Koch‘ kämpfen wird. Wir drehen das Ganze mit und zeigen dann später in der Show die Casting-Highlights. Also, immer dran denken: Ihr seid auf Sendung! Alles klar?! Und hier sind die Fachleute, die darüber entscheiden werden – die Starjury!“

Aus einer dunklen Studioecke schleppen sich gemütlich drei Gestalten ins Licht und vor unsere Küchen. Neugierig starren wir die Menschen an, die gleich über unser Schicksal befinden werden. Da ertönt die Stimme aus den Lautsprechern wieder: „Von diesen drei Prominenten hängt es ab! Sie werden darüber urteilen, wer von euch demnächst ein völlig neues Leben als Starkoch beginnen wird!“

Enttäuscht stelle ich fest, dass ich keinen von ihnen erkenne. Große Stars können das nicht sein, denn sonst wären mir ihre Gesichter aus „100% Prominent“ bekannt.
Zum Glück erklärt die Stimme aus dem Off, wer die drei angeblich prominenten Juroren sind: „Einen kleinen Applaus für den Schauspieler Hartmut Berger, die Moderatorin Mia Kirschenhofer und die Stimmungskanone Toni Prescher!“
Das gestylte Mädchen neben mir und ein pummeliger Kabelträger hinter einer Kamera kieksen enthusiastisch bei jedem Namen, doch wir anderen klatschen nur verhalten. Anscheinend bin ich nicht der Einzige, der die drei Gestalten nicht kennt. Immerhin zeugt bei allen die Leibesfülle von einer gewissen Kompetenz in Sachen Essen.
Gespannt starren wir den dicksten von ihnen an, der jetzt einen Schritt auf uns zu macht und mit großer Geste verkündet: „So, liebe Kandidaten. Ihr habt es bis hierher geschafft, doch in die Show werden nach der Finalrunde nur fünf von euch einziehen und um den Titel ‚Deutschlands Fünf-Sterne-Koch‘ kämpfen. Möge die beste kulinarische Idee gewinnen!“ Er macht eine dramatische Pause, doch wir schauen ihn nur weiter an. Hartmut Berger räuspert sich und setzt wieder an: „Also dann, ihr habt ab jetzt genau eine Stunde lang Zeit, um euer Gericht zu kochen. Danach werden wir Juroren ein hartes, aber gerechtes Urteil fällen. Na, dann sag ich einfach mal: an die Kochtöpfe, fertig, los!“
Bei „Los!“ vollführt er eine Art kleinen Hüpfer und schaut sich Beifall heischend um. Seine Jury-Kollegen nicken ihm aufmunternd zu. Ohne uns eines weiteren Blickes zu würdigen, drehen sich alle um und schleppen sich in eine dunkle Ecke im Studio.

Der Aufnahmeleiter steht verloren einige Meter abseits und beobachtet regungslos das Geschehen. Wir fünf Kandidaten am Herd sehen uns unsicher um. Soll es jetzt tatsächlich losgehen? Da ertönt schon wieder die Stimme aus dem Lautsprecher: „So, Freunde, was ist los? Die Zeit läuft. Wir essen heute zeitig … Wo ist der Aufnahmeleiter?“
Endlich erwacht Detlev aus seiner Starre und spricht langsam ins Mikro. Dann scheint er konzentriert zu lauschen. Das Gebrüll in seinen Kopfhörern kann man bis zum Herd hören. Augenblicklich richtet er sich auf, deutet auf uns und gibt uns ein Zeichen, dass wir mit dem Kochen beginnen sollen.
Ich bin froh, dass es endlich losgeht. Zuerst schneide ich meinen Fisch in mundgerechte Stückchen. Das wird lecker, denke ich und konzentriere mich auf mein Rezept.

Als nach einer Stunde ein lauter Gong ertönt, verkündet die Lautsprecherstimme: „So, Kochlöffel weg! Die Zeit ist um. Jetzt wird die Jury entscheiden, wer von euch in unsere tolle Show darf und wer uns heute leider verlassen muss. Hier sind die Juroren!“
Völlig verschwitzt gucke ich von meinen Töpfen auf und blinzle ins grelle Licht. Doch da steht niemand.
„Aufnahmeleitung! Verdammt, holt endlich die Juroren ins Studio!“, brüllt der Regisseur durch die Lautsprecher.
Detlev bewegt sich unsicher Richtung Ausgang, schwer zu sagen, ob er verstanden hat, was los ist.
Aus dem Lautsprecher raschelt es, als ob jemand das Mikro zuhält. Leise hört man eine Frauenstimme flüstern: „Ich hab den Dicken von der Currywurstbude vorne an der Straße eingesammelt … Und die Tussi ist in der Maske eingeschlafen. Und

den lustigen Dicken hab ich im DSDS-Studio nebenan wiedergefunden, als er eine der rausgeflogenen Kandidatinnen trösten wollte. Trösten, verstehste …? Angegrapscht hat er das heulende Mädel. Das ist doch ein Irrenhaus hier."
Dann ganz leise eine erboste männliche Stimme: „Das ist mir scheißegal. Es ist nicht dein Job, dass diese blöde Jury hier rechtzeitig am Start ist. Darum hat sich die Aufnahmeleitung zu kümmern! Sind die jetzt endlich im Studio?"
„Ja, ja, Detlev lotst sie gerade rein … Ich seh besser noch mal nach dem Rechten …"
Einen Augenblick später kommt Schotty ins Studio gelaufen, gefolgt von dem hilflosen Aufnahmeleiter. Sie schlägt generv t die Hände über dem Kopf zusammen: „Ich habe dir schon tausendmal gesagt, du musst immer aufpassen, dass hier alles reibungslos läuft. Ist das so schwer zu begreifen? Ansonsten schmeißen sie dich hier raus, und du landest wieder beim Arbeitsamt."
„Okay, danke Schotty. Jetzt krieg ich das hin. Bestimmt", antwortet Detlev kleinlaut und eilt in die dunkle Studioecke.
Ich versuche ruhig und konzentriert zu bleiben, aber diese Aufregung macht einen ganz schön nervös. Dann raschelt es wieder in den Lautsprechern und plötzlich ertönt die aufgekratzte Stimme des Regisseurs im Studio: „So, auf diese Promis wartet man doch gerne! Hier ist unsere unbestechliche Starfachjury!" Sanft geschoben von Detlev, schleppen sich die drei aus der Dunkelheit gemächlich vor unsere Studio-Küchen. Dort steht inzwischen ein weiß gedeckter Tisch, an dem sich die Juroren schnaufend niederlassen. Der Schauspieler schiebt sich schnell eine Pommes in den Mund, bevor er uns angrinst: „So, kann losgehen. Dann mal her mit euren leckeren Gerichten! Du zuerst!"

Ich fahre zusammen, als er mit dem Finger auf mich zeigt. Dann reiße ich mich zusammen, schnappe meine drei vorbereiteten schön garnierten Teller und stelle jedem der Juroren je einen direkt unter die Nase.
„Mhhhh, das riecht aber lecker!", ertönt zum ersten Mal die tiefe Stimme von Mia Kirschenhofer. Begeistert stopft sie sich ein Stück Stockfisch in den Mund und murmelt: „Lecker!"
Auch die Herren neben ihr scheinen mein Gericht zu mögen, jedenfalls essen sie den ganzen Teller leer.

Gespannt beobachte ich die Reaktionen auf die Gerichte meiner Konkurrenten. Doch es ist schwierig, zu erkennen, welches der Jury am besten schmeckt. Jedes Mal jauchzt Mia Kirschenhofer: „Lecker!" und dann essen alle drei ihre Teller leer.
Der Aufnahmeleiter sammelt das benutzte Geschirr zusammen und bringt es stolz, als wäre sein Kellnerjob die beste Leistung heute, hinter die Kulissen.

Schließlich stecken die Juroren die Köpfe zusammen und es sieht aus, als würden sie wild miteinander diskutieren. Dann erhebt sich Hartmut Berger mühsam vom Sessel und verkündet schnaufend: „Es war ein sehr knappes Ergebnis. Mein Favorit war die leckere Currywurst mit Pommes von dem da." Dabei zeigt er auf den jungen Mann neben mir. „Aber ich wurde überstimmt und somit heißen die Gewinner … Äh … Mia, wie heißen die denn nun?" Er sieht sich unsicher nach ihr um und beugt sich zu ihr runter, damit sie ihm ins Ohr flüstern kann. Dann strahlt er wieder: „Gewonnen haben zwei Mädchen!"
Die gestylte Brünette klatscht reflexartig in die Hände und kiekst. Der Juror nickt ihr wohlwollend zu. Dann sehen sich alle irritiert

um. In den Studio-Küchen stehen ansonsten nur Männer. Doch das scheint den Schauspieler nicht weiter zu stören. Triumphierend brüllt er: „Das zweite Mädchen heißt – Andrea!" Mir wird heiß und kalt. Da zupft die Jurorin ihren Kollegen am Ärmel und flüstert laut: „Andreas! Der heißt Andreas!"

Der Schauspieler räuspert sich und verkündet: „Also, wie gesagt, gewonnen haben die Hübsche mit den großen … Augen … äh … und Andreas mit seinem ollen Stockfisch!"

Ich kann es kaum glauben, aber als mir meine Mitkandidaten um den Hals fallen und gratulieren, wird mir klar, dass ich es tatsächlich geschafft habe. Ich bin Kandidat von „DSD5SK"! Ich werde in den nächsten Wochen im Fernsehen sein und um den Titel kämpfen. Ein lautes „Madonna mia" entfährt mir, und ich lasse mich feiern.

Auf den Heimweg schlage ich mein kleines Vokabelheft auf, das ich mittlerweile überall mit hinschleppe. Ich lese laut all die Wörter, die ich bisher aufgeschrieben habe. Als mich die Mitreisenden in der S-Bahn skeptisch beäugen, mache ich mich lieber daran, das aufzuschreiben, was ich heute Neues aufgeschnappt habe:

Beschäumung	*?????*
Publikum	*pubblico*
Jury	*giuria*
Produzent	*produttore*
Kochlöffel	*cucchiaio di legno*
Stockfisch	*baccalà*

LEKTION NR. 4 – DIE PARTIZIPIALKONSTRUKTIONEN

„Die Infinitiv- und Partizipialkonstruktionen stehen dem äußeren Anschein nach zwischen den Satzgliedern und den Nebensätzen. Mit den Nebensätzen haben sie gemeinsam,
(1) dass die in ihnen stehenden Infinitive und Partizipien durch Objekte, Adverbialbestimmungen, andere Satzglieder und weitere Konstituentensätze erweiterbar sind […] Von den Nebensätzen unterscheiden sich die Konstruktionen dadurch, […]
(b) dass es in der Oberfläche vereinzelt möglich ist, Teile der Konstruktion an die Spitze des übergeordneten Matrixsatzes zu stellen […]"

(Helbig, Gerhard/Buscha, Joachim: Deutsche Grammatik. Ein Handbuch für den Ausländerunterricht. Berlin und München 2001.)

„Achtung, Freunde! Heute wird's sehr wichtig, denn es geht um Partizipialkonstruktionen. Klingt spannend, oder?!" Lächelnd schaut Frau Sommer in unsere leeren Gesichter. „Die brauchen Sie täglich. Mit dem Partizip Präsens bezeichnet man aktive Handlungen, Zustände oder Vorgänge, die gleichzeitig – aber meist untergeordnet – zur Haupthandlung ablaufen. Die Partizipialkonstruktion mit dem Partizip Perfekt bezeichnet passive Handlungen. Ach, ich gebe Ihnen einfach mal ein paar Beispiele", ergänzt sie fröhlich und schreibt an die Tafel:

Gegenwärtiger Vorgang	***Beendeter Vorgang***
das ankommende Auto	*das angekommene Auto*
= das Auto, das gerade ankommt	*= das Auto, das gerade angekommen ist*

Erwartungsvoll blickt sie in die Klasse. „Verstehen Sie? Die Partizipialkonstruktion mit dem Partizip Präsens bezeichnet einen gegenwärtigen Vorgang, der sich in einen Relativsatz im Aktiv auflösen lässt. Und die Partizipialkonstruktion mit dem Partizip Perfekt bezeichnet einen beendeten, bereits abgeschlossenen Vorgang. Der entsprechende Relativsatz wird mit dem Partizip Perfekt plus ‚sein' gebildet. Ist doch ganz einfach. Das können Sie alles auch in Ihren Lehrbüchern noch mal nachlesen. Jetzt würde mich aber erst mal etwas anderes interessieren. Andrea Sarto?" Streng sieht sie mich an, ich zucke zusammen.
„Ja, Frau Sommer?"
„Weshalb waren Sie gestern nicht im Unterricht?"
„Nun, äh … Ich musste zum Casting für die Kochshow ‚DSD5SK', wissen Sie. Es war eine wichtige Casting. Wenn ich da nicht hingegangen wäre, ich konnte nicht um den Einzug in die Show kochen und kämpfen", antworte ich kleinlaut.
„Und?", fragt sie nach. „Hat es sich gelohnt, dafür den Unterricht zu schwänzen?"
„Nun, ja, schon … Ich hab's geschafft und gewonnen. Ich bin dabei! Außerdem habe ich mich für meine Aufenthalt in Deutschland umbenannt – ab sofort heiße ich Andreas. Mit ‚s'. Das ist einfacher und fuhrt nicht zu so vielen Verwirrungen." Meine Mitschüler applaudieren spontan, und Marali klopft mir begeistert auf die Schulter.
Nun lächelt auch meine Lehrerin: „Na, das ist doch sehr schön. Freut mich, Andreas. Aber die Lektion von gestern über die Verhältniswörter musst du trotzdem nachholen. Frag am besten Herrn Yildirim, der hat alles mitgeschrieben und auch verstanden, oder?" Der Türke beeilt sich, zustimmend zu nicken, doch

ich habe die Ahnung, dass ich bei ihm nicht allzu viel werde abschreiben können.
„Was hast du denn in der Sendung gekocht?", fragt Lydia.
Ich erkläre mein Stockfischrezept mit Kartoffeln genau.
„Und Kartoffeln kochst du al dente?", erkundigt sich Lydia interessiert.
Doch bevor ich näher auf mein Rezept eingehen kann, fährt Mustafa dazwischen: „Iiieehh, getrockneter Fisch!" Er rümpft angewidert die Nase.
„Der wird vorher eingeweicht. Das schmeckt wirklich lecker. Ich habe sogar gegen die Currywurst gewonnen", insistiere ich.
„Freunde!", schmettert Frau Sommer dazwischen und hat sofort wieder unsere Aufmerksamkeit. „Ich habe da eine verrückte Idee!" Mit einem verschmitzten Lächeln sieht sie von einem zum anderen. „Um die verschiedenen Eigenheiten der unterschiedlichen Länder, aus denen Sie kommen, wirklich verstehen zu können, werden wir übermorgen alle etwas Typisches zu Essen mitbringen. Marali was Afrikanisches, Lydia etwas aus der Ukraine und so weiter. Es muss natürlich ein Gericht sein, das man auch kalt essen kann. Dann probieren wir nach dem Unterricht mal, wie Ihre Heimat so schmeckt. Ich werde auch etwas typisch Deutsches mitbringen. Ist das nicht eine tolle Idee?" Um Zustimmung heischend breitet sie die Arme aus.
Ich bin von dem Vorschlag auf Anhieb begeistert, aber meine Mitschüler scheinen nicht so ganz überzeugt zu sein.
Da legt Frau Sommer nach: „Dafür gibt's dann auch keine Hausaufgaben! Na Freunde, ist das ein Angebot?!"
Jetzt lächeln auch die anderen, und sofort entspinnt sich eine aufgeregte Diskussion, was jeder kochen wird.

Nach dem Unterricht gehe ich in die Stadt. Da bremst mich wieder die rote Ampel aus. Warum erwische ich die nie, wenn sie grün ist?, denke ich genervt. Ob die auf Ausländer programmiert ist? Ausgerechnet hier, wo es so heftig weht, muss ich immer stehen bleiben. Doch dieses Mal bin ich entschlossen, nicht zu warten und mir wegen der heimtückischen Ampel eine Erkältung zu holen. Zum Glück ist niemand da. Sogar dem rauchenden Paar am Fenster scheint es heute zu kalt zu sein.
Ich laufe jetzt über Rot! Und zwar mit dem Gefühl, es diesmal zu schaffen und nicht dabei erwischt zu werden. Das geschlossene Fenster gegenüber habe ich fest im Blick. Ich verspüre das Prickeln der heimlichen Freude, etwas Verbotenes zu tun.
Meine Hoffnung platzt, als ich nach vorne sehe. Wie aus dem Nichts ist das rauchende Zwillingspaar auf dem gegenüberliegenden Bürgersteig aufgetaucht. Zurück kann ich nicht, es bleibt mir nur, weiter zu gehen. In diesem Moment wird es grün. Jetzt kommen die beiden mir entgegen. Wie bei einem Westernduell laufen wir aufeinander zu. Es fehlt nur die Musik von Ennio Morricone. Im Takt ihrer Schritte ziehen sie gleichzeitig an ihren Zigaretten und blasen den Rauch bedrohlich aus der Nase. Sie kommen immer näher. Als wir uns auf Augenhöhe treffen, starren mir beide in die Augen. Vorwurfsvoll schleudern sie mir im Duett entgegen: „Na, Sie sind ja ein tolles Vorbild für die Kinder!“ Welche Kinder?, denke ich verwirrt und gehe weiter.
In einer Kneipe nehme ich Platz am Fenster und bestelle mir eine heiße Schokolade mit Sahne. Ich beobachte ein wenig die Passanten und mache mich dann daran, mit Mustafas Merkzettel den verpassten Unterricht nachzuholen. Er hat eine kindliche, aber sehr ordentliche Schrift. Am Heftrand hat er ein paar lustige Zeich-

nungen gemacht, lauter Gesichter. Mal erschrockene, mal lachende, mal ernste. Ob das Porträts von uns, seinen Mitschülern, sind? Ich kann es nicht erkennen und mache mich ans Abschreiben:

Preposition sind worte, die verheltinisse und Beziunngen zwischen Personen und Dinge zeichen. Die gehoren zu Gruppen der Parikel (oder Partikel? Nachgucken!) und sind nicht flekierbare.

Ich stutze. Was ist das?

Fakir anrufen wegen import von obergine und waschmachine.

Vielleicht ist das ein Beispielsatz, überlege ich und schreibe ihn brav in mein Heft.

Prepositionen sind weder Satzgliedern noch Attribute aber stets Teil davon und stehe immer in Bezug auf einen Nomen oder ein Personalpronomen. Es gibt verschidene arte von Prepositione:
Lokale: Ortliche – AUF AUS DURCH IN VOR
Temporale – GEGEN MIT VON VOR AB AN AUF
Modale – WIE AUSSER ENTGEGEN MIT OHNE
Kausale – (begrundete) WEGEN TROTZ GEMÄSS BEI VON

Ich bin etwas skeptisch, ob das alles korrekt ist. Auf jeden Fall klingt es sehr kompliziert. Das muss ich noch mal in meinem Lehrbuch nachschlagen, vielleicht kapiere ich es dann. Ich trinke aus und mache mich auf den Heimweg.
Zu Hause angekommen, empfängt mich im Flur ein würziger Duft nach gebratenem Fleisch, der die frittierte Luft durchzieht. Es ist kurz vor 19 Uhr, Abendbrotzeit im Hause Heilmann. Mir fällt plötzlich ein, dass ich vorgeschlagen hatte, etwas Warmes zu kochen, doch gestern war ich bei der Show und heute habe ich

einfach vergessen, etwas einzukaufen. Aber anscheinend war das auch gar nicht nötig. Fröhlich rufe ich durch den Flur: „Bin wieder da!"
Aus der Küche schrillt Frau Heilmanns Stimme: „Hände waschen! Gibt gleich Abendbrot!"
Schnell bringe ich meine Schulsachen runter ins Zimmer, mache mich im Bad kurz frisch und bin pünktlich um sieben wieder oben. Als ich den Flur betrete, werde ich Ohrenzeuge einer aufgeregten Diskussion in der Küche. Ich bleibe stehen.
Frau Heilmann quietscht aufgebracht: „Immer muss ich da alleine hin. Du interessierst dich überhaupt nicht für unseren Sohn, Lothar!"
„Nur weil ich nicht mit zum Elternsprechtag war. Warum sollen wir da beide rumhocken?", grummelt er. Dann etwas lauter zu seinem Sohn: „Na, mein Junge, was hat deine Lehrerin denn nun gesagt?"
„Alles ganz okay. Sie hat sich vertan. Ich werde mit ihr reden und alles erklären", antwortet Thorsten gedehnt.
„Ach Blödsinn!", faucht Frau Heilmann. „Wat soll se schon sagen? Thorsten ist faul und lässt sich von allem und jedem ablenken. Er vergisst die Hausaufgaben, träumt im Unterricht vor sich hin. Wenn er in Mathe so weiter macht, landet er in einer Videothek oder wird Regaleinräumer beim Schlecker!"
„Ich will aber Immobilienmakler werden. Dafür brauche ich nicht mal das Abitur!", erklärt Thorsten genervt seiner Mutter.
„Ach Quatsch. Los, Lothar, nun sag du ihm doch auch ma, dass dat so nicht weitergeht!", schimpft Frau Heilmann weiter.
Ihr Gatte räuspert sich. „Thorsten!", sagt er dann streng. „Du hast gehört, was deine Mutter gesagt hat. So geht es nicht weiter. Ab

sofort machst du deine Hausaufgaben und strengst dich in der Schule mehr an. Nimm dir mal ein Beispiel an unserem Andreas. Der lernt immer fleißig – und dabei kann der nicht mal richtig Deutsch!"
„Wo bleibt der eigentlich?", fragt Frau Heilmann und brüllt Richtung Flur: „Andreas! Essen! Wird kalt!"
Ich atme tief durch, ziehe extra laut die Kellertür hinter mir zu und rufe: „Bin schon da!"
Dann betrete ich die Küche. Die drei Heilmanns blicken mir strahlend entgegen, als wenn es die Diskussion eben gar nicht gegeben hätte. Staunend betrachte ich den Tisch, auf dem heute kein Brotkörbchen und kein Aufschnitt stehen. Stattdessen bewundere ich die köstlichen Sachen auf den vier Tellern. Das sieht gut aus.
Als ich mich setze, klopft mir Herr Heilmann fröhlich auf die Schulter: „So Andreas, da staunste, wa?! Wir können auch was Warmes am Abend machen! Strammer Max! Kennste dat? Is lecker!"
„Strammer Max? Das ist doch eine Jungenname, oder?! So wie strammer Andreas … Kenn ich nicht, aber sieht toll aus und riecht kostlich", beeile ich mich zu sagen.
„Dat is 'ne Scheibe Graubrot mit gebratenem Kochschinken und als Krönung noch zwei Spiegeleier obendrauf. Aber das Beste sind die Gürkchen, die man dazu isst. Das ist doch was für dich mit deinem Grünzeug-Tick", lacht er schallend. „Los, fang an."
Ich lasse mir den strammen Max schmecken. Wirklich köstlich, auch die Gürkchen dazu. Endlich ein einfaches deutsches Gericht, das ich richtig gerne mag. Muss mir nachher das Rezept von Frau Heilmann aufschreiben lassen.

LEKTION NR. 5 – DIE KARDINALZAHL

„Nebensätze sind in der Regel an ein Beziehungswort (Korrelat) im übergeordneten Satz gebunden, das jedoch im konkreten Satz nicht immer auftritt:
Was er uns sagt, (das) müssen wir glauben. [...]
Ein Signal für die Bedeutung der Nebensätze ist auch der erste Teil von mehrteiligen Konjunktionen, vor allem dann, wenn der zweite Teil der Konjunktion keine eindeutige Bedeutung hat [...]"
(Helbig, Gerhard/Buscha, Joachim: Übungsgrammatik Deutsch. Berlin und München 2000.)

„Achtung, Freunde, da liegt ein Fehler vor, wenn ihr denkt, dass Deutschland nur das Land von Bratkartoffeln, Lufthansa, Aspirin oder Karl Lagerfeld ist. Deutschland ist auch das Land von Hartz IV – mit römischer Kardinalzahl geschrieben", erklärt Frau Sommer früh am Morgen und schreibt das an die Tafel. „Wer von Ihnen kennt Hartz IV?"
Wir schauen uns fragend an. Ich hatte ja schon von Herrn Heilmann gehört, dass er so ein Patient ist. Und ich kenne auch das Gebirge Harz – und zwar wegen der Walpurgisnacht in Goethes „Faust". Aber was mag dieses „Hartz IV" mit der römischen Kardinalzahl sein?
Als keiner von uns antwortet, redet Frau Sommer weiter: „Hartz IV wurde 2005 mit der ‚Agenda 2010' eingeführt und bedeutet Arbeitslosengeld. Seitdem gibt es Hartz-IV-Kinder, Hartz-IV-Mütter, Hartz-IV-Väter und Hartz-IV-Familien. Manche von ihnen beklagen sich in Fernseh-Talkshows über diese Reform. Dagegen sagen die Politiker, die sollten arbeiten gehen, anstatt zu Hause auf dem Sofa zu sitzen und sich selber zu be-

mitleiden. Das Problem ist, dass manche der rumsitzenden Hartz-IV-Empfänger genauso viel Geld bekommen wie diejenigen, die arbeiten gehen. Dagegen argumentieren die Rumsitzenden, dass sie keinen vernünftigen Job finden, weil die Agentur für Arbeit nicht genug Arbeit anbietet. Wer da recht hat, wird sich mit der Zeit zeigen, und es wird sicher noch lange darüber diskutiert werden – abschaffen oder behalten?“

Ich habe heute Schwierigkeiten, dem Unterricht zu folgen. Vielleicht liegt es am Thema? Meine Gedanken und Blicke schweifen ab. Ich sehe nach draußen auf den Pool gegenüber – und erschrecke mich. Heute ist dort Hochbetrieb. Mindestens 20 nackte Männer und Frauen laufen da drüben frei herum. Dabei ist es nicht mal zehn Uhr. Ob die alle arbeitslos sind? Und heute ist es besonders kalt … Wie ertragen die das? Schauen sie sich immer stur in die Augen oder lassen sie ihre Blicke drum herum gleiten? Fasziniert beobachte ich das Treiben und schrecke zusammen, als ich meinen Namen höre.
„Herr Sarto, das gilt auf für Sie. Nicht immer auf den Pool gucken! So lernen Sie nie Deutsch.“ Die ironische Stimme von Frau Sommer holt mich wieder in das Klassenzimmer zurück.

„Ich habe mal einige Aussagen zu dem Thema aus Zeitungen gesammelt, und damit machen wir jetzt ein Diktat“, verkündet Frau Sommer fröhlich. Ihre Stimme springt eine Oktave höher, als sie laut und überdeutlich anfängt zu diktieren: „Jeder junge und gesunde Empfänger von Sozialleistungen muss zumutbare Arbeiten annehmen, sei es in Form von gemeinnütziger Arbeit, sei es im Berufsleben, sei es in Form von Weiterbildung. Ich denke dabei ausdrücklich auch an Schneeschippen. Wer sich dem

verweigert, dem müssen die Mittel gekürzt werden. Umgekehrt erwarte ich von unserer Sozialstaatsverwaltung, dass sie jedem jungen Menschen auch ein Angebot macht."

Andreas Sarto, „Deutsch als Fremdsprache", Diktat 1

Jeder Junge und gesunde empfänger von sozial leistungen musse zu mutbare arbeit annehmen, sei es in form von gemeinnutzige arbeit sei ins Beruf leben, sei in form von weiter Bildung. Ich denke dabei ausdrücklick auch an Schnee snuppen. Wer sich dem verweigert, dem müssen die mittel gekurzt werden. Ungekehrt erwarte ich von unsere sozialsstadtwervaltung, das jedem junge Menschen auch eine Angebot macht.

Ich gebe mir wirklich alle „Muhe", die vielen ungewohnten Umlaute und unverständlichen Formulierungen korrekt zu schreiben. Es macht Spaß, und ich habe ein gutes „Gefuhl" … Ich blicke kurz auf das Diktat von Marali neben mir und stutze, dass sie „Schnee snuppen" ganz anders geschrieben hat. Bei ihr steht da „Schneeschüppern".
Ich bin kurz verunsichert, wer von uns denn nun einen Fehler gemacht hat, bin mir dann aber meiner Sache sehr sicher. Ach, und einen kleinen Fehler kann ich mir auch ruhig erlauben, wenn der Rest korrekt ist, denke ich.

„Alle fertig?" Frau Sommer blickt uns fragend an. Als wir nicken, fährt sie fort: Und hier kommt schon der zweite Text: Mit ihren verbalen Attacken verhöhnen manche Politiker Millionen Menschen, die Hartz IV beziehen – ebenso wie diejenigen, die für Hungerlöhne arbeiten. Nicht die Höhe der Sozialleis-

tungen, sondern Niedriglöhne und die wachsende Kluft zwischen Arm und Reich bedrohen den sozialen Frieden in unserer Gesellschaft."

Andreas Sarto, „Deutsch als Fremdsprache", Diktat 2

Mit ihrem Verbale Attakken verhönen manche Poliker Milionen Menschen, die Harzt VI beziehen – ebenso die Jenige die für Hunger Lohne arbeiten nicht die Hohe Leistungen, sondern Niedrig Lohne und die wachsende Klupft zwieschen Armen und Reich berohnt der Sozialen Frieden in unsere Geselschaft.

Dieses Deutsch ist doch schwerer, als ich dachte, aber ich bin ganz zufrieden mit mir. Ich denke, außer zwei oder drei kleinen „Fluchtigkeitsfehlern" habe ich alles richtig geschrieben, auch wenn ich kein Wort verstanden habe …

Und schon ertönt der Pausengong.
„Sehr schön. Die korrigierten Arbeiten bekommen Sie dann morgen wieder", sagt Frau Sommer und sammelt unsere Zettel ein. Ich melde mich.
„Ja, Andreas, was ist denn noch?"
„Frau Sommer, ich musse heute leider früher weg."
„Aber dann verpassen Sie ja den zweiten Teil des Unterrichts. Heute Nachmittag wird's noch mal total spannend."
„Das tut mir wirklich leid, aber ich muss nach die Ossedorfe, zur ersten Kochshow. Das geht heute los."
„Ach so … Na, dann drücken wir Ihnen mal alle die Daumen, dass es klappt, was?! Und dann können Sie uns ja morgen ein bisschen von dem Essen, das Sie dort kochen, mitbringen." An

alle gewandt ergänzt sie: „Nicht vergessen, Freunde, morgen wollen wir die Geschmäcker eurer Heimat probieren."
Ich nicke artig, verabschiede mich und marschiere mit meinem Koffer voller Zutaten zur Bahn, die mich nach Ossendorf ins Studio bringen wird.

Nach der langen Fahrt mit Bussen und Bahnen erreiche ich endlich wieder das Fernsehgelände. Der Pförtner erkennt mich wieder und grüßt mich freundlich, als ich Richtung Studio acht marschiere. Dort begrüßt mich eine freudestrahlende Schotty mit zwei Küsschen: „Hallo Andreas, da bist du ja wieder. Ab heute wird's ernst, was?! Dann wollen wir mal als Erstes das Formular ausfüllen. Komm, wir setzen uns in den Greenroom und dann gehst du zur Maske. Den Weg kennst du ja schon."
„Grienruhm? Was ist das denn? Ist das für Komiker?"
Schotty sieht mich fragend an.
„Na, von ‚grienen', lachen, verstehst du? Oder was ist das sonst?", erkläre ich.
Schotty lacht laut los. „Nee, der Greenroom ist backstage für die Stars und Kandidaten. Da wartet ihr gemeinsam auf euren Auftritt. Komm mit, ich zeig's dir."
Ich trotte hinter ihr her durch die langen Gänge und bewundere unterwegs den knallroten Minirock, den sie heute trägt.

Der große Raum, den wir schließlich betreten, ist gar nicht grün. Aber dafür gibt's hier was zu trinken und ein kleines Salatbüfett und halbe Brötchen mit Käse und Aufschnitt. Ich begrüße zwei der anderen Kandidaten, die schon da sind, und nicke der Jurorin Mia Kirschenhofer zu, die mit Lockenwicklern am Büfett steht und sich zwei Hackfleischbällchen in den Mund schiebt. Wir

setzen uns auf die knallbunten Sessel, und Schotty reicht mir drei DIN-A4-Blätter mit Fragen und Platz für meine Antworten.
„Wofür ist das?“, frage ich.
„Die Infos brauchen die Produktion und unsere Pressestelle. Damit wir wissen, mit wem wir es eigentlich zu tun haben. Keine Sorge, ist nichts Schlimmes, das kannst du kurz mal eben ausfüllen. Und nicht vergessen, da unten zu unterschreiben. Ich muss noch mal los und hole das dann so in zehn Minuten wieder ab. Bis gleich.“ Und schon saust sie wieder weiter.

Ich vertiefe mich in die Fragen. Was die alles von mir wissen wollen … Nach Name, Geburtstag und -ort, Schulbildung und Beruf geht es ans Eingemachte:

- *Sind Sie Single oder in einer Beziehung?*
- *Sind Sie heterosexuell, homosexuell, transsexuell oder bisexuell?*
- *Haben Sie bestimmte sexuelle Präferenzen? (S/M, Bondage, Blümchensex)*
- *Haben Sie irgendwelche ansteckenden Krankheiten? (Geschlechtskrankheiten, TBC etc.)*
- *Haben Sie Vorstrafen? Wenn ja, welche Verbrechen wurden Ihnen zur Last gelegt? Gibt es derzeit schwebende Verfahren?*
- *Gibt es im Internet kompromittierende Fotos von Ihnen? (nach starkem Alkoholgenuss, Nacktfotos etc.)*
- *Neigen Sie zu extremen politischen Ansichten?*

Und so geht es noch zwei Seiten lang weiter. Ich verstehe nur die Hälfte und mir schwirrt der Kopf. Wozu wollen die das alles wissen? Ich will doch hier nur kochen. Auf was habe ich mich da

bloß eingelassen? Ich werde plötzlich sehr unsicher. Dann mache ich mich ans Beantworten und bin froh, dass ich fast überall „Nein“ reinschreiben kann. Hoffentlich sind die Fernsehleute mit meinen harmlosen Antworten zufrieden …

Ganz zum Schluss soll ich mich selbst in zwei Sätzen beschreiben. Ich grüble einen Moment lang und schreibe dann: „Ich bin ein jung, dynamisch, lebenfroh Italiener, den gerne kocht. Meine Hobby sind Reise, Schwimme, Lese und Koche.“ So, das sollte genügen.

Zum Glück scheint Schotty der gleichen Meinung zu sein. Als sie zurückkommt, überfliegt sie kurz meine Antworten und lächelt mich an: „Na siehste, war doch gar nicht so schwierig. Jetzt noch hier unten unterschreiben, dass deine Angaben wahr sind, und schon sind wir fertig.“ Sie sammelt auch die Formulare der anderen Kandidaten ein.

Plötzlich durchfährt mich ein Schrecken: der Koffer! Wo ist mein Rollkoffer mit meinen Zutaten? Aufgeregt erkläre ich Schotty, dass er weg ist. Sie lächelt mich nachsichtig an: „Den habe ich doch zusammen mit den anderen längst ins Studio gebracht. Deine Zutaten wurden sicher schon ausgepackt und stehen in deiner Showküche am Herd. Mach dir keine Sorgen, Andreas.“

Entgeistert starre ich sie an: „Was?! Jemand anderer hat meine Zutaten ausgepackt? Aber wenn da jetzt was durcheinandergekommen ist?“

„Unsere Requisite weiß, was sie tut, und der Aufnahmeleiter ist gerade in einer langen Sitzung. Also alles paletti! So, Freunde, weiter geht’s. Die Zeit drängt. Wer von euch noch in die Maske muss, geht sofort hin, die anderen folgen mir bitte ins Studio.“

Ich bleibe plötzlich allein, alle anderen folgen Schotty ins Studio. Anscheinend bin ich der Einzige, der noch zur Maske muss. Aber wo ist die? Ich marschiere einfach los in der Hoffnung, den Weg schnell zu finden. Wieder laufe ich durch endlose Korridore an Büros vorbei, werde ständig gegrüßt, aber dieses Mal nicht geküsst. Vor einer Garderobe bleibe ich unsicher stehen. Ein Schild hängt an der Tür: „SCHUHE BITTE ABTRETEN“. Wieder ein Rätsel für mich. Die Stimme, die durch die Tür kommt, kenne ich. Das ist doch die von dem Regisseur, nur dieses Mal nicht verändert durch die Lautsprecher … „Ja, jetzt geht's gleich los! Wenn ich ‚Action‘ sage, weißt du, was du zu tun hast.“
Die Tür ist nur angelehnt und von drinnen höre ich jetzt ein leises Stöhnen. „Ja, Lukas, du gibst die Regieanweisungen und ich befolge sie“, säuselt der Aufnahmeleiter mit seinem unverkennbaren hessischen Akzent.
Irritiert blinzle ich durch den schmalen Türspalt. Dort erkenne ich die Schatten zweier Menschen, die eng umklammert an der Wand lehnen – Detlev und der Regisseur. Schockiert zucke ich zurück, doch als das Stöhnen drinnen lauter wird, kann ich nicht widerstehen und spitze meine Ohren.
„Und … Action!“, brüllt die Offstimme, genau wie im Studio. Der Aufnahmeleiter kniet in seinen engen Jeans auf dem Boden. Mit erstickter Stimme keucht er: „Kochlöffel raus!“ und nestelt an der Hose des Regisseurs.
Ich muss kichern, so albern sieht die Szene aus. Beide sind so beschäftigt, dass sie niemanden bemerken würden.
Nach ein paar Minuten brüllt der Regisseur: „Kochlöffel aus der Hand! Schluss, Aus, Ende! Jetzt wird probiert! Ja! Ich bin ein Meisterkoch!“, und stöhnt ein letztes Mal laut auf.

Der Aufnahmeleiter schnauft vernehmlich und lässt sich rückwärts auf den Hintern plumpsen. Ich kann gerade noch seinen entrückten Gesichtsausdruck sehen und mache mich dann kopfschüttelnd wieder auf den Weg zur Maske.

Nicht zu fassen, was hier beim Fernsehen so los ist …

Nachdem ich optisch verschönert wurde und mich für die Show umgezogen habe, taucht Schotty plötzlich wieder auf und treibt mich vor sich her Richtung Studio.

Das Publikum sitzt schon gespannt auf den Rängen, als die bekannte Männerstimme aus den Lautsprechern dröhnt: „Hallo zusammen! Ich bin Lukas, der Regisseur der Sendung. Ich habe heute ausgesprochen gute Laune, Leute … Ihr hoffentlich auch?!"

Sein anzügliches Lachen dröhnt durchs Studio, und das Publikum applaudiert begeistert.

Ich denke nur: Wenn ihr wüsstet … Den habe ich heute schon gesehen …

Ich schaue mich um und entdecke in einer Ecke den Aufnahmeleiter. Mit verlorenem Blick stiert er vor sich hin. Der hat's auch nicht leicht in seinem Leben, denke ich und bedaure ihn ein bisschen.

„Wir werden alles live on tape aufnehmen, also eins zu eins. Das bedeutet, dass niemand das Studio verlassen darf, bis wir alles im Kasten haben. Ihr Kandidaten müsst euch um nichts weiter kümmern als das Kochen. Und ihr, liebes Publikum, müsst euch nur amüsieren, applaudieren und unsere Kandidaten kräftig anfeuern. Zur Belohnung dürft ihr am Ende auch alle etwas von den Ergebnissen der Kochkunst probieren. So, und jetzt begrüßt alle zusammen mit einem großen Applaus die Moderatorin unserer Show – Antje Miesdam!"

Eine etwas mollige, sehr attraktive Nordeuropäerin mit blond gefärbten Haaren betritt mit einem strahlenden Lächeln und ausgebreiteten Armen das Studio: „Hallo, ich bin Antje!"
Ihre schönen blauen Augen glänzen vor Freude. Dennoch applaudiert niemand außer uns Kochkandidaten.
„Dass ich gerne esse, hat nichts damit zu tun, dass ich diese Show moderiere", sagt sie lachend, sie scheint zufrieden, dass sie ihre Pointe losgeworden ist.
Das Publikum kichert. Sie hat einen komischen Akzent, den ich nicht ganz verstehe, trägt ein etwas zu enges Kleid, bedruckt mit allen möglichen Gemüsesorten. An ihren Ohren baumeln zwei knallrote Tomaten-Ohrringe aus Plastik.
„Heute wird gekocht und am Ende probiere ich alles und unsere prominente Jury entscheidet, wer eine Runde weiterkommt. Denn schließlich suchen wir …" Sie macht eine dramatische Pause. „… Deutschlands Fünf-Sterne-Koch!"
Wir klatschen begeistert, doch das Publikum guckt nur unbeeindruckt zu.

Also, ich hab wirklich viele dieser Illustrierten gelesen, aber diese Frau habe ich in keinem der Hefte je gesehen. Diese blauen Augen hätte ich garantiert nicht vergessen! Vielleicht ist sie eine Neuentdeckung des Senders, schießt es mir durch den Kopf, während ich meinen Herd begutachte. Jeder hat einen identisch ausgestatteten Kochplatz. Dann sortiere ich meine Zutaten in der Reihenfolge, wie ich sie später verwenden werde.
Auf der Arbeitsplatte sind bereits alle anderen Dinge, die wir zum Kochen brauchen, aufgereiht – Salz, Pfeffer, Kartoffeln, Petersilie und Sonnenblumenöl. Ich stelle mein italienisches Oliven-

öl daneben. Neugierig sehe ich mich um, was meine Konkurrenten so dabeihaben, und wende mich zufrieden meinem Kaninchen zu, das ich heute mit Oliven, Pilzen und Ingwer zubereiten werde.

Schon fährt Antje Miesdam fort: „Also, gleich geht's los. Wenn ich wieder herauskomme, tun Sie so, als hätten Sie mich noch nie gesehen, verstanden?", lächelt sie verschmitzt ins Publikum. Das ist nicht schwierig, die hab ich vorher ja tatsächlich noch nie gesehen, denke ich.

Sie verschwindet hinter der Kulisse, das Licht wird gedämmt und eine dramatische Musik setzt ein. Dann leuchten alle Scheinwerfer auf, die Erkennungsfanfare ertönt und eine strahlende Antje Miesdam betritt die Bühne. Sie breitet die Arme weit aus und verbeugt sich tief in Richtung Publikum. Als die Musik leiser wird, schaut sie sich irritiert um – niemand klatscht. Die arme Antje bekommt ein puterrotes Gesicht.
Da ertönt auch schon die genervte Stimme aus der Regie: „Aus! Aus! Sie müssen doch unsere fabelhafte Moderatorin mit einem donnernden Applaus begrüßen, wenn Sie sie sehen. Ist das klar?!" Leiser nuschelt er weiter: „Wo ist dieser Aufnahmeleiter? Wieso motiviert der das Publikum nicht? Wenn der so weitermacht, fliegt der raus!"
Ich beobachte, wie Detlev hektisch an seinem Kopfhörermikrofon herumnestelt.
„Aber sie hat doch gesagt: ‚Tun Sie so, als hätten Sie mich vorher noch nie gesehen'", flüstert er ins Mikro. Dann horcht er angespannt auf die Antwort und fährt fort: „Ja, Lukas, du gibst die Regieanweisungen und ich befolge sie."

Ich kann mir ein Kichern nicht verkneifen. Diesen Satz kann man offensichtlich in verschiedenen Situationen gebrauchen.
„Irre, hier sind alle irre! So, alles wieder auf Anfang, Licht runter, Musik ab. Und los geht's", ruft die Stimme jetzt wieder gut hörbar durch die Lautsprecher. „Wir haben nicht so viel Zeit. Wir wollen doch heute alle zeitig essen, was?!" Sein meckerndes Lachen bricht ab, und das ganze Programm beginnt von vorne.
Als Antje wieder auftaucht, brandet stürmischer Applaus auf. Sie verbeugt sich zufrieden: „Danke, danke! Das hätte ich nicht erwartet … Herzlich willkommen zu unserer neuen Show ‚Deutschland sucht den 5-Sterne-Koch'. Der Reiz dieser Show liegt darin, dass unsere Kandidaten nicht nur völlig frei entscheiden können, welches ihrer Lieblingsgerichte sie kochen wollen, sondern auch sämtliche Zutaten dafür selbst besorgen und mitbringen. Das klingt, als wäre es eine billige Show, aber das ist eine innovative Idee und hat auch nichts damit zu tun, dass der Sender sparen muss …", kichert sie und fährt fort. „Jetzt geht's auch direkt los. Hier sind meine Kandidaten!"
Mit einer weit ausladenden Geste deutet sie auf uns. „Einer von ihnen wird am Ende der beste Koch Deutschlands sein und die Goldene Gabel gewinnen! Und natürlich Geld, viel Geld! Es geht um die sagenhafte Summe von 300.000 Euro! Und das sind die fünf Besten aus zehntausenden Bewerbungen. Unsere Jury hat sie in einem knallharten Vorauswahlverfahren auserkoren."
Die Kamera schwenkt auf uns. Aus dem Off ertönt nun eine Stimme: „Und hier sind Sylvia aus Dresden, Markus aus Berlin, Sarah aus München, Jan aus Bremen und Andreas aus Sizilien! In vier Wochen werden wir endlich wissen, wer denn den Titel ‚DSD5SK' gewinnt."

„Und los geht's", ruft Antje euphorisch. „Ihr habt jetzt eine Stunde Zeit, um uns ein leckeres Gericht zuzubereiten. Dabei werde ich euch natürlich immer mal wieder über die Schulter schauen. Bitte einen aufmunternden Applaus für unsere fünf Kandidaten."
Das Publikum klatscht freundlich, und ich beginne, meine Zutaten klein zu schneiden. In einer großen Pfanne brate ich Knoblauch, Basilikum, Petersilie und Peperoncino in einem Esslöffel Olivenöl und einem Stückchen Butter an. Ich bin gerade dabei, die Oliven zu entkernen, als die Moderatorin plötzlich hinter mir steht.
„Oh, das duftet ja herrlich! Was kochst du denn heute für uns, Andreas?", erschrickt mich Antjes Stimme.
Ungeschickt jongliere ich die Oliven in der Hand, während ich versuche, zu antworten: „Äh, Coniglio con Olive e Funghi …"
„Oh, ein italienisches Rezept, das klingt aber lecker. Was ist denn das?", hakt sie nach.
„Na, Kaninchen mit Olive und Pilze!"
„Naja … äh … Das klingt aber interessant …" Damit wendet sie sich schnell dem nächsten Kandidaten zu.
„Na, Jan, was gibt's denn bei dir Feines?"
„Moin, Moin, Antje. Ich mach lecker Labskaus."
„Aha … Und was ist das?"
„Ein typisch norddeutsches Gericht aus Stampfkartoffeln mit Corned Beef, Rote Beete und Gürkchen drin. Am Schluss kommen dann noch ein Spiegelei und ein toter Fisch oben drauf", erklärt er stolz und grinst.
Antje scheint auch von diesem Rezept nicht ganz so überzeugt zu sein. Sie knipst ihr strahlendes Lächeln wieder an, als sie sich

Richtung Kamera dreht: „Na, das hat doch schon Appetit gemacht. Da läuft mir doch gleich das Wasser im Munde zusammen. Und was unsere anderen Kandidaten heute für uns kochen werden, erfahren Sie nach einer kleinen Werbeunterbrechung."

Nach der Werbung kündigt Antje voller Begeisterung den musikalischen Stargast der Sendung an: „… und hier ist sie endlich mit ihrer neuen Platte ‚Ich koche vor Leidenschaft' – Martina Teufel!"
Die Schlagersängerin tritt mit einem künstlichen Lächeln aus der Kulisse neben Antje, lacht ständig ohne erkennbaren Grund und wirft Kusshände ins Publikum. Die Zuschauer applaudieren wenig begeistert.
Ich überlege: Das ist doch die mit der nervigen Lache. Die habe ich vorhin hinter den Kulissen gesehen. Wie sie schleimig alle Kandidaten und die Promi-Jury mit „Bussi, Bussi" begrüßt hat. So heuchlerisch kann man beim Fernsehen sein.
Nach einem sinnlosen Dialog zwischen den beiden Frauen wirbeln die bunten Lichter im Studio wie verrückt, als die Musik einsetzt. Die Bühne ist in Nebel gehüllt und mittendrin taucht jetzt Martina Teufel auf. Ihr etwas zu jugendliches, rosafarbenes Minikleidchen presst sich eng an ihren Körper und enthüllt damit gnadenlos die Speckröllchen an ihren Hüften. Ich mag kaum hinschauen. Doch die Sängerin breitet selbstbewusst die Arme aus und schmettert ihr Liedchen. Die Stimme überzeugt mich nicht, dennoch lausche ich dem Text: „La la la … Nimm mich in deine Arme, draußen ist es so kalt. Ich brauche dich wie das Wasser in der Wüste, mit dir werde ich alt. La la la … Kochende Leidenschaft brodelt hier – in dir und in mir … Uhuhuhu …"

Ich kann das nicht ertragen und wünsche mir, ich hätte nie Deutsch gelernt. Wie kann man diese Sprache nur so missbrauchen? Bevor ich mich noch aufrege, schalte ich lieber um und konzentriere mich auf mein Rezept. Am Ende des Liedes applaudiert das Publikum höflich, aber verhalten, und Martina Teufel verschwindet schnell unter Kusshändchen in der Kulisse – ohne eine Spur bei mir und wahrscheinlich in der Musikwelt hinterlassen zu haben.
Die wird es nie in „100% Prominent“ schaffen, denke ich.

Nach genau einer Stunde zählt das Publikum laut die letzten 30 Sekunden runter. Die Spannung steigt, und meine Kollegen und ich versuchen noch schnell die letzten Handgriffe auszuführen. Ich beeile mich, die drei Jury-Teller rechtzeitig fertig zu dekorieren, und schon ertönt der Gong.
„Schluss, Aus, Ende!“, ruft Antje laut. „Die Kochlöffel fallen lassen, nichts geht mehr! Nein, Andreas, die letzte Petersiliendeko können wir leider nicht mehr gelten lassen. So, jetzt kommt unsere Fachjury zum Einsatz. Ich bitte den Schauspieler Hartmut Berger, die Moderatorin Mia Kirschenhofer und die Stimmungskanone Toni Prescher auf die Bühne – Applaus!“
Gespannt schaue ich den Juroren entgegen. Frau Heilmann hatte mir erklärt, wer die drei sind und dass man sie sehr wohl aus dem Fernsehen kennt. Jetzt weiß ich, dass Hartmut Berger einen Lehrer und auch noch einen Polizisten spielt, Mia Kirschenhofer moderiert eine Ratgebersendung, und Toni Prescher schunkelt sich durch diverse Volksmusiksendungen.

Ganz streng beurteilt die Jury unsere Kreationen und macht sich über unsere Teller her. Schweigend kauen sie vor sich hin. In ihren

Gesichtern kann ich sehen, dass sie die „Ohs“, „Ahs“ und „Mmmhhhs“ unterdrücken, um nichts zu verraten. Auch Antje schnappt sich einen Teller und löffelt, hinter der Kamera verborgen, hastig ein paar Happen.
Nach einer kurzen Beratung steht fest, wer es in die nächste Runde geschafft hat. Bevor es aber zur Verkündung kommt, strahlt Antje noch mal in die Kamera: „So, bevor wir wissen, welche vier Kandidaten es in die nächste Show geschafft haben und damit einen großen Schritt in Richtung Deutschlands Fünf-Sterne-Koch getan haben, gibt es jetzt auch noch etwas für die Zuschauer daheim zu gewinnen. Unsere heutige Quiz-Frage lautet: Was ist rund und orange? A: Zitrone oder B: Orange. Rufen Sie jetzt an! Und gewinnen Sie diesen Sportwagen! Ich drücke Ihnen die Daumen. Nach einer kurzen Unterbrechung sehen wir uns zur großen Entscheidung bei ‚Deutschland sucht den 5-Sterne-Koch‘ wieder!“
Im Studio atmen alle aus, im Publikum raschelts, zwei Maskenbildner eilen mit ihren Puderquasten zu den Juroren und der Moderatorin. Alle arbeiten konzentriert, nur der Aufnahmeleiter läuft sinnlos hin und her und scheint nicht zu wissen, was er machen soll. Das fällt selbst mir als Laien auf, und ich überlege, ob der Typ den Job vielleicht nur durch seine Beziehung zum Regisseur bekommen hat.
Dann geht es endlich weiter. Die Erkennungsfanfare ertönt, Antje grinst in die Kamera, begrüßt die Zuschauer zu Hause und ruft: „Jetzt ist es tatsächlich so weit! Die Entscheidung steht kurz bevor!“
Das Licht wird gedämmt, dramatische Spannungsmusik ertönt, und Antje tritt mit einem Umschlag in die Mitte der Bühne,

während wir im Halbkreis gespannt hinter ihr stehen. Sie zögert den Moment noch ein bisschen hinaus, öffnet endlich den Umschlag und verkündet dann enthusiastisch: „Und hier sind die Namen der Kandidaten, die auch in der nächsten Woche für uns kochen dürfen: Jan, Sarah, Sylvia und … Andreas!“ Donnernder Applaus. „Leider muss uns Markus aus Berlin verlassen, obwohl mir persönlich seine leckere Currybulette mit Pommes am besten geschmeckt hat.“ Sie lächelt mitleidig zu ihm rüber.
Mit feuchten Augen umarmen wir anderen den enttäuschten Markus, der schluchzend die Bühne verlässt. Wir Gewinner stehen stolz im hellen Scheinwerferlicht.
„So, jetzt darf das Publikum die Gerichte unserer ‚DSD5SK‘-Kandidaten probieren“, verkündet Antje begeistert und verabschiedet sich in dic Kamera, während sich im Hintergrund die Zuschauer hungrig über die Reste hermachen.

LEKTION NR. 6 – DIE ARTIKELWÖRTER

„Zu den Artikelwörtern gehören
der bestimmte Artikel (der),
der unbestimmte Artikel (ein),
der Nullartikel,
die adjektivischen Demonstrativpronomina (dieser, jener, derjenige, dieser/jener selbe, ein solcher, solch ein) […],
die adjektivischen Possessivpronomina (mein, dessen, deren, wessen),
die adjektivischen Interrogativpronomina (welcher, welch ein)
und die adjektivischen Indefinitpronomina (jeder, jedweder, mancher, manch ein, aller, einiger, etlicher, mehrere, irgendwelcher, kein, irgendein).“

(Helbig, Gerhard/Buscha, Joachim: Übungsgrammatik Deutsch. Berlin und München 2000.)

Pünktlich um acht Uhr morgens verlasse ich das Haus. Es ist noch dunkel. Ich wickle meinen Schal enger um den Hals, es ist kalt. Immerhin bin ich nicht der Einzige, der um diese Zeit schon unterwegs ist. An der Bushaltestelle warten noch drei frierende Menschen. Der Bus kommt pünktlich, ich steige zusammen mit den anderen in die warme, feuchte Luft und setze mich auf meinen Stammplatz neben der Oma, die wie jeden Tag zum Friedhof fährt.

Nachdem sie mich anfangs noch mit skeptischen Blicken gemustert hat, nickt sie mir nun freundlich zu. Wie fast jeden Tag sitzt sie mit ihrer grünen Gießkanne und dem kleinen Handrechen auf dem Schoß am Fenster. Ich sehe mich um. Inzwischen kenne ich die verschlafenen Gesichter der meisten meiner Mitreisenden

schon. Wenn ich mich auf den Weg zur Schule mache, sind sie unterwegs zur Arbeit oder eben zum Friedhof wie die nette Oma mit der lilafarbenen Dauerwelle neben mir.
Schweigend rollen wir von Haltestelle zu Haltestelle. Plötzlich ruckelt der Bus, verliert langsam an Geschwindigkeit, quietscht ein letztes Mal laut und kommt schließlich zum Stehen – zwischen zwei Haltestellen.
Erstaunt erwachen wir aus unserer morgendlichen Lethargie, die Gesichter der anderen bekommen plötzlich Farbe und alle sehen sich ratlos an. Dann richten sich die Blicke nach vorne Richtung Busfahrer. Der junge Mann versucht, seinen Bus wieder in Gang zu bringen, doch außer einem lauten Röhren passiert nichts. Schließlich ertönt seine genervte Stimme durch den Bus: „Tut mir leid, aber der will nicht mehr. Wir sind angekommen. Ich rufe jetzt die Zentrale an. Wenn wir Glück haben, schicken sie uns einen Ersatzbus. Sie können solange aussteigen. Ende der Durchsage."
Wir sehen uns entgeistert an.
„Wo sind wir hier denn?", ruft eine junge Frau mit dicker Pudelmütze.
Der Busfahrer dreht sich wieder zu uns um und ruft mit verzweifeltem Blick: „Zwischen Herbert- und Luisenstraße."
Dann gehen mit einem Zischen die Türen auf. Ein kalter Luftzug weht durch den Mittelgang.
Die Oma und ich sehen uns unschlüssig an.
„Wollen Sie raus?", frage ich höflich.
„Nee, lass mal, mein Junge. Hier sitze ich warm und trocken. Wat soll ich da draußen? Aber du kannst dir doch die Beine vertreten."

Ich beobachte, dass nach und nach die anderen Fahrgäste den Bus verlassen, und entscheide mich, auch auszusteigen.
Ich überlege, was passiert, wenn in Italien ein Bus liegen bleibt. Da würden schon nach kurzer Zeit alle männlichen Fahrgäste zusammen mit dem Fahrer über der Motorhaube lehnen und fachsimpeln, woran es denn nun liegen kann, dass die Maschine nicht mehr will. Sie wüssten genau, dass sie viel Zeit zum Diskutieren hätten, weil es sehr lange dauern würde, bis ein Ersatzbus käme – wenn er denn überhaupt käme. Und wenn ein Bus käme, wäre das nur der nächste reguläre, voll besetzte, in den sich dann auch die gestrandeten Fahrgäste mit reinquetschen müssten. Als ich mir das vorstelle, entdecke ich eine gemeinsam deutsch-italienische Redewendung: „Dicht an dicht wie die Ölsardinen – Ammassati come sardine". Also, geht doch! Jetzt habe ich endlich eine Gemeinsamkeit mit dem Deutschen gefunden. Ich richte mich auf eine lange Wartezeit ein und überlege beim Aussteigen, mit wem ich jetzt das Busproblem am besten fachmännisch erörtern könnte. Doch kaum stehe ich auf der Straße, brüllt der Busfahrer aus dem Fenster: „Der Ersatzbus kommt gleich!"
Ich bin verblüfft und glaube nicht so recht, dass das auch tatsächlich stimmt. Doch schon sehe ich aus der Ferne einen Bus auf uns zurollen. Und der hält auch direkt hinter unserem an. Ich kann es nicht fassen, als sich die Türen des leeren Busses zischend öffnen und sich eine ältere Dame in Uniform herausbeugt: „So, meine Herrschaften, alles einsteigen bitte. Die Krefelder Verkehrsbetriebe stellen Ihnen diesen Ersatzbus zur Verfügung. Es geht jeden Moment weiter."
Schon steigen die Ersten kommentarlos um, auch die Oma mit ihrer Gießkanne steht auf, und ich helfe ihr beim Umsteigen. Im

neuen Bus nehmen wir alle unsere üblichen Plätze wieder ein und schon geht die Fahrt weiter. Nicht mal zehn Minuten hat die Unterbrechung gedauert, sodass alle trotz des Zwischenfalls fast pünktlich ihre Arbeitsplätze erreichen können. Ich bin tief beeindruckt von dem deutschen Organisationstalent. Das Klischee ist heute Morgen perfekt bedient worden. „Ordnung bitte" ist das Motto hier!

Als ich den langen Flur in der Volkshochschule zu meinem Klassenraum entlanghetze, höre ich schon die laute Stimme von Frau Sommer: „Achtung, Freunde! Heute wird's ganz wichtig! Es geht um die Regeln für die Artikel. Das lernen nicht mal die Deutschen, sondern nur die Ausländer!"
Als ich die Tür leise öffne und mich hinsetze, sieht mich meine Lehrerin streng an: „Herr Sarto, so werden Sie nie richtig Deutsch lernen – früher gehen und zu spät kommen. Das geht so nicht. Jetzt setzen Sie sich schnell hin, Heft raus und die Tabelle abschreiben. Los, los!"
Ich entschuldige mich und erkläre, dass nicht ich, sondern der Bus schuld an meiner Verspätung ist, und blicke verwundert an die Tafel:

Die Artikel – drei Gruppen von Regeln

DER	*DIE*	*DAS*
-LING	*-ION*	*-O*
-IG	*-UNG*	*-LEIN*
-ISMUS	*-EI*	*-IL*
-US	*-TÄT*	*-MA*

-ICH	*-KEIT*	*-ETT*
-ENT	*-IK*	*-UM*

„So, Freunde, das ist alles ganz einfach. Alle Wörter, die zum Beispiel auf -ling enden wie ‚Liebling', sind männlich und haben den Artikel ‚der'. Wörter mit -ung am Ende sind immer weiblich, wie zum Beispiel ‚die Verzweiflung'. Sächlich sind zum Beispiel alle Wörter mit -lein-Endung, wie … Sagen wir … ‚Schätzelein'. Alles klar? Das sind die einfachsten Regeln für die Artikel. Und Achtung, Freunde, für so einen Unterricht wie heute zahlen Sie im Goethe-Institut viel Geld." Frau Sommer macht eine Geld-zähl-Handbewegung und grinst: „Diese Geste haben wir vor ein paar Tagen gelernt, nicht wahr!?" Ihre Stimme wird lauter. „Goethe kostet mindestens dreimal mehr! Also, seid froh, an der Volkshochschule zu sein!"

Nachdem wir die Regeln den ganzen Vormittag und auch noch nach der Mittagspause gepaukt haben, ertönt endlich der Schlussgong. Doch heute springen wir nicht alle auf und gehen nach Hause.
„So, Freunde, da haben wir ja heute wieder viel gelernt. Und zur Belohnung gibt es jetzt etwas zu essen! Haben Sie alle daran gedacht und eine Spezialität aus Ihrer Heimat mitgebracht?"
Erwartungsvoll sieht sie uns an. Wir nicken und reden alle fröhlich durcheinander, während jeder seine Schüssel auspackt und auf den Tisch stellt.
„Das ist aber schön", freut sich Frau Sommer. „Und ich habe Pappteller und Plastikgabeln mitgebracht." Sie legt alles zusammen mit einer großen Rolle Küchenpapier als Serviettenersatz auf

ihr Pult und stellt auch noch eine große Schüssel dazu. „Kartoffelsalat! Mit Gürkchen und allem“, schmettert sie stolz in den Raum. „So, dann zeigen Sie, was Sie gekocht haben.“
Lydia macht den Deckel von ihrer pinkfarbenen Schüssel auf und saugt genießerisch den aufsteigenden Duft ein: „… ist Borsch aus meiner Heimat. Hat meine Haushälterin gestern gekocht und schmeckt auch kalt.“
Marali erklärt: „Ich haba Eintopf Makovo mit Gemusa gekocht. Lecker!“
Als Chang Lee den Deckel von seiner Schüssel hebt, zieht ein scharfer, asiatischer Knoblauchgeruch durch den Raum.
Frau Sommer rümpft leicht die Nase und fragt: „Oh, das riecht ja interessant … Was ist das denn?“
„Tas ist eine typisches taiwanesische, oder genaue chinesische, Vorspeise. Heißt ‚Kimchi‘ und ist eingelegter Chinakohl. Tas wollte ich mir sowieso mache und hab den Kohl schon vor zwei Tagen in Wasser gelegt. Heute ist es perfekt!“
Frau Sommer nickt skeptisch und sieht dann Mustafa an: „Und, welche türkische Spezialität haben Sie uns mitgebracht?“
„Börek. Mit Schafkäse und mit Hackfleisch.“
„Und das haben Sie selber gemacht?“, fragt sie skeptisch nach.
„Was, Mann? Nein! Ich bin ein türkisch Mann! Ich koch doch nicht, weiß du?! Aber ins Restaurant von meiner Cousin Ali gibt’s die besten Börek im ganze Krefeld! Müss du probieren! Ich habe hier gleich mal paar Visitekarte mitgebracht.“
„Aber tas ist gegen die Regeln“, protestiert Chang Lee.
„Hast du Probleme, Alder!? Wenn Lydia ihre Haushalterin kochet, kann ich auch Börek von mein Cousin hier mitbringen, oder?!“, antwortet Mustafa sauer.

Bevor die Diskussion ausarten kann, fragt Frau Sommer schnell: „Und Sie Herr Sarto? Was hat uns unser Meisterkoch gezaubert? Gestern in der Sendung haben Sie ja mit einem Kaninchen geglänzt und sind in die nächste Runde gekommen. Meinen Glückwunsch! Das roch ja praktisch schon durch den Fernseher köstlich. Haben Sie uns etwas davon mitgebracht?"
Meine Mitschüler lachen und klatschen. In der Mittagspause habe ich ihnen ganz genau erzählen müssen, was in der Sendung alles passiert ist. Obwohl sie die Show gesehen hatten, haben sie gespannt meinen Erzählungen von den Geschehnissen hinter den Kulissen gelauscht. Natürlich habe ich nicht alles erzählt, was ich erlebt und beobachtet habe. Vieles hätten sie mir sowieso nicht geglaubt, so absurd ist das. Ich zucke bedauernd mit den Schultern, als ich eine Flasche sizilianischen Nero d'Avola aus der Tasche ziehe: „Ihr habt gesehen, dass die gestern in die Sendung alle aufgegessen haben. Ist nichte für heute übrig geblaiben. Da hab ich in der Mittagspause einfach kostliche italienische Rotwein gekauft. Und einen Offner hab ich auch mitgebracht!"
Stolz drehe ich den Korken aus der Flasche.
Frau Sommer lächelt mich nachsichtig an: „Na, da haben Sie ja Glück, dass ich auch noch Plastikbecher mitgebracht habe. Dann lasst uns mal zwei Tische zusammenschieben und unser Buffet dort aufbauen." Gesagt, getan. Dann nimmt sich jeder einen Pappteller und probiert die Gerichte der anderen.
Ich fühle mich an die Juroren erinnert, als meine Mitschüler mit kritischen Blicken in den verschiedenen Schüsseln herumstochern und sich schließlich die Teller vollschaufeln.
Unter vielen lauten „Mmmmhhhhhs" und „Das schmeckt viel besser, als es aussieht"-Rufen machen wir uns über die Leckerei-

en her. Alle sind begeistert und auch mein Wein ist ruckzuck alle. Gut, dass ich noch eine zweite Flasche gekauft habe. Besonders Frau Sommer scheint das sizilianische Blut sehr zu schmecken. Sie bekommt langsam rote Ohren und stößt unvermittelt hervor: „Ihr habt so schöne Worte für die Liebe, Andreas!" Verwirrt sehe ich sie an. „Italienisch ist so poetisch … Wie kann man widerstehen, wenn ein Mann dir ‚Amore mio' ins Ohr flüstert? Wenn ich diese kitschigen, deutschen Verniedlichungen wie ‚Schatzi' oder ‚Mausi' höre, bekomme ich Gänsehaut. Gucken Sie, hier …" Sie zeigt mir ihren Unterarm, auf dem sich tatsächlich die Haare aufgestellt haben. Ich bin peinlich berührt und weiß nicht recht, was ich antworten soll.

„Aber in Italien sagt jede Italiener zu seine Frau oder Freundin ‚Amore mio' und nichte anderes. Zu jeder neuen Frau wieder. Das ist auch nichte besonders kreativ. Die Deutsche haben da mehr Auswahl. Herr und Frau Heilmann zum Beispiele nennen sich abends manchmal ‚Schnecke' und ‚Berchen', und dann gehen sie zusammen nach oben."

„Schnecke?!" Frau Sommer sieht mich entgeistert an. „Wenn der Kerl mich Schnecke nennen würde, würde ich ihn zur Schnecke machen!"

Bevor sie richtig sauer werden kann, schiebe ich noch schnell ein sanftes „Si, si, ‚Amore mio' klingt schöner. Sie haben recht, Frau Sommer", hinterher.

Aus leicht glasigen Augen blickt sie mich versonnen lächelnd an: „Sagen Sie es noch mal …"

„Amore mio …"

Sie schließt die Augen und nimmt noch einen Schluck Rotwein. „Ich hätte Lust, jetzt etwas zu singen. Kennt ihr typische Volks-

lieder aus Deutschland?“ Alle schütteln den Kopf. Sie scheint aus ihrer romantischen Stimmung zu erwachen und murmelt: „Ich auch nicht … Aber es gibt so schöne Schlager …! Ich singe euch mal einen vor. Aber dann seid ihr dran mit Liedern aus eurer Heimat – romantischen Liedern …“ Frau Sommer schließt die Augen wieder und beginnt, völlig selbstvergessen vor sich hin zu summen. Dann öffnet sie den Mund und singt mit glockenheller Stimme:

„Sing ein Lied – wenn du mal traurig bist,
Sing ein Lied – wenn dich kein Mädel küsst
Sing ein Lied – weil du dann leicht vergisst
Tra-la-la la la la la
Sing ein Lied – dann lacht der Sonnenschein
Sing ein Lied – dann bist du nicht allein,
Sing ein Lied – und du wirst glücklich sein
Tra-la-la la la la la …“

(Text und Musik: Ralph Maria Siegel, 1941, Musikverlag Peter Schaeffers.)

Wir applaudieren etwas verlegen, und Frau Sommer strahlt uns mit glasigen Augen an. Dann blickt sie erwartungsvoll in die Runde: „So, wer ist jetzt dran?“
Keiner reagiert, denn wir wollen lieber essen, trinken und nicht singen. Das hält unsere Lehrerin allerdings nicht davon ab, lautstark einen weiteren kitschigen Schlager anzustimmen. Textsicher, aber dieses Mal etwas schief singt sie tapfer ihr Lied. Jetzt stellen sich meine Haare am Körper auf, als ich erkenne, was sie da schmettert … Es ist der schreckliche Schmachtfetzen von Martina Teufel. Ich bin fassungslos, dass meine eigene Lehrerin so etwas singt.

Die Deutschen werden mir doch ein ewiges Rätsel bleiben, denke ich und applaudiere höflich mit den anderen. Um halb sieben packen wir die fast leeren Schüsseln wieder zusammen und verabschieden uns. Den ganzen Heimweg über summe ich die „Kochende Leidenschaft“ vor mich hin und ärgere mich darüber. Diesen grässlichen Ohrwurm werde ich jetzt wohl nie wieder los.

LEKTION NR. 7 – DER HYPOTHETISCHE KOMPARATIVSATZ

„Der Konjunktiv steht im hypothetischen Komparativsatz mit einleitendem als ob/als wenn und Endstellung des finiten Verbs fakultativ, im hypothetischen Komparativsatz mit einleitendem als und Erststellung des finiten Verbs obligatorisch. Der Gebrauch der Tempusformen auf den verschiedenen Zeitstufen entspricht im Allgemeinen dem Gebrauch in der indirekten Rede. Es werden jedoch in erster Linie Präteritum (für Gegenwart), Plusquamperfekt (für Vergangenheit) und würde + Infinitiv I (für Zukunft) verwendet.
Bilden Sie Sätze mit als ob und als nach dem Muster (Gegenwart):
Er tut so, …"

(Helbig, Gerhard/Buscha, Joachim: Übungsgrammatik Deutsch. Berlin und München 2000.)

„Nach Ossedorfe, bitte schnell!", stoße ich atemlos hervor, meine Olivenölflasche fest in der Hand, als ich endlich in einem Taxi sitze.
„Ochsen-Dorf?", fragt mich der Fahrer gemütlich. „Wo soll dat denn sein?"
„Na, die Medienbetriebe von Koln – da wo die immer Fernsehen machen!"
„Ach, Ossendorf …"
„Sag ich doch!" Erschöpft lehne ich mich zurück, als er endlich losfährt.

Nach dem Unterricht, den Kopf voll von Buchstaben und Lauten, fragte ich mich, wie und wo ich die neue Lektion heute wohl

anwenden kann oder ob überhaupt. Ich bin viel zu spät dran, um noch rechtzeitig mit S-Bahn und Bussen nach Köln ins Studio zu kommen, deshalb musste ich mir an der Straße ein Taxi suchen. Das war gar nicht so einfach. In Krefeld scheint man nicht gerne Taxi zu fahren. Dann plötzlich, nach gut zehn Minuten, tauchte wie aus dem Nichts endlich ein Wagen vor mir auf.
Zum Glück habe ich schon heute Morgen alle meine Zutaten in den Rollkoffer gepackt, der jetzt sicher neben mir auf dem Sitz liegt. Ich beobachte, wie der Fahrer auf die Autobahn einbiegt, und versuche, mich zu entspannen. Nachdem ich die ersten drei „DSD5SK“-Runden glücklich überstanden habe, will ich heute kein Risiko eingehen. Um sicher weiterzukommen, werde ich Spaghetti Carbonara kochen. Das kennen die Deutschen.

Da draußen auf der Straße nicht viel zu sehen ist, beobachte ich den Taxifahrer. Er wirkt ein bisschen ungepflegt mit seinem Dreitagebart und den wild vom Kopf abstehenden grauen Haaren. Schweigsam lenkt er den Wagen Richtung Köln. Mir ist langweilig und daher frage ich, ob er das Radio nicht einschalten möchte, ein bisschen Musik wäre doch schön.
„Das geht nicht wegen der Strahlen“, antwortet er ganz kurz angebunden.
„Wegen was?“, hake ich irritiert nach.
„Die Ufos lenken alles mit der Strahlung. Schauen Sie mal hier.“ Er fummelt aus dem Handschuhfach eine schwarze Mappe mit einigen losen Blättern heraus und reicht sie mir nach hinten.
„Sehen Sie sich das mal genau an“, weist er mich an, und ich schlage den Deckel neugierig auf.
Was ist das denn für ein Gekrakel?

Auf meinem Schoß und neben mir auf dem Koffer verteile ich die kindlichen, bunten Zeichnungen und versuche zu verstehen, was sie zu bedeuten haben. Auf einem Blatt erkenne ich eine Art Landkarte, doch statt Straßen und Orten sind dort bunte Planeten eingezeichnet.

„Was sind die für Sterne da?", frage ich nach vorne.

„Das ist die Galaxie Delta drei. Da kommen die her", antwortet der Fahrer bestimmt.

„Wer?"

„Na, die Ufos!"

„Aha …"

„Ja, die genaue Skizze liegt auch in der Mappe", erklärt er, gibt Gas und überholt einen LKW.

Ich sehe mir die Kritzelei an und erkenne jetzt, dass es sich um eine sehr einfache Zeichnung einer fliegenden Untertasse handelt – alles hübsch in Rot, Blau und Grün ausgemalt. Verständnislos blicke ich hoch und sehe im Spiegel, wie der Fahrer mich aus strahlend blauen Augen genau beobachtet. Er ist mir ein bisschen unheimlich.

„Verstehen Sie?", fragt er lauernd.

Ich habe Angst, ihm zu widersprechen, und murmele vorsichtig: „Ja, ja …"

„Und die Aliens habe ich auch gezeichnet, da!" Er legt den rechten Arm über die Lehne und deutet auf das Blatt auf meinem Koffer. Staunend betrachte ich die krakelige Zeichnung eines grünen Wesens mit großem Kopf und kurzen Armen und Beinen. Als er meinen ungläubigen Blick auffängt, bekräftigt er: „Genau so sehen die aus!"

„Aber woher wissen Sie das denn?", frage ich skeptisch.

„Na, die haben doch meine Lisbeth entführt!"
„Was?"
„Ja, vor drei Wochen kamen sie mit ihrem Ufo nach Krefeld in die Hermannstraße, da wohnen wir, und haben meine Frau Lisbeth mitgenommen. Über Nacht …" Er lässt seine Worte wirken und starrt mich an. Ich überlege, wie ich hier rauskomme, aber mitten auf der Autobahn kann ich den Wagen auch nicht anhalten. Der spricht so ohne Komma und Punkt oder ohne, kann man sagen, Kommata. Irgendwie sind die Unterrichtsstunden mit Frau Sommer doch sehr nützlich, denke ich. Also versuche ich, ihm nicht zu widersprechen, und frage stattdessen weiter:
„Und wo ist Lisbeth jetzt?"
„Weg!"
„Mit dem Ufo?"
„Nee, mit Martin Schierke."
„Und der ist eine Alien?"
„Genau! Aber er tarnt sich als Klempner."
„Wie?" Mir wird das Ganze immer suspekter.
„Ja, er tauchte am Morgen nach der Ufo-Entführung bei uns auf und hat mir meine Lisbeth weggenommen. Er hat sie mit seinen Alien-Kräften manipuliert, sodass sie sich in ihn verliebt hat. Und letzte Woche ist sie bei ihm eingezogen." Der Fahrer seufzt tief auf und tritt aufs Gaspedal. „Jetzt hat das Leben für mich keinen Sinn mehr. Besser man macht Schluss …"
Mit einem halsbrecherischen Fahrmanöver zieht er, ohne zu blinken, nach links auf die Überholspur. Ich zucke zusammen, als direkt hinter mir die Scheinwerfer eines Wagens aufblitzen. Ich klammere mich mit meinen verschwitzten Händen verzweifelt an die Olivenölflasche von Onkel Peppe und wünschte, ich wäre jetzt

bei ihm in seinem Dorf Santa Maria la Scala. Das war knapp. Ich muss etwas unternehmen, wenn ich lebend in Ossendorf ankommen will.
„Aber nein, vielleicht erkennt der Lisbeth ja ihre Irrtum bald und kommt zu Sie zurück", stoße ich hektisch hervor.
„Nein, nein, sie hat gesagt, mit so einem Spinner wie mir will sie nichts zu tun haben. Dabei weiß ich Bescheid! Über alles! Ich beobachte die Ufos schon seit mehreren Jahren. Mir macht da keiner was vor!", brüllt er jetzt fast und rast immer schneller.
„Ja", rufe ich laut, um das Motorengeräusch zu übertönen, „Sie haben ganz sicher recht! Und diese Klempner-Martin iste schuld an alles …"
„Ich ertrage es nicht, diesen Namen noch einmal zu hören!", brüllt er zurück und starrt wild entschlossen auf den Kleinwagen vor uns. Wenn er noch mehr Gas gibt, rammt er ihn gleich. Ich muss den Mann irgendwie beruhigen. Am besten versuche ich, eine persönliche Beziehung zu ihm aufzubauen, dann bekommt er vielleicht Skrupel, mich mit umzubringen.
„Wie heißen Sie eigentlich? Ich bin Andreas aus Italia."
„Dieter", murmelt er.
„Das ist aber eine schöne Name!"
Irritiert fixiert er mich im Rückspiegel: „Finden Sie?"
„Aber ja, dem klingt groß, mächtig und wichtig!", behaupte ich möglichst glaubhaft und nicke dabei eifrig.
„Wenn Sie meinen …", antwortet er nachdenklich und geht ein bisschen vom Gas.
Ich atme erleichtert auf, aber nur, um im nächsten Moment meine Fingernägel in die Polster zu krallen – Dieter beschleunigt wieder und brüllt: „Genau! Ein Dieter Budnerski gibt niemals auf! Ich

werde Lisbeth alles noch mal erklären, damit sie versteht, was passiert ist!“
„Aber sicher“, stimme ich enthusiastisch zu und wedele mit der Ufo-Zeichnung in der Hand. „Sie habe doch alle Beweisen! Hier, alles genau aufgezeichnet.“
Doch anstatt mir zuzustimmen, lässt Dieter die Schultern fallen und sackt auf seinem Sitz förmlich zusammen.
„Aber die kennt Lisbeth doch schon, und sie haben sie nicht überzeugt. Sie wird nie zu mir zurückkommen. Und ohne sie will ich nicht mehr leben“, schluchzt er auf.
Meine Gedanken rasen, endlich habe ich eine Idee: „Aber es gibt doch anderen Frauen! Meine Cousine Mariella zum Beispiel …“ Ich habe gar keine Mariella, nur eine Maria-Simone in meiner Verwandtschaft, aber das ist jetzt egal. „Mariella würden Sie mögen. Sie hat lange, schwarze Locken, kann fantastische kochen und hat auch schon mal eine Ufo gesehen – über Catania!“, rufe ich triumphierend. Das muss ihn doch überzeugen!
„Was? Das gibt’s doch nicht!“, ruft er ungläubig.
Jetzt hab ich ihn, denke ich und bin sehr stolz auf meine Idee.
„Doch, doch, und Aliens hat sie auch schon gesehen!“, setze ich noch einen drauf. „Einmal, als Mariella ihre obligatorische Nachmittagsschlaf machte, sie wurde geweckt von drei kleine Wesen mit kurze Arme und große Auge, die um ihre Bett hockten und sie beobachteten. Ihre Beschreibung ist so ähnlich wie Ihre Zeichnungen.“
Da dreht Dieter sich wutschnaubend zu mir nach hinten und brüllt mich an: „Ihre Cousine spinnt ja! Glauben Sie, ich bin verrückt? Das ist doch alles streng geheim! Nur ich weiß davon und sonst niemand!“

„Aber zu mir haben Sie doch auch gerade davon erzählt", wage ich kleinlaut zu widersprechen.
„Aber nur, weil ich gleich gesehen habe, dass Sie Ausländer sind und dass man Ihnen vertrauen kann. Sie können ein Geheimnis bis ins Grab bewahren. Stimmt doch, oder?!" Endlich dreht er sich wieder nach vorne, behält mich aber im Rückspiegel fest im Blick.
„Ja, natürlich! Sie haben recht!", rufe ich verzweifelt und denke: Jetzt will ich noch nicht ins Grab! „Herr Dieter, Sie müsse mir unbedingt später mehr daruber erzählen. Aber könnten Sie mich vorher noch nach die Ossedorf bringen?", frage ich vorsichtig.
Dieter stutzt einen Moment.
„Ossendorf … Ach ja … Das ist ja gleich die nächste Ausfahrt …" Und in letzter Sekunde fährt er raus. „Was wollen Sie da überhaupt? Sind Sie beim Fernsehen?", fragt er skeptisch, kommt aber anscheinend langsam wieder auf die Erde zurück.
Ich überlege einen Moment lang und sage dann vorsichtig: „Ach, nichts Besonderes … Ich bin Koch und mache da heute Spaghetti Carbonara …"
„Im Fernsehen?"
„Nee, in der Kantine von Studio acht, äh, nee, Studio drei", lüge ich möglichst überzeugend.
„Delta drei?!", fragt er aufgeregt zurück.
„Nein, Studio drei – Studio! Können Sie mich bitte beim Pförtner an die Tore absetzen?"
„Ich kann dich auch direkt aufs Gelände vors Studio fahren", bietet Dieter an. Er ist jetzt in deutlich aufgeräumterer Stimmung.
„Das ist nichte nötig", sage ich schnell. „Ich will mir lieber noch eine bisschen die Fuße vertreten." Erleichtert sehe ich das bekannte große Tor vor uns auftauchen.

„Verstehe …" Dieter verlangsamt das Tempo und lächelt mich aus seinen blauen Augen wissend an.
Nichts wie raus hier, denke ich und sage:
„Vielen Dank. Was machte das?"
„Für meinen Verbündeten im Kampf gegen die Aliens natürlich nichts", grinst er. „Wir müssen doch zusammenhalten. Aber nicht vergessen: alles streng geheim!"
„Ja, klar", sage ich schnell und springe mit meinem Rollkoffer, das Olivenöl fest in der Hand, aus dem Wagen. Ich will gerade loslaufen, als Dieter seine Scheibe herunterdreht und mir zuruft:
„Und immer schön aufpassen auf die da oben!"
Er deutet mit dem Zeigefinger zum Himmel, zwinkert mir verschwörerisch zu und lässt den Motor aufheulen. Ich nicke, marschiere zügig Richtung Tor und drehe mich noch einmal um, um Dieter nachzuwinken. Verwundert sehe ich mich um. Keine Spur von meinem neuen Ufo-Verbündeten. Ich kneife die Augen zusammen und blicke die lange, gerade Straße hinunter, doch Dieters Taxi ist genauso schnell, wie es aufgetaucht war, wie vom Erdboden verschluckt …
Oje, die Aliens, denke ich und mache, dass ich ins Pförtnerhäuschen komme.

Trotz der außergalaktischen Taxifahrt gelingt es mir, mich in meiner dritten Kochshow auf das Wesentliche zu konzentrieren – „Spaghetti Carbonara"! Meine Kreation mit Ingwer scheint der Jury geschmeckt zu haben, denn am Ende gehöre ich tatsächlich zu den letzten drei Kandidaten, die ins Halbfinale einziehen. Zufrieden packe ich meine restlichen Zutaten samt dem guten Olivenöl von Onkel Peppe, das mir auch heute gute Dienste ge-

leistet hat, zusammen. Als ich meinen Rollkoffer schließen will, bemerke ich, dass ich inzwischen ganz alleine im Studio bin. Nach der Sendung sind alle so schnell wie möglich abgehauen. Plötzlich gehen auch die bunten Studiolichter aus. Augenblicklich stehe ich ganz im Dunkeln. Nur das Summen der Elektrizität ist zu hören. Allein die Notlampen über den Ausgängen sorgen für etwas Licht, und langsam gewöhnen sich meine Augen an die Dunkelheit. Nach der Euphorie von eben überfällt mich plötzlich eine leichte Melancholie. Ich bin traurig, dass ich das alles alleine, ohne meine Familie, erlebe. Was nützt der schönste Erfolg, wenn die Liebsten so weit weg sind. In diesem Moment piepst mein Handy – eine SMS von Mamma! Als wenn sie es geahnt hätte. Freudestrahlend lese ich ihre nette Nachricht und antworte sofort, dass ich gerade eine Runde weitergekommen bin. Ihr Sohn wird bald Deutschlands Fünf-Sterne-Koch! Da wird sie sicher stolz sein. Gut gelaunt ziehe ich den Koffer-Reißverschluss zu.
Jetzt muss ich nur noch meine Jacke aus dem Greenroom holen, dann kann ich nach Hause fahren – ganz ohne Aliens mit Bus und Bahn.
Als ich im langen Flur an den Maskenräumen und Garderoben wieder vorbeilaufe, höre ich plötzlich die leise Stimme des Aufnahmeleiters direkt hinter einer angelehnten Tür rezitieren:
„‚Dein wahrer Freund ist nicht, wer dir den Spiegel hält
Der Schmeichelei, worin dein Bild dir selbst gefällt.
Dein wahrer Freund ist, wer dich sehn lässt deine Flecken,
Und sie dir tilgen hilft, eh' Feinde sie entdecken.'
Das ist das Gedicht ‚Dein wahrer Freund' von Friedrich Rückert. Das habe ich heute in der Pause im Internet für dich gefunden."

Ich kann nicht fassen, was ich da höre. Da rezitiert der Aufnahmeleiter in der Dunkelheit der Garderobe ein kitschiges Liebesgedicht!
„Was soll denn der Quatsch, Detli?", höre ich die tiefe, genervte Stimme des Regisseurs. „Was willst du mir damit sagen? Ich weiß nicht, was du meinst … Ich gehe jetzt schlafen …"
„Aber das Gedicht sagt doch alles … das ist ein wunderschönes Gedicht, und ich verstehe ganz klar, was zwischen den Zeilen steht, ganz deutlich angesprochen wird. Tiefe Gefühle … Die Leidenschaft … Du bist für mich …"
Da unterbricht der Regisseur die Tirade: „Nun mach mal nicht so ein Drama aus einem kleinen Spaß. Ich muss jetzt nach Hause zu meiner Familie. Wir sehen uns morgen. Vielleicht!"
Oh Mamma mia, was sind das für Dialoge? Das klingt ja wie in einer sehr schlechten Daily Soap. Fernsehen macht wirklich krank, denke ich, schnappe mir meinen Rollkoffer und mache, dass ich schnell hier wegkomme. Ich muss grinsen, weil mir klar wird, dass mich nach der verrückten Taxifahrt vorhin heute nichts mehr schocken kann. Trotzdem will ich nur noch schleunigst nach Hause. Was für ein Tag …

Im Bett – mittlerweile kann ich das Wasserbett beherrschen und still darin liegen – schreibe ich in mein Heft die neuen Wörter, die ich heute gehört habe.

Kuss	*bacio*
Gedicht	*poesia*
Klempner	*idraulico*
Alien	*alieno/a*

LEKTION NR. 8 – DAS SELBSTSTUDIUM

„Die vorliegende ‚Übungsgrammatik Deutsch' setzt die grammatische Beschreibung, wie sie in der ‚Deutschen Grammatik. Ein Handbuch für den Ausländerunterricht' und danach im ‚Leitfaden der deutschen Grammatik' vorgenommen worden ist, in Übungen um, die direkt im Sprachunterricht für Ausländer eingesetzt werden können. [...] Damit die Übungsgrammatik auch im Selbststudium verwendet werden kann, sind den Übungsaufgaben – wo immer es sinnvoll und nicht zu platzraubend erschien – Lösungen beigegeben worden."

(Helbig, Gerhard/Buscha, Joachim: Übungsgrammatik Deutsch. Berlin und München 2000.)

Am nächsten Morgen hat mich die Realität wieder fest im Griff. „Hallo zusammen", begrüßt uns Frau Sommer. „Heute arbeiten wir mit dem Übungsbuch. Schlagen Sie bitte Seite 65 auf, dort machen wir die Übung Nummer fünf. Chang Lee, können Sie bitte die Einleitung vorlesen?"
„Ja, also … ‚Ergänzen Sie tas Verb und tie Pronomen in tem Lückentext'."
„Das war schon sehr schön, aber wir müssen noch ein bisschen an Ihrer Aussprache arbeiten. Es heißt ‚das Verb', ‚die Pronomen' und ‚dem Lückentext'. Da ist kein ‚t', verstehst tu? Äh … du, Sie?"

Verwirrt starre ich auf die Übung. Keine Ahnung, was man da wohl reinschreiben soll. Als ich darüber nachgrüble, piepst das Handy von Frau Sommer. Hektisch zieht sie es aus ihrer Aktentasche und liest die SMS-Nachricht. Dann stößt sie hervor: „So, alles klar. Da steht die Aufgabe."

1) Ich ________________ _______ ewige Liebe.

2) Es wurde beispielsweise ________ __________ ______, dass im Schlaf das Gelernte stabilisiert wird.

3) Eine Situation, in der jemand in ______ ______ ist.

Bevor ich nachfragen kann, was es damit auf sich hat, spricht Frau Sommer mit aufgeregter Stimme weiter: „Wie gesagt, alles klar. Das üben Sie jetzt mal schön allein. Ich muss mal eben raus und telefonieren. Und falls Sie fertig sind, bevor ich fertig bin … Mein Gott, ich bin so fertig … Äh, also, wie gesagt. Falls Sie noch Zeit haben, lernen Sie die verschiedenen femininen Fälle auswendig. Die stehen hier an der Tafel."

Die Fälle – feminin

Nominativ	***Akkusativ***	***Dativ***
Die Seide	*Die Seide*	*Der Seide*
Reine Seide	*Reine Seide*	*Reiner Seide*
Die reine Seide	*Die reine Seide*	*Der reinen Seide*
Eine reine Seide	*Eine reine Seide*	*Einer reinen Seide*

Auf Frau Sommers Hals bilden sich hektische rote Flecken, sie umklammert ihr Handy und rauscht aus dem Klassenzimmer. „Ich bin gleich wieder da."
Dabei sehe ich, dass sie kurz davor ist, in Tränen auszubrechen. Ich halte meinen Mund und versuche, alleine das Rätsel um die komische Übung zu lösen. Es fällt uns schwer, uns auf die Wörter zu konzentrieren, denn aus dem Flur hört man gedämpft, wie

sich unsere Lehrerin am Telefon mit jemandem streitet. Immer wieder fallen die Worte „Schuft“, „Betrüger“, „alte Hackfresse“, „Lügner“. Klingt nach Beziehungsstress.

Plötzlich herrscht draußen gespenstische Stille. Wir versuchen, uns auf den Text zu konzentrieren. Doch schon wird die Tür wieder aufgerissen, und eine aufgelöste Frau Sommer rast zurück an ihr Pult. Hektisch greift sie sich den erstbesten Zettel und dreht sich zur Tafel. „Hier kommt noch ein Satz, den Sie üben müssen“, sagt sie mit gebrochener Stimme und fängt an, zu schreiben. „Ein normaler deutscher Satz besteht aus bestimmten Satzgliedern: Objekt, Prädikat, Subjekt.“ Sie stutzt einen Moment. „Äh, oder Prädikat, Objekt, Subjekt … Also … Äh … Nee, da stimmt was nicht … Alles falsch, alles falsch …“ Sie schluchzt kurz auf. „Ach, das findet ihr alles im Buch.“ Sie greift nach Tasche und Mantel, packt Thommy, das Maskottchen, ein, dreht sich zur Tür und ruft uns zu: „Heute mache ich früher Schluss. Tut mir leid, Freunde, aber es geht nicht anders. Sie machen Ihre Übungen einfach mal alleine. Oder Sie gehen einfach mal in die Stadt und machen Interviews auf der Straße, wie wir das schon mal besprochen haben. Da drüben im Schrank finden Sie einen Kassettenrekorder und ein Mikro. Machen Sie etwas daraus. Heute lernen Sie was fürs Leben. Im Alltag kann ich ja auch nicht dauernd Ihre Händchen halten … Händchen halten …“ Sie schluchzt erneut auf und weg ist sie.

Verblüfft bleiben wir sitzen und starren ihr nach.

So lerne ich nie richtig Deutsch, denke ich und mache mich wieder an die femininen Fälle.

Nach einer Weile haben wir alle keine Lust mehr, hier alleine zu üben, und ich schlage vor, wirklich die Interviews zu machen.

Aber außer Marali will keiner mitkommen. So marschieren wir eben zu zweit los.

Es ist komisch, neben ihr zu laufen, denn bisher dachte ich immer, die Leute glotzen mich an, weil sie merken, dass ich Ausländer bin, wenn ich mit ihnen spreche. Solange ich den Mund halte, merkt aber niemand, dass ich anders bin.
Doch bei Marali führt kein Weg daran vorbei. Sie ist sehr schön mit ihren markanten Lippen und den großen, grauen Augen. Eine sehr attraktive Frau und eben schwarz. Sie wird ständig angeschaut. Manchmal sehr intensiv und das nervt.
Sie kennt sich sehr gut aus in Krefeld und erzählt mir von der Stadt, die einmal die Heimat meiner Oma war. Marali schlägt vor, die Interviews im Botanischen Garten zu machen. Der liegt am Rande des Schönwasserparks im Ortsteil Oppum.

Dort angekommen, packe ich unseren Rekorder aus und halte das Mikro fest in der Hand, bereit die Leute anzusprechen.
„Schau mal Andreas, der Familie da neben die ‚Stewartia pseudocamellia' können wir als Ersta fragen, oda?"
„Neben wer?", frage ich, während ich mich suchend nach etwas umsehe, dass eine Stewartia sein könnte.
Marali lacht laut auf. „Das ist der Baum da drüben mit der interessante Rindasktrukturen."
„Ach ja, klaro", sage ich schnell und konzentriere mich auf die junge Frau, die einen Kinderwagen an einem ganz normalen Baum vorbeischiebt und dabei einen kleinen Jungen an der Hand hält. Marali und ich schauen uns in die Augen, setzen unser freundlichstes Lächeln auf und marschieren los.
„Entschuldigung, wir sind von der Volks …"

„Nein danke, wir haben keine Zeit!“ Und schon dreht die schöne Familie sich um, gibt Gas und verschwindet wieder hinter der Stewartia pseudocamellia.
„Na ja, das war ja nur der erste Versuch“, bemühe ich mich, Marali zu trösten.
Doch nach dem dritten Versuch glaube ich nicht mehr daran, dass ich heute noch meinen ersten Satz bis zu Ende aussprechen, geschweige denn, ein Interview führen kann. Die Leute wollen einfach nicht reden. Das liegt aber nicht nur an uns. Vielleicht ist das frostige Wetter schuld. Wir beide sind trotzdem frustriert, müde, und es ist einfach zu kalt, um weiterzumachen. Also lade ich Marali auf einen Cappuccino in das Café ein, in das ich immer gehe. Ich traue meinen Augen nicht, denn am Fenster in der Raucherecke sitzt das Zwillingspaar von der ständig roten Ampel – wie immer in grünen Strickjacken. Und ihnen gegenüber sitzt ihr weibliches Pendant – zwei Frauen, die sich nicht nur wie ein Ei dem anderen gleichen, sondern die auch noch beide die gleichen rosafarbenen Strickjacken tragen. Und alle vier rauchen und stoßen den Qualm gleichzeitig durch ihre vier Nasen aus. Ich muss zweimal hinschauen, um mich zu vergewissern, dass es sich nicht um eine Spiegelung handelt. Sicherheitshalber frage ich noch meine Mitschülerin, was sie da am Fenster sieht. Grinsend bestätigt sie mir, dass ich keine Halluzinationen habe. Ich lasse mir die Gelegenheit nicht entgehen, gebe Marali schnell ein Zeichen, und mit gezücktem Mikrofon steuern wir direkt auf das Doppelpaar zu.
„Entschuldigung, wir sind Studenten von der Volkshochschule, Kurs ‚Deutsch als Fremdsprache‘. Um der Aussprache zu uben machen wir Interview. Hätten Sie vier Interesse darauf?“

Endlich habe ich meinen ganzen Text ausgesprochen. Die vier schauen sich irritiert gegenseitig an, dann gleichzeitig uns und schließlich sagt eine der Frauen freundlich: „Ja gerne, nehmen Sie doch bitte Platz." Die anderen drei nicken uns zu.
Natürlich fragen wir zuerst, wie es zu der außergewöhnlichen Konstellation der vier kommt. Wir erfahren, dass sich die Zwillingspärchen schon als Kinder kannten und seit 50 Jahren verheiratet sind.
Zuerst hat Helge seine Berta geheiratet und dann Heinz die Beate. Alle vier strahlen, als sie davon erzählen. Im Laufe der Jahre sind sie identisch gealtert. Die Frauen haben die gleiche Anzahl grauer Haare und die gleichen Falten um die Augen, und ihre Männer haben identische Glatzen. Beide Frauen sind gleich rundlich, die Männer eher schmal. Die Ähnlichkeit der Geschwister ist so verblüffend, dass man denkt, man würde doppelt sehen.
„Haben Sie sich in all die Jahren nicht einmal vertan und den oder das Falsche mit nach Hause gebracht?", wage ich schließlich zu fragen.
„*Die*, nicht das Falsche", korrigiert mich Heinz lächelnd.
„Nein, das kann nicht passieren, denn da gibt es doch ein paar kleine, aber feine Unterschiede …", grinst Helge frech und kassiert dafür von seiner Berta einen spielerischen Knuff an den Oberarm.
„Auch im Dunkeln kann ich meine Beate erkennen", ergänzt Heinz lächelnd und berührt zärtlich deren Hand.
Alle vier zünden sich neue Zigaretten an, ziehen dann gleichzeitig und pusten den Rauch durch die Nase wieder raus. Sogar das machen sie synchron.

„Jetzt, wo die Kinder groß sind, wohnen wir vier zusammen", erklärt Berta.
„Und der einzige Streitpunkt ist, wer morgens zuerst auf dem Balkon rauchen darf", ergänzt Beate, begleitet von allgemeinem Gelächter.
Marali und ich staunen nicht schlecht, als wir auch noch erfahren, dass beide Paare wiederum Zwillinge zur Welt gebracht haben – vier Mädchen.
„Und wenn alle zusammen sind, kann ein Außenstehender die tatsächlich kaum unterscheiden", freut sich Helge.
Nach einer Stunde Gespräch verabschieden wir uns, und ich lade das Doppelpaar ein, zur Kochshow zu kommen, um mir die Daumen zu drücken. Glücklich über das tolle Interview, umarmen Marali und ich uns.
„Wir sehen uns morgen früh an der roten Ampel", rufe ich den vieren noch zu. Auf der Straße verabschiede ich mich von Marali und nehme bei den eisigen Temperaturen lieber den Bus nach Hause.

Ich klingele der guten Ordnung halber und schließe dann direkt auf. Mittlerweile habe ich mich an den leicht frittierten Geruch gewöhnt – das ist der heimelige Heilmann-Geruch.
Fantastico, keiner zu Hause.
Ich gehe direkt zum Kühlschrank und sehe nach, was drin ist. Ich bin davon überzeugt, dass der Kühlschrank das Spiegelbild der Seele ist, er verrät viel über die Menschen, die ihn benutzen. Mich interessiert, ob er voll ist oder leer, ob faule Produkte drin sind, abgepackte oder frische Ware. In diesem Kühlschrank findet sich ein Mischmasch von allem – eben typisch Heilmann:

Konserven, faules Gemüse, Reste vom Mittagessen, Gläser mit Gürkchen, Tupperdosen mit Aufschnitt, Senf, Mayonnaise, Ketchup, Sprudelwasser, Bier, Orangensaft und Nagellack.
Nagellack?!
Ich nehme mir die Wasserflasche. Gerade als ich nach einem Glas greife, höre ich von unten ein lautes Klopfen. Gedämpft vernehme ich, wie mein Name gerufen wird. Mit Flasche und Glas in der Hand steige ich die Treppe runter. Draußen vor der Glastür zum Garten steht Herr Heilmann. Mir fällt fast die Flasche aus der Hand.
Ein Bildtrug? Oder ein Trugbild? Auch in dieser Situation höre ich nicht auf, mich selbst zu korrigieren, um mich abzulenken – vergebens.
Ein splitternackter, weißer Mann, ein riesiger „Mozzarella di Bufala", der aussieht wie ein dicker Wurm, winkt mir aufgeregt zu und deutet auf den Türstopper in Schweineform, der innen direkt vor meinen Füßen liegt. Mit der anderen Hand verdeckt er seine „unteren Teile". Ich trinke verwirrt einen Schluck aus der Flasche, um den peinlichen Moment zu überbrücken. Dann mache ich auf. Wie eine Rakete stürzt er an mir vorbei ins Haus und flucht: „Mann, diese Scheißtür! Wieso ist denn das Schwein da weggerutscht?"
„Welche Schwein?" Krampfhaft bemühe ich mich, ihm nur ins Gesicht zu schauen. Ich überlege hektisch, wie das bloß die Leute in der Therme gegenüber von meiner VHS machen. Es ist fast unmöglich, die Neugier im Zaun zu halten und dem nackten Gegenüber nur in die Augen zu schauen.
„Na, der Scheißtürstopper", erklärt er. „Und, wie war's heut in der Schule?", fragt er übergangslos, klopft mir jovial auf die

Schulter und läuft, ohne meine Antwort abzuwarten, an mir vorbei. Ich starre mit offenem Mund hinter ihm her und schaffe es fast, den Blick oben zu halten, bis er doch magisch weiter nach unten gezogen wird. So sehe ich gerade noch, wie ein riesiger, blanker Hintern in der Sauna verschwindet. Ich hoffe inständig, dass mich dieses Bild nicht mein Leben lang begleiten wird. Aber heute Nacht werde ich bestimmt einen Albtraum haben.

„Ich mache heute ‚Bucatini alla Matriciana', wenn ihr wollt", rufe ich ihm hinterher.

Sein Kopf kommt noch einmal dampfend aus der Sauna raus: „Biste ein echter Italiener, du. Aber pünktlich um sieben wird gegessen." Und damit verschwindet er wieder im Nebel.

LEKTION NR. 9 – DER KONJUNKTIV

„Der Konjunktiv […] ist im Deutschen neben dem Indikativ und dem Imperativ einer der drei Modi eines Verbs. Der Konjunktiv wird für die Darstellung einer Möglichkeit benutzt und daher auch als Möglichkeitsform bezeichnet.
Im Deutschen gibt es zwei Arten des Konjunktivs: den Konjunktiv I und den Konjunktiv II, die jeweils in die Zeitstufen der Gegenwart, der Vergangenheit und der Zukunft untergliedert sind."
(www.wikipedia.de, 2011: Wikimedia Deutschland – Gesellschaft zur Förderung Freien Wissens e.V., Berlin)

Als ich zusammen mit Mustafa das Klassenzimmer betrete, sitzt Frau Sommer schon an ihrem Pult. Ohne uns zu beachten, fixiert sie einen Punkt an der gegenüberliegenden Wand. Sie reagiert auch nicht, als Lydia und Marali fröhlich grüßend den Raum betreten. Erst als Chang Lee die Tür laut hinter sich zuzieht, zuckt sie zusammen.
Irritiert sieht sie uns an und murmelt: „Guten Morgen, Freunde. Wegen gestern … Also … Das war privat … Das passiert eben auch einer Lehrerin mal … Also, mir war nicht besonders gut. Aber heute geht's mir schon viel besser!", sagt sie mit aufgekratzter Stimme. Ihre traurigen blauen Augen sprechen allerdings eine andere Sprache.
Freundlich begrüßen wir sie und versichern, dass es gestern ganz wunderbar geklappt hätte und wir die Übungen aus dem Buch alle gemacht hätten. Marali und ich erzählen enthusiastisch von unserer Begegnung mit den beiden Zwillingspaaren.
„Ja, die kennt man in Krefeld", ist ihr einziger Kommentar, als wir fertig sind, und sie will nicht mal das Interview hören.

„Schön“, fährt sie lapidar fort, „dann kennen Sie ja jetzt die femininen Fälle, und wir können heute mit dem Neutrum weitermachen. Schlagen Sie bitte in Ihren Büchern Seite 69 auf.“

Die Namen Gruppe – Neutrum

Nominativ	***Akkusativ***	***Dativ***
Das Leder	*Das Leder*	*Dem Leder*
Echtes Leder	*Echtes Leder*	*Echtem Leder*
Das echte Leder	*Das echte Leder*	*Dem echten Leder*
Ein echtes Leder	*Ein echtes Leder*	*Einem echten Leder*

Wir sind gerade konzentriert dabei, den neuen Stoff zu lernen, als Frau Sommer unvermittelt in den Klassenraum ruft: „Wer von Ihnen hat einen Führerschein?“
Keiner außer mir reagiert: „Ich habe einen!“
Chang Lee meldet sich: „Was ist ein Führerschein? Ich kenne ‚Schein‘, so wie Ausweis, aber der ‚Führer‘ passt da nicht zu. Ist das nicht ein Diktator, der Führer?“
Mustafa lacht: „Ja, klaro! Meinst du, das wäre es, der Ausweis für Führer?“
Lachend unterbricht Frau Sommer die Diskussion: „Ihr Ausländer seid manchmal so naiv. Lustig!“
Endlich lacht sie wieder, denke ich.
„Nein, nein, das ist der Schein, um Auto zu fahren. Man kann auch ‚Fahrerlaubnis‘ dazu sagen. Ich wollte mit Ihnen einen Ausflug machen. Ich habe ein Auto, aber keinen Führerschein. Aber wenn Andreas uns fährt, können wir am Wochenende mal alle zusammen rausfahren. Das wäre doch eine tolle Sache! Gemein-

schaftserlebnis und so … Wochenenden sind doch immer so einsam …"
Mit trauriger Miene sieht sie uns erwartungsvoll an. Doch wir sind nicht ganz so begeistert von der Idee.
„War ja auch nur ein Vorschlag", murmelt Frau Sommer und widmet sich übergangslos wieder den spannenden Fällen der deutschen Sprache.
Als sie am Ende des Unterrichtstages immer noch ziemlich traurig wirkt, versuche ich sie aufzumuntern: „Vielleicht können wir ja alle zusammen irgendetwas anderes machen. Essen gehen oder so."
Sofort hellt sich ihre Miene auf und sie platzt heraus: „Wisst ihr, was wir am Wochenende machen?" Sie schaut uns erwartungsvoll an. „Am Samstag grillen wir bei mir. Mein Mann ist beruflich auf Reisen. Wir haben also sturmfreie Bude!" Sie grinst uns breit an.
Verdutzt schaue ich sie an: „Grillen? Im Dezember?"
„Ja, auf dem Balkon! Das wird gemütlich!" Und damit rauscht sie bester Laune ab.

Pünktlich kurz vor 19 Uhr ziehe ich bei den Heilmanns das knusprige Teufelshähnchen mit den kleinen, gerösteten Kartoffeln aus dem Backofen und verbrenne mir dabei fast die Finger. „Madonna mia!" Dann stelle ich die dampfende Kasserolle auf den Küchentisch. Der köstliche Duft des gebratenen Vogels überdeckt den frittierten Heilmann-Geruch. Der Familie läuft augenscheinlich das Wasser im Munde zusammen. Ungeduldig beobachten sie stumm, wie ich das Fleisch zerteile. Mit einem heimlichen Grinsen stelle ich befriedigt fest, dass heute Abend

kein Schwarzbrot auf dem Tisch steht, und auch Aufschnitt und Gürkchen sind im Kühlschrank geblieben. Das Essen verläuft in gefräßiger Stille.

Als alle fertig sind, beginnt Frau Heilmann den Tisch abzuräumen. Herr Heilmann greift sich seine Fernbedienung und marschiert Richtung Wohnzimmer: „Gleich gibt's Fußball!"

Thorsten quält sich von seinem Stuhl hoch und mault: „Das mit dem Fußball ist genauso, als wie wenn ich immer ‚World of Warcraft' spielen würde. Das darf ich auch nicht. Aber der darf immer Fußball gucken …"

„Das heißt genauso wie und anders als", stoße ich reflexartig hervor.

Diese Eselsbrücken haben wir gerade gestern erst bei Frau Sommer gelernt. Wie soll ich anständiges Deutsch lernen, wenn nicht mal meine deutsche Gastfamilie die Sprache richtig beherrscht? Thorsten sieht mich entgeistert an.

Frau Heilmann sieht kurz vom Geschirrspüler, den sie gerade einräumt, auf und sagt: „Siehste Thorsten, da kannste noch viel von unserem Andreas lernen. Der kann schon viel besser Deutsch als wie du!"

Ich verkneife mir eine erneute Korrektur und verabschiede mich für heute in mein Zimmer. Fröhlich und etwas angetrunken schließe ich die Tür hinter mir. Das war endlich mal ein richtig schöner Abend. Das Teufelshähnchen ist super angekommen. Es ist nichts übrig geblieben, wir haben alles verputzt und dazu viel zu viel Bier und diesen ekligen Schnaps getrunken.

Der wird nicht so schnell abnehmen, denke ich. Etwas schwindelig bereite ich mich für die Nacht vor und schlucke sicherheitshalber zwei Aspirin. Plötzlich höre ich von oben ziemlich viel

Bewegung. Stühle werden laut hin und her geschoben, Türen aufgemacht und zugeschlagen. Dann höre ich einen lauten Plumps, das Geräusch kenne ich mittlerweile gut, aber heute ist es doppelt so laut: Herr Heilmann ist wieder auf seinem Fernsehsessel gelandet. Dann kehrt Ruhe ein.
Ich lege mich entspannt ins Bett. Mittlerweile habe ich mich an mein Schiff-Bett gewöhnt. Der Trick ist, sich nicht zu bewegen – räkeln ist nicht drin. Sobald man seine Lieblingsposition gefunden hat, muss man die einfach nur genau so bis zum nächsten Morgen halten.
Ich fahre mitten in der Nacht aus dem Schlaf, als Herr Heilmann brüllt „Ich mache dich fertig, du …" und etwas gegen die Wand wirft.
Mit einem Schlag bin ich wach. Die schrille Stimme meiner Gastgeberin lässt mir die Haare sofort zu Berge stehen: „Du fetter Nichtsnutz!"
Ich höre Herrn Heilmann aufgeregt hin und her stampfen. Hoffentlich hält die Zimmerdecke und die Heilmanns fallen nicht in mein Wasserbett, denke ich, nun hellwach.
Plötzlich höre ich einen lauten Knall.
Oh, Dio mio, adesso è caduta la parete di Aspirine!, denke ich besorgt – die Aspirin-Wand scheint „untergefallen" zu sein.
Jetzt schreit auch das Kind wie am Spieß.
„Du kannst mich mal!", schrillt eine Stimme und die Haustür knallt zu. Ich stehe auf und sehe durch mein kleines Fenster. Die schnellen Füße von Frau Heilmann und Thorsten ziehen vorbei, neben ihnen zwei Koffer.
Nach einem Augenblick gespenstischer Ruhe höre ich schwere Schritte auf der Kellertreppe. Ich springe zur Tür und vergewis-

sere mich, dass sie abgeschlossen ist. Ist sie. Ich atme durch und horche an der verriegelten Tür. Rumms! Ein heftiger Schlag wirft meinen Kopf zurück.
„Komm raus, Italiener, ich muss dir was sagen!“, brüllt Herr Heilmann lallend.
Als ich nicht reagiere, klopft er lauter.
„Entschuldigung, aber morgen fruh muss ich in die Schule gehen. Ich schlafe schon“, antworte ich schließlich flehentlich.
„Komm raus! Wir müssen unter Männern sprechen. Auch wenn du gerne in der Küche rumfummelst, du bist ein Kerl, oder?!“
„Ja, aber konnten wir das Gespräch nicht auf morgen verschieben? Das wäre mir lieber.“
„Komm raus, oder ich breche die Tür auf“, donnert er jetzt wutentbrannt. Das Lallen ist verschwunden.
Ich denke nicht daran und rücke den Schreibtisch vor die Tür.
„Komm jetzt! Was machst du da?“
„Bitte lassen Sie mich schlafen.“ Dann hole ich mein Handy und wähle die Festnetznummer der Heilmanns. Endlich höre ich das Klingeln von oben.
„Das Telefon klingelt! Hören Sie?!“, rufe ich durch die Tür.
„Mach auf“, brüllt er noch mal.
„Es klingelt“, rufe ich zurück in der Hoffnung, dass er endlich darauf reagiert. Erleichtert höre ich, wie sich die schweren Schritte hastig entfernen und die Treppe hochstampfen.
Als er oben den Telefonhörer abnimmt, lege ich sofort auf. Er schreit: „Hallo! Hallo!“ in den Telefonhörer. „Wenn du es wagst, hier noch mal anzurufen, dann … dann!“
Er knallt den Hörer auf, seine Schritte nähern sich wieder der Treppe. Hektisch wähle ich noch mal und höre, wie er abnimmt:

„Renate, wo bist du?“ Jetzt deutlich ruhiger. „Komm wieder her, ich tue dir nichts.“
Ich decke die Sprechmuschel ab und lausche schweigend.
„Renate, das Kind muss morgen in die Schule. Renate? Renate! Du hast deine goldene Zigarettenspitze hiergelassen, ohne kannst du nicht rauchen … Renate? Dann verschwinde doch, du doofe Kuh“, brüllt er dann, wirft etwas Metallisches gegen die Wand und legt auf.
Das war wahrscheinlich die goldene Zigarettenspitze, überlege ich. Schwerfällig scheint er sich zu seinem Sessel zu schleppen und mit einem lauten Plumps hineinzufallen.
Ein Glück, denke ich erleichtert. Jetzt kommt er hoffentlich nicht mehr runter.
Mit gespitzten Ohren lausche ich weiter, aber alles bleibt still. Dann wuchte ich meine beiden Koffer vom Schrank runter und beginne, meine Sachen zusammenzupacken. Zuerst meinen „Ernährungs-Koffer“: das große Glas mit frisch in Öl eingelegtem Thunfisch, den frischen Knoblauch, die roten Peperoncini, die Kapern in Salz, Sardellen in Salz, das halbe Kilo Speck von Tante Palmira, die getrockneten Tomaten in Salz, die sonnengetrockneten Kräuter und die restlichen zwei Sorten Pasta – Farfalle und Maccheroni Nr. 44. Meine Klamotten werfe ich in den anderen Koffer.
Leise steige ich die Treppe hinauf. Als ich die Tür zum Flur vorsichtig öffne, ist alles hell erleuchtet und mir dröhnt lautes Schnarchen entgegen. Herr Heilmanns Wut scheint verraucht zu sein. Sein Gesicht mit dem offenen Mund wirkt so friedlich, und er sieht aus, als hätte er durch den Streit ein bisschen abgenommen. Ich schleiche vorsichtig durch das Schlachtfeld mit

dem verstreuten Aspirin, erwische aber leider doch noch eine Packung. Von dem Quietschen wird Herr Heilmann wach. Er schreckt hoch, schaut sich verwirrt um und mich aus glasigen Augen kurz an. Ich erstarre, doch er scheint mich gar nicht wahrzunehmen. Dann kippt er erneut nach hinten. Sein gleichmäßiges Schnarchen füllt wieder die Stille im Haus.
Mit meinen Koffern gehe ich auf Zehenspitzen an ihm vorbei, halte die Luft an, als ich meine Hausschlüssel leise auf den Garderobenschrank lege, und ergreife die Flucht. Die frostige Morgenluft wirkt wie eine kalte Dusche und trifft mich plötzlich wie eine Nierenkolik.
Merda! Das Öl!, schießt es mir durch den Kopf, als die Tür hinter mir ins Schloss fällt. Ich hab die Flasche mit dem kaltgepressten Extra-Vergine-Olivenöl von Onkel Peppe vergessen! Mist! Aber zurück gehe ich jetzt nicht mehr.
Mir ist schwindelig. Für einen Augenblick habe ich Schwierigkeiten, meine Gedanken zu ordnen: Wer bin ich? Was mache ich hier? Wieso ich? Es ist fünf Uhr morgens, und ich stehe auf einer Straße in einem Vorort von Krefeld. Madonna! Die Schule beginnt erst um neun Uhr. Es ist noch stockdunkel. Nun muss ich vier Stunden überbrücken. Resigniert laufe ich fröstelnd Richtung Stadt. Da ist bestimmt schon irgendwo ein Café offen, mache ich mir selbst Mut. Alles wirkt verschlafen, kein Mensch weit und breit. Endlich sehe ich das beleuchtete Schild einer Kneipe. Halb erfroren und erleichtert betrete ich die Gaststätte. Der Laden ist fast leer, nur drei Gäste sitzen am Tresen und trinken schon oder vielleicht noch Bier. Ich nehme Platz an einem Tisch in der Ecke und bestelle einen Kaffee. Die Müdigkeit steckt mir in den Knochen, und ich sehe mich verschlafen um. Als die Wirtin mir den

frisch gebrühten Filterkaffee serviert, steigt der aromatische Duft in meine Nase. So einen leckeren Kaffee hab ich noch nie getrunken, bemerke ich erstaunt.

Um neun Uhr bin ich pünktlich und samt meinen beiden Koffern in der Schule.
„Nein, da gehe ich nicht mehr hin!“, erkläre ich Frau Sommer und meinen Mitschülern, nachdem ich ihnen meine nächtlichen Erlebnisse ausführlich geschildert habe.
„Beruhigen Sie sich. Wir finden schon eine Lösung. Zur Not nehme ich Sie mit zu mir nach Hause“, sagt Frau Sommer verständnisvoll. Lächelnd fährt sie jetzt übergangslos und an die ganze Klasse gerichtet fort: „Wussten Sie eigentlich, dass Deutsch mit etwa 300.000 allgemeinen, alltäglichen Wörtern eine der wortreichsten Sprachen ist? Also, ihr könnt davon nur profitieren. Deshalb wollen wir jetzt mal wieder etwas Neues lernen.“
Meine Mitschüler und ich stöhnen leise auf. Die deutschen Tätigkeitswörter interessieren mich heute überhaupt nicht. Nur mit Schwierigkeiten kann ich dem Unterricht folgen. Meine Augen drohen immer wieder zuzufallen. Ich hab die Nacht ja kaum geschlafen und blicke einer ungewissen Zukunft entgegen. Wenigstens muss ich heute nicht auch noch zur Kochshow nach Ossendorf fahren. Ich beschließe, mir irgendwo eine billige Pension zu suchen.

Als ich nach dem Unterricht aus der Schule komme, traue ich meinen Augen kaum. Vor dem Tor empfängt mich meine komplette Gastfamilie – Vater, Mutter und Kind Heilmann. Ich stehe wie angewurzelt mit meinen Rollkoffern rechts und links in der Hand da und blicke sie ungläubig an.

Von dem nächtlichen Streit keine Spur mehr. Verschämt grinsen mich alle an. Stumm hält mir Frau Heilmann eine Tupperdose hin und macht den Deckel ab. Darin liegen Schnittchen mit Schinken, Salami und der leckeren, rosafarbenen Leberwurst-Pastete – und natürlich Gürkchen. Thorsten streckt mir die Flasche mit dem kaltgepressten Extra-Vergine-Olivenöl von Onkel Peppe stolz entgegen.
Als Herr Heilmann mir dann noch mit verschämtem Blick meinen Schlüssel überreicht, kann ich nicht anders, als die drei anzustrahlen. Ermutigt von meinem Lächeln fangen alle an, durcheinander zu reden: „Komm zurück Andreas!“, „Es tut uns leid“, „War alles nur ein Missverständnis“, „Jetzt gehen wir nach Hause!“.
Bevor ich widersprechen kann, nimmt mir Herr Heilmann meine Koffer ab, Thorsten drückt mir das Öl in die Hand, und Frau Heilmann stopft mir ein Schnittchen in den Mund.
„Danke“, sage ich mampfend und marschiere hinter ihnen her. Die Karawane nach Uerdingen zieht los.

Nachdem ich zu Hause alles wieder ausgepackt und ordentlich im Schrank verstaut habe, hole ich mein Heft heraus und schreibe die neuen Wörter auf, die ich gestern Nacht und heute Früh gehört habe:

Zigarettenspitze	*bocchino*
Führerschein	*patente*
Nichtsnutz	*buono/a a nulla*
World Of Warcraft	*World Of Warcraft*

LEKTION NR. 10 – DAS PLUSQUAMPERFEKT

„Das Plusquamperfekt erscheint in 2 Bedeutungsvarianten:
1. Plusquamperfekt zur Bezeichnung eines vorvergangenen Geschehens […] Aktzeit liegt vor Betrachtzeit, Betracht- vor Sprechzeit.
2. Plusquamperfekt zur Bezeichnung eines resultativen Geschehens in der Vergangenheit […] Betrachtzeit und Sprechzeit sind identisch, beide liegen nach der Aktzeit."

(Helbig, Gerhard/Buscha, Joachim: Deutsche Grammatik. Ein Handbuch für den Ausländerunterricht. Berlin und München 2001.)

Müde schleppe ich mich am nächsten Morgen die Kellertreppe hinauf. Auch wenn ich es mir schönrede – ich hab mich immer noch nicht an mein Schiffschaukel-Bett gewöhnt. Im Flur stutze ich kurz. Irgendetwas ist anders. Dann fällt es mir auf: Die Aspirin-Wand ist verschwunden. Was mag damit passiert sein? Grübelnd betrete ich die Küche und traue meinen Augen kaum – Familie Heilmann sitzt an einem festlich gedeckten Frühstückstisch. Ein kleiner Tannenzweig mit einer brennenden Kerze in der Mitte liegt auf einer weißen Tischdecke. Die Marmeladen stehen nicht wie sonst in schnöden Gläsern auf dem Tisch, sondern in hübschen, kleinen Schälchen, und der Toast liegt in einem Bastkörbchen bereit. Frisch gewaschen grinsen mir die Heilmanns entgegen und schmettern gleichzeitig fröhlich: „Guten Morgen, Andreas!"
„Wie hast du geschlafen? Setz dich doch. Möchtest du einen Toast? Der ist ganz frisch", strahlt mich Frau Heilmann an. Ihre Stimme klingt irgendwie auch nicht so wie sonst, zwar kratzend, aber weich.

„Guten Morgen“, sage ich lächelnd in die Runde. „Das siehte aber alles sehr schön aus.“
Das war wohl ein heilsamer Krach, denke ich innerlich lächelnd.
„Ja, nicht?! Ist ja auch Advent. Kennste dat? ‚Advent, Advent, ein Lichtlein brennt.‘ Da zündet man an den vier Sonntagen vor Weihnachten Kerzen an. Heute ist zwar Mittwoch, aber dat macht ja nichts“, strahlt sie.
„Macht ihr dat in Italien auch?“, fragt Thorsten neugierig und stopft sich eine halbe Scheibe Toast in den Mund.
„Advent? Nein, das kennen wir nicht. Aber es iste schön“, antworte ich.
„Nun greif doch endlich zu, bevor es kalt wird.“ Herr Heilmann streckt mir das Brotkörbchen entgegen.
„Vielen Dank“, antworte ich höflich und frage dann neugierig: „Was ist eigentlich mit die Aspirin-Wand passiert?“
Einen Moment lang verharrt der Arm von Herrn Heilmann in der Luft, bevor er den Toast wieder abstellt.
„Nun, wir haben beschlossen, dass wir unser Leben ganz neu angehen. Und da brauchen wir die Schmerztabletten nicht mehr. Die sind wieder in der Fabrik gelandet – da, wo sie hingehören“, erklärt er stolz.
„Und Papa und ich sind jetzt auf Diät! Wir fressen nur noch die Hälfte“, schmatzt Thorsten.
„... und nur Halbfett“, ergänzt Herr Heilmann.
„Und es gibt noch eine weitere gute Nachricht“, fährt Frau Heilmann fort. „Mein Lothar hat heute ein Vorstellungsgespräch! Ist das nicht großartig?! Ich bin so stolz.“ Verliebt lächelt sie ihren Mann an, der verschämt zurückgrinst. „Und jetzt wollen wir doch mal sehen, ob das alles gut geht.“

Sie steht auf und geht zur Kaffeemaschine. Mit der Filtertüte und einem frischen Teller setzt sie sich wieder an den Tisch. Ich bin gespannt, was jetzt wohl kommt, und schmiere mir die neue Halbfett-Pastete auf mein Vollkornbrötchen.
Thorsten verdreht heimlich die Augen, aber Lothar Heilmann beobachtet genau, was seine Frau jetzt macht. Sie kippt den Kaffeesatz auf den Teller, zieht die Filtertüte weg und fährt mit den Fingern durch das feuchte, braune Mehl. Erwartungsvoll sieht sie mich an und sagt dann: „Ich lese jetzt die Zukunft aus dem Kaffeesatz!"
„Aber macht man das nicht mit die Espresso oder Mokka?", wage ich einzuwenden.
„Ach Quatsch! Kaffee ist Kaffee", erwidert Frau Heilmann und beugt sich konzentriert über den Teller. „Ich sehe … Oh, Lothar, alles wird gut! Du kriegst den Job! Das steht hier ganz genau drin! Ist das nicht toll?" Stolz sieht sie erst ihren Mann und danach mich an. Lothar Heilmann nickt begeistert, doch ich bleibe skeptisch.
„Na, Andreas, soll ich jetzt auch noch deine Zukunft lesen? Willst du wissen, ob du bei der Show gewinnst? Oder ob du bald eine nette Freundin kennenlernst? Oder was willst du wissen? Ich kann dir alles vorhersagen!"
„Früher hat mein Onkel die Zukunft aus Zigarettenstummeln vorhergesagt, aber das hat nicht wirklich geklappt …", erklärt Thorsten, endlich nicht mehr mit vollem Mund.
„Ja klar, nur die Unwissenden glauben an so einen Quatsch. War nur ein Versuch, nichts Ernstes. Aber Kaffeefilterlesen hat Tradition, nicht wahr, Andreas?", versucht Frau Heilmann sich zu rechtfertigen.

Boah, das ist ja total bescheuert, denke ich.
„Nein, danke“, wehre ich das Angebot dann ab. „Meine Tante Maria hat das mal gemachte und alle schwere Krankheiten vorausgesagt. Jetzt geht meine Familie ständig bei kleinste Wehwehchen zum Arzt. Das ist keine gute Idee. Außerdem muss ich jetzt los, musse meine Bus zur Schule erwische. Aber vielen Dank für das schöne Frühstück und viel Gluck bei Ihrem Vorstellungsgespräch, Herr Heilmann!“
Damit erhebe ich mich und mache mich schnell auf den Weg zur Schule. Ich bin gespannt, denn heute gibt's die Hausarbeiten zurück. Ich habe mir wirklich reichlich Mühe gegeben und ein gutes Gefühl.

Als Frau Sommer mir meinen Aufsatz zurückgibt, lächelt sie mir aufmunternd zu: „Mit der Rechtschreibung und der Grammatik hapert's noch, aber das hat schon viel Schönes. Ich konnte Ihnen dafür eine gute Zwei minus geben.“

Hausarbeit von Andreas Sarto: Bitte erzählen Sie von der letzten Stunde

Die Unterricht am Dienstag war wieder mit der Frau Sommer. Und wie immer war es spannend und informativ.
Nachdem wir die Komposita durchgegangen sind, mussten wir „fehlende Wörter“ finden, die manchmal für mich kein Sinn machten.
Oder die richtigen Präpositionen an die richtige Stelle setzen. Manchmal frage ich mich, wer diese Lehrbucher eigentlich schreibt. Denkt er nicht daran, dass uns nicht nur die Worte fehlen, sondern auch den Kontext?

Nachdem wir zwei Stunden lang versucht haben, die Lücken zu füllen, war endlich Pause.
Frau Sommer hatte geschlagen vor, zusammen in ein italienische Restaurant zum Kaffeetrinken zu gehen, denn um diese Zeit hatte der Italiener um die Ecke sogar „Frohe Stunde", wie ein Deutsch-Purist sagen wurde. Oder besser bekannt auf English als „Happy Hour".
Auf dem Weg dahin fragte ich Chang Lee, ob er mir ein leckeres und bekanntes taiwanesisches Gericht nennen könnte, das ich auch selber zum Kochen ausprobieren könnte. Spontan schlug er das Nationalgericht „Kimchi" vor, das er an unsere zusammen Essen im Klassenzimmer neulich zubereitet hatte. Ob er mir das bitte aufschreiben konnte, hab ich ihm gebetet.
„Uhmm, uhmm, tas ist sehr schwieriger", murmelte er. „Tie Zutaten kenne ich nicht auf Teutsch. Aber ich kann sie tir mit Biltern beschreiben, oter ich male es tir auf!", sagte er, immer mit einem Lächeln ins Gesicht und ohne „d".
Ich nahm das Angebot an, aber fragte mich, was er damit gemeint hat. Gespannt war ich aber. Nachdem er die „Penne all'arrabbiata" abgelehnt hatte, bot ich ihm als Gegenleistung das Rezept zu „Spaghetti Carbonara" an.
Nachdem jeder seinen Cappuccino oder heiße Schokolade zum Kuchen getrunken hatte, kehrten wir wieder in die Schule zuruck. Der zweite Teil des Unterrichts verging sehr schnell. Wir mussten nichts ergenzen oder finden sondern haben uber die Verbrauchzentrale gesprochen. Das Thema waren die Banken und alles was mit Geld zu tun hatte. Naturlich hatten wir eine Menge Hausaufgaben bekommen. Die ich sehr wahrscheinlich nicht schaffen zu machen werde."

Stolz nehme ich meine Arbeit mit der guten Note von Frau Sommer entgegen. Der restliche Unterrichtstag geht schnell vorbei, denn heute freuen wir uns alle auf einen gemeinsamen Abend bei unserer Lehrerin zu Hause. Vorher fahre ich aber noch zu den Heilmanns, um mich schick zu machen.

Es ist ein schöner, klarer Winterabend in einem bürgerlichen Vorort von Krefeld – klirrend kalt und trocken –, und am Himmel strahlen die Sterne des gesamten Universums. Frau Sommer hat uns zu sich zum Grillen eingeladen. Im Dezember.
Wir Studenten sitzen auf einem Sofa und ein paar Sesseln und Klappstühlen in ihrem schönen, modernen, frisch riechenden Wohnzimmer. In den Regalen stehen ein paar Fotos von Frau Sommer und ihrem Mann, auf denen sie total verliebt und glücklich wirken. Vom Wohnzimmer aus schauen wir zu, wie unsere Lehrerin mit Schal und Kapuze auf ihrem Balkon den Elektro-Grill anmacht und das Fleisch darauflegt. Es gibt Steak, Würstchen und Schweinespieße. Wir trinken schon Bier und reden über die deutsche Grammatik, das „Plusquamperfekt", die „Zukunft I und II" und jeder hat seine Meinung dazu. Während unsere Lehrerin ab und zu hereinkommt, um sich ein neues Bier zu holen und uns im Vorübergehen kurz zu verbessern: „*Dem*, Herr Yildirim, *dem*!" Oder: „Frau de Pemba, nicht vergessen, ‚das Einzige' kann man nicht steigern!" Oder kurz nachhakt: „Satzaufbau? Herr Sarto?!" Ihre blauen Augen blicken mich intensiv an. „Subjekt, Prädikat, Objekt!", kommt es wie aus der Pistole geschossen.
Frau Sommer nickt mir zufrieden zu: „Das war sehr gut!" Danach kümmert sie sich wieder um ihr Fleisch auf dem Balkon.

Es herrscht eine ausgelassene Stimmung. Das Bier ist kalt, und wir bedienen uns. Beim zweiten Glas reden wir schon ziemlich wild durcheinander – über Filme, Politik, TV und Sex.
Von mir wollen alle ausführlich hören, wie es denn nun eigentlich hinter den Kulissen in einem großen TV-Studio läuft. Ich versuche, die Fragen möglichst ausführlich und anschaulich zu beantworten: „Da ist immer sehr, sehr viele los. Vor jeder Show musse ich in die Maske. Das bedeutet Schminken. Im Fernsehen sind alle geschminkt, nicht nur die Frauen, auch die Männer. Erst kummert sich eine Dame um mein Make-up, eine um meine Haare. Ich habe sogar eine Kostumfrau, die bugelt mein Hemd vor jede Sendung. Alles genau wie bei den große Stars. In Studio sind alle etwas übergewichtig. Ich glaube, Fernsehen macht dick – nicht nur die, die das machen, sondern auch die Leute, die stundenlang vor der Glotze sitzen. An eine Tag saß in der Garderobe so ein Star, ich weiß den Namen nicht mehr, aber dem war ein Knopf an seiner Hose abgeplatzt. Direkt vor seinem Auftritt. Der hat einen riesigen Aufstand gemacht, und meine arme Kostumfrau musste all seinen Frust vertragen. Das war eine große Aufregung. Zum Gluck kam dann seine persönliche Kostumbildnerin und …“
In diesem Moment öffnet sich die Balkontür, und Frau Sommer kommt mit einer großen Platte Fleisch und dem angenehmen Geruch nach gegrillten Speisen herein. Wir Studenten sind schon leicht angetrunken. Durcheinanderschwatzend und hungrig machen wir uns über das Essen her. Es schmeckt köstlich.

Als wir alle dann satt am Tisch sitzen, geraten die Gespräche langsam ins Stocken. Alle sind müde und erschöpft von dem

langen Tag in der Schule, den vielen Gesprächen auf Deutsch und dem reichhaltigen Essen. Als Erster geht Chang Lee nach Hause. Dann verabschiedet sich Lydia und nimmt in ihrem Wagen gleich auch Marali mit. Sie müssen leider in eine andere Richtung als ich, also trinke ich noch ein Bier und unterhalte mich weiter mit Frau Sommer und Mustafa.

Ich sage nicht viel, weil ich das Gefühl habe, dass Mustafa sehr interessiert an unserer Lehrerin ist. Die beiden sitzen nebeneinander auf der Couch und bei jedem Satz rückt er ein Stückchen näher an sie heran. Was mich irritiert, ist, dass sie beim Antworten wiederum meist mich anguckt. Ich verstehe die ganze Situation nicht.

Schließlich beschließe ich, mich zu verkrümeln, um nicht weiter das Tête-à-tête zu stören. Doch kaum mache ich Anstalten, zu gehen, fährt Frau Sommer dazwischen: „So, Herr Sarto, wir müssen dann ja auch noch über Ihre neue Wohnung reden."

Eigentlich besteht das Problem ja nicht mehr seit der großen Aussöhnung im Hause Heilmann und meinem Wiedereinzug bei ihnen. Aber wenn Frau Sommer diesbezüglich noch Gesprächsbedarf hat, soll mir das recht sein.

Als Mustafa keine Anstalten macht, zu gehen, spricht sie ihn direkt an: „Herr Yildirim, es ist ja auch schon spät. Sie müssen den Bus nach Krefeld doch auch noch kriegen."

Er starrt sie entsetzt an, schickt mir einen bösen Blick, fügt sich dann aber in sein Schicksal und verabschiedet sich. Während sie ihn zur Tür geleitet, lächelt sie mich aus leicht glasigen Augen an: „Herr Sarto, Sie bleiben noch. Wir müssen ja noch über Ihre Wohnsituation sprechen." Beharrlich wiederholt sie es noch mal. Verwirrt bleibe ich sitzen.

Als sie ins Wohnzimmer zurückkommt, strahlt sie mich an: „Hier! Trinken wir noch einen Schluck und trinken Brüderschaft, ich bin die Stephanie.“
Aber das weiß ich doch, denke ich verwundert. So hat sie sich doch gleich in unserer ersten Unterrichtsstunde vorgestellt.
Leicht schwankend zieht mich Frau Sommer mit aufs Sofa und hält mir einen Schnaps entgegen. Unsicher nehme ich das kleine Glas und weiß nicht so recht, wie mir geschieht, als meine Lehrerin ihren rechten Arm mit einer geschmeidigen Bewegung um meinen Arm wickelt und mir bedeutet, so verknotet zu trinken.
„Brüderschaft!“, lallt sie aufgekratzt und hebt ihr Glas leicht an. „Auf ex!“
Ich füge mich in mein Schicksal und nippe ein wenig an dem scharfen Schnaps. „Andreas“, stelle ich mich dann mit schwerer Zunge mal wieder vor.
„Nein, nein, so geht das nicht“, schüttelt Frau Sommer den Kopf, meinen Arm immer noch im Klammergriff. „Das Zeug muss in einem Zug runter. Sonst gilt es nicht.“ Sie schenkt sich nach und füllt mein Glas wieder randvoll. Ich sehe keinen Ausweg, schließe die Augen und stürze den Schnaps auf ex runter.
„Brav, mein großer Italiener“, säuselt Frau Sommer dicht an meinem Ohr. „Magste noch so’n Kleinen?“ Und bevor ich widersprechen kann, ist mein Glas schon wieder voll.

Immerhin löst sie jetzt die Umklammerung und ich atme erleichtert auf. Doch schon im nächsten Moment schrecke ich wieder zusammen, als das Gesicht meiner Lehrerin direkt vor meinem auftaucht. Sie hat die Augen geschlossen und die Lippen gespitzt. Gebannt starre ich auf die beiden roten Wülste, die sich

mir entgegenstrecken. Als ich nicht reagiere, blinzelt Frau Sommer: „Los, für Brüderschaft muss man sich ein Küsschen geben. Sonst gilt's nicht."
Und schon drückt sie mir einen feuchten Riesenschmatzer auf meinen Mund.
Ich lecke mir mit der Zunge über meine Lippen und denke: Den Schnaps im Glas kann ich mir eigentlich sparen. An ihren Lippen war noch genug dran. „Aber Frau … Äh, Stephanie, das hat doch alle kein Fuß und Boden, was wir hier machen …"
Für einen kurzen Moment wird ihr Blick etwas klarer. „Das heißt Hand und Fuß, Andreas. Das musst du dir merken. Aber wenn du willst, hat das auch Fuß und Boden. Egal … Am Ende landen wir ja doch auf dem Boden", lallt sie grinsend und droht, vom Sofa zu rutschen.
„Vorsicht! Hand und Fuß, Stephanie. Ich werde es schon noch lernen …"
Frau Sommer strahlt, und schon stößt sie wieder mit mir an. „Jetzt sind wir per du und darauf müssen wir unbedingt noch einen trinken! Prost, mein süßer, kleiner Italiener, Andreas!"
Also kippe ich mir auch den zweiten Schnaps noch in den Magen. Es dreht sich alles.
Plötzlich höre ich ein Schluchzen und sehe mich irritiert um. Das ist Frau Sommer, die da weint.
„Oh, Frau Sommer, was ist denn?"
„Stephanie", schnieft sie laut auf.
„Okay, Stephanie, was ist denn los?"
„Ach, weiß'u Andreas, die Liebe verblasst, und am Ende bleibt nichts mehr. Halt dich an niemandem fest, also zumindest nicht zu lange."

„Äh, wen meinen Sie, Verzeihung, Stephanie, wen meinst du?"
„Dieser Arsch hat mich verlassen, für eine jüngere Frau", schnieft sie. „Er ist überhaupt nicht beruflich unterwegs … Er hat mich seit Monaten belogen und betrogen. Nun sitze ich auf den Kreditraten für die Wohnung … Ich hab ihn so geliebt, und jetzt ist er woanders."
Heulend fällt sie in meine Arme. Mir ist das total unangenehm. Das ist, wie in eine Kartoffel zu beißen, und sie ist noch „al dente". Man hat dann einen unangenehmen Geschmack im Mund. Ich versuche, sie zu trösten, und sage etwas Belangloses: „Glauben Sie mir, Frau Sommer, es gibt immer noch einen Sommer …" Unsicher klopfe ich ihr auf die Schulter und versuche, sie zu beruhigen. „Sehen Sie doch mal aus eine andere Perspektive … äh, Stephanie. Die Trennung ist eine gute Chance für etwas anderes, etwas Frisches! Was willste du mit einem Betrüger? Nichts! Menschen ändern sich nichte. Dein Mann wird die andere auch betrügen, so wie er es gemacht hat mit dir … Ein Gluck, dass du ihn los bist!"
„Ach, wahrscheinlich hast du recht. Aber es ist so schwer … Sag was Romantisches auf Italienisch, Andreas. Ich finde deine Sprache so schön und beruhigend."
Ich bin total überfordert, und mir will spontan nichts Passendes für diese Situation einfallen. Also beginne ich das Erstbeste, das mir in den Kopf kommt, vor mich hinzustottern: „Giro giro tondo quanto è bello il mondo …" Dass es sich dabei um einen alten Abzählreim für Kinder handelt, ist Frau Sommer zum Glück völlig egal.
Ergriffen seufzt sie an meiner Schulter und langsam hört sie auf zu weinen. Ich bin sehr froh über die hypnotische Wirkung

meiner Muttersprache, denn mein Hemd ist inzwischen an der Schulter völlig durchnässt. Mit tränenverschmierten Mascara-Augen sieht Frau Sommer mich an und lächelt schief: „Oh, wie schön … Ach, Andreas …“ Sie kuschelt sich enger an mich.
Langsam wird mir das Ganze unheimlich und ich überlege hektisch, wie ich sie vielleicht doch umstimmen kann. Immer noch besser, sie versöhnt sich wieder mit ihrem Mann, als dass ich als potenzieller Tröster zum Einsatz kommen muss.
„Wieso versuchen Sie … du nicht, mit ihm noch mal zu sprechen, Stephanie?“
„Mit Betrügern rede ich nicht“, kommt es aus ihr hervorgeschossen.
Plötzlich fahren ihre Hände zärtlich durch mein Haar. „Du hast wirklich schönes, kräftiges Haar.“
Unsicher nicke ich.
„Ja, danke …“, stammle ich. „Aber ich glaube, ich habe eine Idee, wie Sie … du kannst deine Mann zurückbekommen.“ Ungläubig sieht sie mich an und ich spreche schnell weiter: „Liebe geht durch die Magen, stimmt’s?!“
„Ja, mein Koch!“, haucht sie. „Ich koche alles für dich.“
„Nein, nein, nicht für mich, sondern für deine Mann. Ich mache Ihnen ein Menü, womit deine Mann wieder in dich verliebt wird.“
„Meinst du? Ich will ihn aber gar nicht wiederhaben. Er ist ein Betrüger!“
„Ja, ich weiß … Aber falls du es dir morgen anders überlegst, musst du ihm so eine Abendessen kochen.“ Frau Sommer hört gespannt zu.
„Als Erstes gibte es den Aperitivo: Prosecco con Fragole, also mit Erdbeeren. Dann zwei Vorspeisen: Capesante al forno und

Gamberetti in Salsa rosa, das heißte überbackene Jakobsmuscheln und Garnelen in Sauce rosa. Der erste Hauptgang iste Risotto allo Zafferano, also Risotto mit Safran und der zweite Hauptgang sind Uova tartufate – Eier mit Trüffeln.
Bitte nicht so viele Alkohol trinken und ein bisschen Atmosphäre machen mit Rosa und Grün, die Farben des Herzens.
Das Essen allein macht noch keine Wunder. Die fundamentalen Zutaten für ein verfuhrerisches Abendessen sind laut Traditione: Erdbeeren, Paprika, Safran, Eier, Trüffel, Rucola, Garnelen oder andere Schalentiere oder Meeresfrüchte wie Jakobsmuscheln und Mandeln.
Alles super lecker und super verfuhrerisch. Ich sage dir, wie du es machen musst, ist ganz einfach. Morgen in die Schule ich gebe dir die genauen Rezepte."
„Ach, Andreas … Ich weiß nicht. Ich will lieber …", lallt sie undeutlich.
„Ich glaube, es ist besser, wenn Sie jetzte ins Bett gehen, Frau Sommer … und ich nach Hause."
„Stephanie! Du sollt mich duzen. Ich bin die Stephanie und du der Andreas. Darauf müssen wir jetzt gleich noch einen trinken. Wo ist denn die Flasche?"
Sie sucht den Boden neben dem Sofa ab, doch ich habe die Flasche mit dem Fuß ein bisschen außer Sichtweite geschoben. Inzwischen scheint Frau Sommer den Schnaps aber auch schon wieder vergessen zu haben. Stattdessen richtet sie sich ein wenig auf, strafft die Schultern, schiebt ihren Busen nach vorn und fährt sich mit der rechten Hand durch ihre blonden Haare. Dabei lächelt sie mich verführerisch an. Fasziniert beobachte ich sie und wappne mich schon für ihren nächsten Angriff. Doch plötzlich

verdreht sie die Augen und kippt im selben Moment auf der Couch zur Seite.
Vorsichtig tätschele ich ihre Hand, doch sie reagiert nicht. Stattdessen lausche ich ihren regelmäßigen Atemzügen. Ich überlege einen Moment lang, ob ich sie wecken soll, entscheide mich dann aber dafür, lieber aufzustehen, ihre Beine aufs Sofa zu heben und ihr eine Decke überzulegen. Dabei bemerke ich, dass meine Vermutung richtig war – ihre blonden Haare sind nicht echt, ein verräterischer schwarzer Ansatz ist zu sehen.
Schnell suche ich meine Sachen zusammen und ziehe leise die Wohnungstür hinter mir zu. Was war das? Meine Gedanken sind wie zerhackt. In meinem Schädel dreht sich alles, und ich muss von dem Schnaps aufstoßen. Ich kann nicht ganz verstehen, was gerade geschehen ist. Wollte sie tatsächlich etwas von mir? Meine Lehrerin? Und wäre das wirklich so schlimm gewesen? Ich bin völlig durcheinander. Vielleicht hätte ich die Gelegenheit nutzen sollen. Sie ist doch recht attraktiv … Vielleicht sollte ich … Reflexartig versuche ich, die Tür wieder aufzudrücken. Als sie nicht nachgibt, flüstere ich im stillen Treppenhaus: „Frau Sommer? Stephanie?!" Doch nichts geschieht. Vielleicht doch besser so. Ich ziehe meinen Mantel eng um mich und versuche, mich in der kalten Wirklichkeit zurechtzufinden. Wie komme ich bloß von hier wieder weg?
„Ein kleiner Italiener … alleine … Krehefeld …", summe ich ganz automatisch vor mich hin und marschiere los in die frostige, klare Nacht.

LEKTION NR. 11 – DAS PRÄTERITUM

„Das Präteritum bezeichnet vergangene Sachverhalte. Aktzeit und Betrachtzeit sind identisch; beide liegen vor der Sprechzeit. Das Präteritum enthält keinen Modalfaktor. Es wird sowohl in der allgemeinen Umgangssprache als auch in der Dichtersprache gebraucht […]. Zum Präteritum kann eine fakultative Temporalangabe (gestern, im vorigen Jahr, neulich, 1914 u. a.) treten, die jedoch an der Vergangenheitsbedeutung nichts ändert."

(Helbig, Gerhard/Buscha, Joachim: Deutsche Grammatik. Ein Handbuch für den Ausländerunterricht. Berlin und München 2001.)

Seit einer Viertelstunde sitzen wir im Klassenraum und warten auf Frau Sommer. Mir ist die Begegnung von gestern noch etwas peinlich. Wie wird meine Lehrerin reagieren, nachdem sie mit mir Brüderschaft getrunken hat? Mustafa hat mich heute noch keines Blickes gewürdigt. Ob er eifersüchtig ist? Aber warum? Ich will doch gar nichts von unserer Lehrerin. Draußen in der Therme ist heute nicht viel los. Ein paar nackte Frauen schwimmen da herum, das ist alles. Ich löse meinen Blick, hole mein Heft raus und blättere es durch. Außer den neuen Wörtern habe ich angefangen, mir auch ein paar Aufschriften von Schildern zu notieren, die ich hier und da gesehen und nicht verstanden habe. Ich lese mir noch mal alle durch:

Wurzel Schädel

Besamungshalle – Es ist verboten während der Besamung zu rauchen oder den Bullen durch Gelächter abzulenken!

Beschäumung Heizöllager

Schuhe bitte abtreten

Aus hygienischen Gründen wird diese Toilette videoüberwacht.

Es ist verboten sich auf dem Hof aufzuhalten, zu Schwatzen und sich zu übergeben.

Da geht die Tür auf und Frau Sommer erscheint. Ihr blonder Pagenkopf sieht auf der rechten Seite ein bisschen zerdrückt aus. Unter ihren Augen prangen dunkle Schatten. Unruhig gleitet ihr Blick über uns und bleibt an mir hängen. Ein Lächeln huscht über ihr Gesicht: „Guten Morgen, Freunde! Das war ja ein toller Abend gestern, oder?!“ Erwartungsvoll sieht sie in die Runde.
„Ja, Grillen war sehr lecker!“, stimmt Lydia ihr zu. Mustafa und ich nicken stumm.
„Und ihr seid alle früh gegangen, oder?!“ Fragend blickt sie mich an. Ich weiß nicht, was ich darauf antworten soll, und nicke einfach wieder.
„Manche früher, andere später, weißt du“, knurrt Mustafa.
Frau Sommer sieht ihn irritiert an.
„Was meinen Sie, Herr Yildirim?“
„Ach, nicht. Ich hab *den* letzte Bus jedenfalls noch gekriegt …“
„Ich bin kurz nach dich gegangen und bis zur Bahn gelaufen“, beeile ich mich zu sagen, „aber das war gar nicht so schlimme …“
In Frau Sommers Gesicht ist deutlich zu sehen, dass ein Stückchen Erinnerung an den gestrigen Abend aufblitzt. Sie reibt sich peinlich berührt die Nase. Ich erinnere mich an den Schnaps-Kuss meiner Lehrerin. Hektisch stößt sie hervor: „So? Ach ja … Also … Na, dann sind ja wohl alle gut wieder nach Hause gekommen … Oder, Andreas?!“

„Ja, Stephanie", platze ich heraus. Ich blicke in ihre schreckgeweiteten Augen und korrigiere mich sofort. „Äh, Frau Sommer! Tutto bene."
Sie atmet hörbar aus. „Nun, dann wollen wir mal wieder ein bisschen was lernen. Heute geht es um den Gliedersatz. Früher nannte man einen derartigen Satz Nebensatz, weil er von dem Hauptsatz abhängig ist. Heute verwendet man statt Nebensatz lieber den Begriff ‚Gliedersatz'. Ich gebe euch mal ein Beispiel: Marali kann nicht mehr in ihre Heimat fahren, weil sie im Exil ist. Sie ist im Exil, weil sie lesbisch ist." Sie hält inne. „Also korrekt ist das nicht, also ich meine, der Satz schon, aber der Inhalt … Ich meine, es ist alles so verrückt, so sinnlos. Ich weiß auch nicht … Ich …" Sie stockt und schreibt weiter an die Tafel. Irritiert sehen wir Frau Sommer an, schreiben dann aber alle brav den Satz von der Tafel ab. Der Rest des Vormittags verläuft in geordneten Bahnen.
Kurz vor der Mittagspause erkläre ich, dass ich leider wieder früher gehen muss, weil heute das Halbfinale der Kochshow ansteht. Frau Sommer schüttelt tadelnd den Kopf, lässt mich aber mit dem üblichen Satz ziehen: „So lernen Sie nie richtig Deutsch, Herr Sarto! Trotzdem viel Glück für die Sendung."
„Danke. Und hier, wie versprochen, die Rezepte für Ihr Dinner, Frau Sommer." Ich überreiche ihr ein paar Zettel mit allen Rezepten für das verführerische Abendessen, über das wir gestern gesprochen haben. Sie schaut kurz drauf und steckt sie in die Tasche.
„Ach, ja, genau … Si …", murmelt sie leise.
„Achtung, Freunde!", höre ich sie noch im Flur und muss laut lachen.

Ich gehe dann mit meinem Rollkoffer direkt von der Schule aus in die Stadt, um ein paar frische Zutaten einzukaufen. Ich betrachte die weihnachtlich geschmückte Innenstadt. Endlich hat sich Krefeld-City mit tausenden blinkenden Lämpchen, glänzenden Sternen und Tannengrün herausgeputzt, um der tristen Winterzeit ein bisschen heimelige Wärme zu geben. Auf dem Marktplatz ist ein festlicher Weihnachtsmarkt aufgebaut. Der Geruch von Glühwein, Feuerzangenbowle und Grog zieht mir in die Nase. Sofort muss ich an den Schnaps denken, den ich in Deutschland bisher schon getrunken habe, und ein Anflug von Kopfschmerz kriecht meinen Nacken hoch. Zum Glück steigt mir ein paar Meter weiter der verführerische Duft von gebrannten Mandeln und gerösteten Maronen in die Nase.
Vielleicht sollte ich ein Gericht mit Maronen kochen, überlege ich, doch dann könnte ich mein leckeres „Trippa"-Gericht, das ich für heute geplant habe, nicht machen. Wie heißt das noch mal auf Deutsch …? Ach ja, Pansen … Klingt irgendwie nicht so toll wie auf Italienisch, aber schmeckt bestimmt auch hier gut. Nein, ich bleibe lieber dabei und steuere den nächsten Schlachter an. Nach und nach sammle ich alle meine Zutaten fürs Halbfinale zusammen.
Als ich alles erledigt habe, laufe ich durch die „Fußgängsterzone" Richtung Bus. Und da steht meine Ampel. Wie immer auf Rot. Ich verlangsame meine Schritte und erreiche die Kreuzung. Genau in diesem Moment springt sie um. Ungläubig starre ich das grüne Männchen an.
Das gibt's doch nicht! Es ist grün! Ich kann es nicht fassen.
Jeder hat seine Ampel als Schicksal. Die Ampel ist eine Metapher für das Leben. Der eine bekommt immer Grün und marschiert

ohne Hindernisse durchs Leben. Der andere muss ständig abwarten, ob es weitergeht oder nicht. Sein Leben ist ein ewiges Gelb. Und für manche ist immer Rot. Sie werden ständig ausgebremst und müssen warten. Rot steht für Stopp, wie die Rote Karte beim Fußball.
Aber heute habe ich Grün! Ich bin stolz und begeistert, als hätte ich einen Elfmeter geschossen. Oder besser, als hätte ich ein Spanferkel ganz alleine am Spieß gebraten! Ich bin glücklich und genieße den großen Moment. Aber keiner ist da, der ihn mit mir teilt … Wo ist das rauchende doppelte Zwillingspaar, wenn man es mal braucht?

Ohne Zwischenfälle erreiche ich das Studio, wo mich schon eine aufgekratzte Schotty empfängt – heute in einem knallgrünen Minirock: „Hallo Andreas, dann komm mal gleich mit in die Maske. Heute ist ja das Shooting, und nachher machen wir die Presseinterviews. Alles klar?!"
Verwirrt sehe ich sie an. „Wie? Was? Shooting? Wer schießt auf wen?"
Sie lacht laut: „Nein, nein, alles völlig ungefährlich. Wir machen doch das Fotoshooting mit den drei letzten Kandidaten, damit wir von jedem von euch ein Starfoto haben. Und je nachdem, welche beiden heute weiterkommen, deren Bilder kriegt dann die Presse. Fürs Finale. Verstehst du?"
Ohne meine Antwort abzuwarten, drückt sie meinen Zutatenkoffer einer Assistentin in die Hand und zieht mich mit.
Plötzlich klingelt mein Handy. Jemand brüllt: „Handy aus, Handy aus!", aber mir ist das egal, denn beim Blicks aufs Display erkenne ich: Mamma ist dran!

„Pronto Mamma! Ach Oma, du bist dran. Sì, tutto bene, ma adesso non posso parlare, sono in studio. Nonna? Ja, alles gut, ich bin im Studio! Das glaube ich nicht, jetzt parlo Deutsch mit dir. Ja, bene, danke. Si, ich dich auch, Oma. Baci." Ich lege auf und starre auf mein Handy. Das letzte Mal habe ich als Kind mit meiner Oma Deutsch gesprochen. Ein komisches Gefühl.
„Hallo, was machst du? Wir hängen! Los, beweg dich, bitte!" Schotty bringt mich wieder ins Studio zurück.

Eine halbe Stunde später stehe ich geschminkt und schick angezogen in einem anderen kleineren Studio, wo ein Foto-Hintergrund aus Papier und große Scheinwerfer aufgebaut sind. Ein Fotograf gibt mir Anweisungen, mich genau in die Mitte zu stellen und zu lächeln. Ich versuche, wie die Models zu posieren, die ich in „100% Prominent" gesehen habe. Doch der Fotograf scheint nicht so recht zufrieden mit meinen Verrenkungen zu sein. Nach ein paar Versuchen ruft er genervt nach hinten ins dunkle Studio: „So kann ich nicht arbeiten! Immer diese Laien. Ist hier irgendjemand, der diesen Koch-Heinis mal sagen kann, wie man ein anständiges Fotoshooting macht?"
Ich lasse die Schultern hängen.
Da schießt plötzlich eine kleine, blonde Frau aus dem Dunkel hervor und ruft laut mit gekünstelter Stimme: „Phillippe-Schatz, mach dir keine Sorgen. Du kriegst dein Foto. Ich kümmere mich sofort darum!" Sie stürzt aufgeregt auf mich zu. „Hallo, ich bin Silke, Silke Käfer von Käfer-Entertainment GmbH. Ich mache das Management von Antje. Ist sie nicht hinreißend, mein Star?!", legt sie wie ein Maschinengewehr los und streckt mir ihre Hand entgegen.

Eine weiche, feuchte Patschhand ergreift meine. Fühlt sich an wie ein toter Fisch, denke ich und ziehe instinktiv meine Hand zurück. Sie spricht lauter als alle anderen, als höre sie schwer. Vielleicht hört sie tatsächlich schwer und liest von den Lippen. Na gute Nacht ... Bei mir muss sie sich dann ziemlich anstrengen. Ohne eine Reaktion von mir abzuwarten, spricht sie weiter: „Du bist doch der Italiener, oder?! Sergio, Paolo, Antonio? Ach, ist ja auch egal. Wenn du hier gewinnst, und danach sieht es für mich eindeutig aus ... Ich kenne mich aus. Du kannst mir glauben. Ich hab schon so viele Stars gemacht ... Also, Silvio, wenn du Fünf-Sterne-Koch wirst, dann bist du ja ein Star. Und ein Star braucht ein Management. Ohne geht's heutzutage nicht. Also, machen wir gleich einen Vertrag? 25 Prozent und ich mache alles für dich. Du brauchst dich um nichts zu kümmern. Vertrau mir. Ich krieg das hin. Also, was ist?" Atemlos hält sie inne.
Ich betrachte die hektische, kleine Frau mit den krummen Beinen, die aufgeregt fuchtelnd auf mich einredet. Oh Mamma mia, die hier ist eine echte Labertasche! Was ist das für ein Job? Sie kann bestimmt nichts und sucht sich berühmte Leute, um sich dann in deren Erfolg zu sonnen und sich wichtig zu fühlen. Nein, nicht mit mir! Ob ich trotzdem eine Managerin brauche? Wenn ich so an Antje Miesdam denke ... Die moderiert immerhin eine große Abendshow. Aber vielleicht hätte sie ohne die aufgeregte, kleine Frau eine bessere Show bekommen. Nee, die Tante brauche ich wirklich nicht. Die wird sich bestimmt auch in mein Privatleben einmischen. Fehlt nur noch, dass sie zu mir nach Hause kommt. Nein danke!
Die schrille Stimme von Silke Käfer reißt mich aus meinen Gedanken. „Jaaaa, genau das ist es! Dieses verträumte Lächeln! Das

wollen die Leute sehen. Halt das, Gianni! Phillippe, drück drauf! Jetzt hat er's. Sag ich doch. Silke macht das. Hopp, hopp, wir haben doch nicht den ganzen Tag Zeit. Mein Star muss noch zu den Interviews. Antje darf man nicht warten lassen. Also, los jetzt."

Mit ihrer künstlichen Hektik bringt sie den Fotografen durcheinander. Er drückt wieder und wieder ab, und ich versuche, in dem grellen Scheinwerferlicht das verträumte Lächeln zu halten.

Nachdem es mir gelungen ist, die stressige Managerin loszuwerden, und noch ein paar Interviews gemeistert habe, beginnt endlich die Sendung.

Ich koche heute eine ganz besondere Spezialität: „Trippa alla Romana". Als ich den Namen des Gerichts vor der Kamera nenne, lacht das Publikum.

Antje starrt mich entsetzt an und platzt heraus: „Du willst Tripper kochen?! Um Gottes willen, was ihr Italiener so alles esst …"

„Aber das ist lecker! Trippa ist Pansen klein geschnitten mit Minze. Köstlich!"

„So, so … Nun ja … Pansen? Das klingt ja sehr interessant … Äh, da bin ich mal gespannt. Da darf die Jury sich ja auf ein leckeres Gericht freuen", versucht die Moderatorin ihren Ekel zu überspielen, doch die Juroren gucken mich angewidert an. Aber ich lasse mich nicht beirren und brutzle mein Halbfinal-Gericht. Es dampft überall! Aus dem Augenwinkel sehe ich, wie die anderen zwei Kandidaten Gas geben. Jeder von uns will weiterkommen. Ich schneide, brate, schwitze. Dabei lache ich halbwegs locker in die Kamera, wenn sie in meiner Nähe ist. Mein „Trippa alla Romana" muss einfach gelingen!

Sarah mit den langen Fingernägeln hat Schwierigkeiten, die Zwiebel zu schneiden. Sie tut mir einen Moment lang leid, aber dann konzentriere ich mich schnell wieder darauf, meine eigene Zwiebel zu zerschneiden, ohne zu weinen.
Glücklicherweise werde ich rechtzeitig fertig und blicke gespannt in die Gesichter der Jury, als sie die Teller schließlich vor sich stehen hat. Bei der Dekoration habe ich mir diesmal besondere Mühe gegeben und die Portionen in den Farben der italienischen Trikolore geschmückt – mit roten Tomaten, weißem Pansen und grüner Minze. Ich finde, dass diese Kombination sehr verführerisch aussieht, doch die Juroren stochern wenig begeistert in ihrem Essen herum, bis Antje sie antreibt: „So, liebe Jury, dann mal ran ans lecker Essen! Das sieht doch köstlich aus, und wie das duftet! … Jetzt müsst ihr aber auch probieren. Wir wollen doch endlich wissen, welche beiden Kandidaten ins große Finale einziehen!"
Schließlich führt Mia Kirschenhofer vorsichtig ihre Gabel zum Mund. Hartmut Berger beobachtet fasziniert und ungläubig, wie der Pansen in ihrem Mund verschwindet. Langsam beginnt sie zu kauen.
Ihre Mimik verrät nicht, ob es ihr schmeckt oder nicht. Ich bin sehr erleichtert, als sich ein seliges Lächeln auf ihrem runden Gesicht ausbreitet. „Mmmmmhhhhhh!", entfährt es ihr, sie nimmt eine zweite Gabel voll und stopft sie in den Mund. Jetzt scheinen auch die anderen beiden Juroren meiner Kochkunst zu trauen und greifen herzhaft zu.
„Dann will ich das auch probieren!", quietscht Antje und schnappt sich ihren Extrateller mit Pansen. Als auch sie genießerisch die Augen schließt, fällt mir ein Stein vom Herzen.

Ohne groß zu kommentieren, futtern sich die Juroren durch die Gerichte der drei Kandidaten, und Antje kündigt die Werbepause an. Die Lichter gehen aus und wir bleiben im Halbdunkel. Während der Werbung herrscht im Studio Totenstille. In einer Ecke beratschlagen die drei Prominenten über unser Schicksal. Ein kleiner Streit entwickelt sich. Aus der Ferne kann ich nicht verstehen, was los ist.
„Oh, Madonna mia“, rutscht es mir leise heraus. Ungeduldig warte ich, dass die Werbeunterbrechung endlich zu Ende ist.
Dann brüllt Schotty: „Achtung, Freunde, noch 30 Sekunden! Wo ist der Aufnahmeleiter?“
„Hier …“ Aus der Dunkelheit erklingt eine verschlafene Stimme.
„Kannst du runterzählen, damit alle wissen, wann's wieder losgeht?“
Doch er kommt nicht mehr dazu, denn dramatische Musik ertönt und das Licht der Scheinwerfer wirbelt umher. Antje ist schon in der Mitte des Studios. Ich habe nur Augen für den Umschlag in ihrer Hand. Langsam öffnet sie ihn, um die Namen der Kandidaten für das Finale zu verkünden.
„Ja, das ist spannend!“ Sie macht eine unnötig lange Pause, bevor sie mit sich überschlagender Stimme ausruft: „Also eins ist sicher: Jan ist dabei!“ Tosender Applaus unterbricht sie. Sie wartet, bis es wieder ruhig wird und man die Spannungsmusik hören kann. Dann blickt sie mit dramatisch aufgerissenen Augen direkt in die Kamera und fragt: „Und wen werden wir im Finale außerdem beim Kochen erleben? Andreas oder Sarah?“
Als sie schließlich laut „Andreas!“ ruft, schreie ich meine Freude und Anspannung hinaus: „Jaaaa! Ich hab's geschafft! Mamma! Deine Sohn ist im Finale!“, brülle ich direkt in die Kamera.

LEKTION NR. 12 – DER FINALSATZ

„Der Finalsatz ist an ein personales Subjekt gebunden. Er drückt eine Absicht, einen Zweck, ein Ziel aus. Der finale Sinn ist mit einem Willenselement verbunden, das auf die Realisierung eines Geschehens gerichtet ist.“

(Helbig, Gerhard/Buscha, Joachim: Deutsche Grammatik. Ein Handbuch für den Ausländerunterricht. Berlin und München 2001.)

Heute ist unsere letzte Stunde in der Volkshochschule. Zur Feier des Tages trägt Frau Sommer eine Weihnachtsmannmütze und hat jedem einen kleinen Schokoladen-Nikolaus an seinen Platz gelegt. Es scheint ihr wieder gut zu gehen. Anscheinend hat sie meine Rezepte „Aphrodisiakum für zwei“ ausprobiert. Nachdem wir, nicht sonderlich konzentriert, die „verblosen Sätze“ durchgearbeitet haben, packt Frau Sommer eine Thermoskanne aus. Ein süßlicher Geruch zieht durch das Klassenzimmer. „Das ist Glühwein, den hab ich selber gemacht. Hmmmm, riecht das gut. Ihr habt ihn bestimmt schon die Tage auf jedem Weihnachtmarkt gerochen oder sogar schon getrunken!“
Mit einem Lächeln schenkt sie jedem von uns ein kleines Schlückchen ein. Es scheint in Krefeld bei jeder Gelegenheit ein alkoholisches Getränk zu geben. Dazu lassen wir uns die Schoko-Weihnachtsmänner schmecken.
„Bei uns sagt man ‚Frohe Weihnachten‘, und wie sagt man das in eurer Muttersprache?“, fragt Frau Sommer, während sie an ihrem Getränk nippt.
Marali in Swahili: „Krismasi njema!“
Mustafa auf Türkisch: „Mutlu Noeller!“
… und ich auf Italienisch: „Buon Natale!“

Lydia und Chang Lee lässt sie die Weihnachtsgrüße mit den entsprechenden Schriftzeichen sogar an die Tafel schreiben. Lydia: „З Різдвом!“ und Chang Lee auf Chinesisch: „圣诞节快乐!“.
Etwas traurig verabschieden wir uns dann voneinander, versprechen uns gegenseitig, in Kontakt zu bleiben, und dann geht jeder seiner Wege. Meiner führt mich ins Café Meyer in der Innenstadt. Das Café ist in dieser Woche ein vertrauter Ort für mich geworden. Dort habe ich heute einen wichtigen Termin.
Vorhin erst, nur einen Tag vor dem Finale, hat sich unglaublicherweise eine Journalistin von „100% Prominent“ bei mir gemeldet. Sie möchte ein Interview mit den letzten beiden Kandidaten machen und ist dafür sogar bereit, von Köln nach Krefeld zu kommen. Wir haben uns in dem kleinen Café in der Innenstadt verabredet. Es ist fast leer. Ich suche mir einen Platz etwas abseits und bestelle mir ein Spezi. Dieses Getränk habe ich hier entdeckt. Eigentlich ist es nur Fanta mit Cola, aber Spezi klingt in meinen Ohren sehr cool! Ich trinke langsam und behalte den Eingang im Auge. Als eine Frau das Café betritt, zucke ich zusammen. Ich hoffe inständig, dass diese aufgetakelte, stark geschminkte Puppe nicht Frau Schmidt von der Illustrierten ist. Ich atme aus, als sie mich nicht beachtet und sich woanders hinsetzt. Gleich danach betritt ein Typ in schwarzem Leder den Laden und nimmt neben ihr Platz.
Ja, die beiden passen gut zusammen, schmunzle ich und behalte weiter die Tür genau im Auge.
Meine Aufregung steigt, denn bisher habe ich „100% Prominent“ nur gelesen und nun gebe ich selbst ein Interview. Ich bin immer noch fassungslos, wenn ich darüber nachdenke. Mir ist das Ganze irgendwie auch peinlich, denn die Promis, die in dem

Heft drin sind, sind – wie soll ich sagen – irgendwie abgedreht oder ubergedreht oder wie sagt man das? Die sind so ganz anders als ich. Werde ich jetzt genauso, wenn ich denen ein Interview gebe? In jedem Fall ist es wohl besser, wenn ich noch mal schnell auf die Toilette gehe, bevor es losgeht …
Als ich zurückkomme, bemerke ich eine andere Frau im Café. Frau Schmidt? Sie sieht mich nicht, weil sie mit dem Rücken zu meinem Tisch sitzt. Ich nehme wieder Platz und warte ab, ob sie sich nach mir umdreht. Tut sie aber nicht. Ich stehe wieder auf, laufe demonstrativ an ihr vorbei und hole mir eine Zeitung vom Tresen. Sie müsste mich ja eigentlich erkennen, wenn sie die Show gesehen hat. Mit der Zeitung in der Hand lächle ich sie freundlich an, doch sie starrt nur fragend zurück.
„Hallo, ich bin Andreas", sage ich dann ohne Scheu.
„Ja, freut mich. Und jetzt?"
„Sie sehen aus, als hätten Sie auf miche gewartet …?", zwinkere ich ihr zu.
Hektisch unterbricht sie mich sofort: „Gleich kommt mein Gatte …" Sie starrt mich an, als ein Mann das Café betritt. Direkt hinter ihm quetscht sich eine blonde Mittvierzigerin in einem puscheligen, silbergrauen Pelzmantel durch die Glastür.
„Hallo Schatz", ruft die Frau am Tisch, springt auf und küsst ihren Mann. Gerade, als ich mich unauffällig verkrümeln will, dreht sie sich zu mir um. „Das ist Andreas", sagt sie und deutet unsicher auf mich.
Ihr Mann und ich geben uns höflich, aber irritiert die Hand.
„Hallo! Und ich bin Barbara Schmidt von ‚100%'", quietscht die Dame im Pelz, lächelt professionell in die Runde und gibt ebenfalls jedem freundlich die Hand. Das Ehepaar schaut sich mit

fragenden Blicken an. Ich unterbreche den peinlichen Moment. „Hatte mich sehr gefreut, Sie kennenzulernen“, bringe ich heraus und reiche dem Pärchen zum Abschied noch mal die Hand. Meine Interviewerin versteht die Situation scheinbar nicht so ganz, folgt mir aber schließlich zum Tisch. Wir bestellen uns einen Kaffee und Frau Schmidt noch ein Stück Schokoladentorte. Dann platziert sie ihr kleines Diktiergerät vor mir auf dem Tisch und legt los: „Wie sind Sie als Italiener auf die Idee gekommen, sich bei dem Wettbewerb ‚Deutschland sucht den Sterne-Koch‘ zu bewerben, Herr Sarto?“
„Fünf!“
Sie sieht mich fragend an.
„*Fünf*-Sterne-Koch“, erkläre ich.
„Ach so, ja klar. Also, wie haben Sie in Italien davon erfahren?“
Ich grinse. „Durch meine Oma, die guckt immer deutsches Fernsehen. Na, und durch Sie!“
„Durch mich?“
„Durch ‚100% Prominent‘! Darin habe ich und meine Oma vor eine paar Monaten die Aufruf des Senders gelesen. Meine Oma hatte mich beworben. Ich bin Kuchenhilfe im Restaurant meine Eltern in Catania. Wir sind berühmt für unsere Ricotta-Spinat-Ravioli“, ergänze ich stolz.
„Aha. Und wieso haben Sie unser Magazin gelesen?“
„Manchmal unsere deutschen Gäste vergessen die Zeitungen und damit habe ich gelernt Deutsch.“
„Aha“, nuschelt sie desinteressiert und fährt fort: „Herr Sarto, mal investigativ gefragt: Was fehlt Ihnen in Deutschland?“
Ich überlege einen Moment, was sie meinen könnte, und platze dann einfach heraus: „Also, ich finde es iste super hier. Aber es

gibte ein paar Dinge, die konnten besser gemacht sein. Die Gardinen sind zu kurze und deshalb ist immer Licht in die Zimmer. Hier gibte es keine vernunftige Bettwäsche – die Decken sind nicht lange genug, meine Fuße stehen immer raus. Und manchmal vermisse ich die Sonne. Aber am meisten fehlte mir das Bidet nach jedem Pling Pling und Plong Plong."
Ihr Blick ist jetzt total verwirrt und sie wiederholt nur lautlos: „Plong Plong?"
„Ja."
„So, so … Nun, Sie haben es ja mit seltsamen Gerichten wie Pansen und Stockfisch bis ins Finale geschafft. War es Ihre Strategie, so eigenartige Dinge zu kochen?"
Ich zucke mit den Schultern: „Tja, wir essen so … Also, ich meine, diese Freiheit muss eine Koch haben. Mal so etwas und mal etwas anderes zu koche. Oder denken alle, dass die einzige Aufgabe vom Koch iste, alle satt zu machen?"
„Verstehe. Wovon träumen Sie?"
Ich denke kurz nach, da fällt mir der Traum von letzter Nacht ein: „Eigentlich träume ich von allem. Aber gestern ich hatte eine Art Visione. Ich habe geträumt von der Madonna, und sie hatte nicht geweint, wie sonst, sondern voll gelachte. So eine habe ich noch nie gesehen. Aber ist besser, wenn ich nicht darüber spreche, sonst denken alle, ich bin … Ähh, wie sagt man?"
„Ein Heiliger?"
„Nee, bekloppt."
„Keine Sorge, Herr Sarto, oder darf ich Andreas sagen?! Also, weiter: Was ist typisch deutsch für Sie, Andreas?"
„Die Geschlechtswörter", antworte ich wie aus der Pistole geschossen. Sie sieht mich verständnislos an. „Na der, die, das!"

„Ach so. Ja, klar." Sie rückt ein wenig näher zu mir und senkt die Stimme.
„Und wie ist es so mit den deutschen Mädchen?", fragt sie dann neugierig.
„Sind alle super schöne. Ich kenne schon eine Menge Mädchen, Lydia, Marali, Frau Sommer und Frau Heilmann und Schotty auch."
Sie lächelt mir verschwörerisch zu, stupst mich mit dem Ellenbogen in die Seite und flüstert: „Aber da muss es doch noch etwas mehr geben, bei so einem attraktiven, feurigen, jungen Italiener … Wartet denn auf Sizilien eine kleine Sabrina oder Anna auf Sie? Oder mögen Sie lieber Männer? Das können Sie mir ruhig erzählen. Da sind wir ganz offen. Das kommt bei unseren Lesern auch immer gut an."
„Nein, leider habe ich da nichtse für Sie. Ich bin einfache Single …"
„Das gibt's ja wohl nicht. So kommen wir nicht weiter. Nur mit der Madonna kann ich doch nicht arbeiten. Ich muss doch eine spannende Geschichte mitbringen. Ihr Konkurrent hat mir da schon ganz andere Sachen verraten. Also, der Jan aus Bremen – huiuiuiuiui …"
Als ich wieder nur mit den Schultern zucke, scheint sie genug von mir zu haben. Sie drückt die Stopptaste an ihrem Aufnahmegerät und sagt energisch: „Na gut. Kein Problem. Da mache ich schon was draus. Vertrauen Sie mir. Ich schreibe eine schöne Geschichte über einen kleinen Italiener, der nach Krefeld kommt und alle mit Pansen und Stockfisch verzaubert." Sie lächelt, schiebt sich das letzte Stückchen Schokoladentorte in den Mund und verabschiedet sich: „War nett, Sie kennenzulernen, Herr

Andreas. Ich zahle die Rechnung. Und viel Glück für die Show morgen." Damit rauscht sie davon.

Bestimmt zum zehnten Mal schaue ich auf die Uhr und tigere in meinem Zimmer vom Bett zum Schrank, wo ich auf das Foto meines Dorfes starre und auf eine Autogrammkarte mit der grinsenden Antje Miesdam darauf, weiter zum Schreibtisch und zurück. Nervös gucke ich aus meinem Kellerfenster, ob endlich die Füße meines Onkels Giuseppe vorbeilaufen. Er sollte das Päckchen mit den Zutaten für mein großes Final-Essen – „Involtini di Pesce spada ripieni di Pecorino", also „Schwertfisch-Rouladen gefüllt mit Pecorino-Käse" – nach Krefeld bringen! Meine Mamma hat alles, was ich dafür brauche, auf Sizilien besorgt und den Onkel gebeten, damit hierher zu fliegen. Sie selbst würde sich nie in ein Flugzeug setzen. Um zehn Uhr sollte der Onkel da sein, aber jetzt ist es schon halb zwölf. Wenn der frische Schwertfisch nicht in den nächsten zehn Minuten ankommt, kann ich den Sieg vergessen.
Verdammt, wo bleibt der denn bloß?!
Ich rufe noch mal zu Hause an: „Mamma, cosa è successo?", rufe ich laut in den Hörer, um zu erfahren, was passiert ist.
Noch lauter brüllt sie zurück: „Andrea, caro, lo zio ha chiamato poco fa e dice di essere fermo a Milano!"
Meine Mamma braucht zum Telefonieren eigentlich keine Leitung. Sie brüllt, als wenn sie direkt aus Sizilien nach mir rufen würde. Besonders, wenn sie mir erklärt, dass der Onkel leider wegen eines Streiks am Mailänder Flughafen festsitzt …
Sie regt sich furchtbar darüber auf. Als sie gerade mit ihrer üblichen grundsätzlichen Litanei über die Fehler der Nordita-

liener und die Vorzüge der Sizilianer ansetzen will, versuche ich schnell, sie zu beruhigen, denn ich weiß aus Erfahrung, dass wir sonst noch morgen miteinander telefonieren würden. Ich erkläre ihr, dass das alles doch gar nicht so schlimm sei. Zum Glück beruhigt sie sich ein bisschen, nur um gleich wieder besorgt nachzufragen, was sie denn jetzt noch für mich tun könne.
„Niente, mamma, alles gut, äh, tutto bene. Aspetto ancora e poi devo fare qualche cos'altro. Va bene, grazie, ti chiamo appena. Ciao!" Nachdem ich ihr versichert habe, dass sie nichts weiter für mich tun kann, ich einfach noch ein bisschen warte und zur Not eben etwas anderes kochen werde und dass ich mich melde, falls der Onkel doch noch ankommt, lege ich auf.
Doch in diesem Moment wird mir klar, dass mir wohl tatsächlich nichts anderes übrig bleiben wird, als mir fürs Finale ganz schnell etwas anderes auszudenken. Ich bin etwas durcheinander und enttäuscht, denn ich habe mich so gefreut, einen Verwandten hier zu haben, der mich in der letzten Show unterstützt.
Ich werfe mir den Schal um den Hals, schnappe meine dicke Daunenjacke und haste die Kellertreppe hoch. In Richtung Heilmann-Küche brülle ich aufgeregt: „Ich musse Fisch kaufe!" Ich verharre einen Moment erstaunt, als ich Frau Heilmann mit Lockenwicklern auf dem Kopf am Küchentisch sitzen sehe, wo sie sich gerade die Fingernägel lackiert. Fragend schaut sie zu mir auf: „Fisch? Kriegste hier nicht. Höchstens tiefgefroren."
„Ich musse versuche!", rufe ich und hetze weiter.
Thorsten blickt verdutzt von seiner Playstation auf, und ich stolpere fast über das lange Staubsaugerkabel, das Herr Heilmann im Flur hinter sich herzieht. Seit dem großen Krach hat er die Freuden der Hausarbeit für sich entdeckt.

„Wo willst du hin? In einer Stunde müssen wir los zum Fernsehen, Andreas! Beeil dich“, ruft er mir nach.
Als ich draußen vor der Haustür stehe, schießt mir durch den Kopf: Verdammt, was heißt „Pescheria“ auf Deutsch? Ich ärgere mich über meinen beschränkten deutschen Wortschatz. Egal, irgendwas wird mir schon einfallen. Ich schnappe mir das Kinderfahrrad von Thorsten, das seit Wochen unbenutzt an der Treppe lehnt. Um das Glück nicht überzustrapazieren, vermeide ich heute aber meine Schicksals-Ampel und fahre schnellstens in die Stadt. Als ich an der Pizzeria „Bella Italia“ vorbeikomme, springe ich von Rad und renne hinein, um zu fragen, wo es hier ein Fischgeschäft gibt.
„Dov'è una pescheria?“, rufe ich dem Mann am Tresen zu.
Er sieht mich entgeistert an und antwortet verwirrt: „Immer geradeaus.“
„Und wie heißt ‚Pescheria‘ auf Deutsch?“
„Woher soll ich das wissen? Ich bin Türke!“
Ich überlege, ob er dann überhaupt meine Frage richtig verstanden hat, aber egal! Ich lasse ihn stehen und rase weiter. Endlich sehe ich tatsächlich ein Schild mit einem gemalten Fisch darauf, doch das Geschäft hat geschlossen. Verzweifelt sehe ich mich um und entdecke gegenüber einen kleinen Tante-Emma-Laden. Atemlos stürme ich hinein und frage: „Haben Sie frische Pesce?“
Eine ältere Frau in geblümter Kittelschürze starrt mich verständnislos an.
Ich erkläre: „Fische! Haben Sie Schwertfisch?“
Sie schüttelt ungläubig den Kopf.
„Aber ich brauche ihn zum Kochen. ‚DSD5SK‘! Verstehen Sie? Finale! Ich bin Andrea-s!“ Ich atme tief durch.

Da zieht ein kleines Lächeln der Erkenntnis über ihr Gesicht: „Ach, Sie sind der nette, kleine Italiener, der bei dieser dusseligen Holländerin Antje Miesdam kocht."
„Si, genau! Und jetzt ist die Onkel mit der Schwertfisch von meine Mamma nicht da, und ich weiß nicht, was ich in die Finale kochen muss", stoße ich verzweifelt hervor.
Mitleidig sieht sie mich an. Weil ich nicht weiterweiß, frage ich einfach: „Was wurden Sie denn gerne essen?"
Die Frau überlegt einen Moment und klopft mir schließlich aufmunternd auf die Schulter: „Rehrücken mit Preiselbeeren! Das ist lecker! Mein Mann war letzte Woche auf der Jagd, und da hab ich noch ein sehr schönes, gut abgehangenes Stück hinten. Wollen Sie das?" Erwartungsvoll sieht sie mich an.
Als sie merkt, dass ich sie nicht verstehe, erklärt sie mir: „Na, Rücken vom Bambi! Kennste?", und greift sich dabei mit der rechten Hand ungelenk an ihren breiten Rücken.
„Ach, ‚Schiena di capriolo'!", kapiere ich endlich. Doch meine Freude wehrt nur kurz. „Aber ich habe dafür doch gar keine Rezepte! Und was sind Preiselbeeren? Ich kenne nur Erdbeeren, Blaubeeren und Himbeeren."
„Das sind diese kleinen, roten, eingekochten, die man zu Wild isst."
„Ach so, Mirtillo! Sie meinen ‚Schiena di capriolo al mirtillo'" soll ich kochen? Ja, sehr lecker!"
„Und das mit dem Rezept ist auch kein Problem, das schreibe ich Ihnen auf. Ist ganz einfach. Nehmen Sie sich einen Einkaufskorb und kommen Sie mit."
Ohne zu verstehen, was sie jetzt genau von mir will, folge ich ihr durch den Laden.

„Also, Sie brauchen zunächst natürlich einen Rehrücken! Den hole ich Ihnen gleich aus dem Kühlhaus hinten. Butter und Sahne finden Sie hier, Karotten, Zwiebeln, Selleriestangen, Knoblauch – alles da!“, verkündet sie stolz und schichtet sämtliche Zutaten in meinen Korb.
„Und jetzt den Rotwein. Welchen möchten Sie denn?“
Wir stehen nun vor dem kleinen, aber gut sortierten Weinregal. Mein Blick fällt sofort auf einen akzeptablen „Nero d’Avola“. Ich bin beruhigt, nehme die Flasche und lege sie zu den anderen Sachen.
„So, und hier sind die Preiselbeeren! Ihre ‚Mirti-Dingsda‘“, kichert sie freundlich. „Ohne die geht’s natürlich nicht! Brauchen Sie auch Salz und Pfeffer?“
„Nein danke, das haben wir in die Studio.“
Sie wirft noch einen abschließenden Blick in den Korb und lächelt: „Na, dann fehlt nur noch das Fleisch. Kommen Sie bitte zur Kasse, dann erkläre ich Ihnen auch, wie Sie das Ganze zubereiten müssen, damit es schmeckt.“

Zufrieden und glücklich radle ich ein paar Minuten später mit zwei Tüten voller Zutaten nach Hause. Als ich durch den Flur stürme, traue ich meinen Augen kaum – auf dem Sofa im Wohnzimmer sitzen die Heilmanns wie die Hühner auf der Stange. Allerdings wie sehr elegante Hühner. Frau Heilmann ist mit ihrer hochtoupierten, blonden Lockenpracht kaum wiederzuerkennen. Thorsten fummelt genervt an der kleinen, schwarzen Fliege an seinem Hals herum. Herr Heilmann trägt einen eleganten Smoking – und sieht damit der Fledermaus nicht mehr ganz so ähnlich. Ich glaube, er hat inzwischen auch etwas abgenommen.

„Andreas, wo bleibst du denn?“, schmettert Frau Heilmann mir aufgeregt entgegen. „Wir müssen los!“
„Ja, ja, ich musse mich nur noch frisch machen und kurz umziehen. Bin gleich da!“, rufe ich zurück und stürme in mein Zimmer. Zehn Minuten später steigen wir alle ins frisch gewaschene Auto, der Rehrücken und all die anderen Zutaten sind sicher auf der Rückbank verstaut. Dazwischen sitzen Thorsten und ich. Und los geht's nach Ossendorf.
Kaum sind wir auf der Autobahn, klingelt mein Handy – Oma!
„Pronto, Andrea“, brüllt sie in den Hörer – das mit der Lautstärke muss echt in der Familie liegen. „Onkel Giuseppe sitzt immer noch am Flughafen in Mailand.“
„Oma, sprich Italienisch, bitte! Was? Lo zio è ancora in Italia?!“
„Sì! E adesso che fai?“, erkundigt sich meine völlig aufgelöste Oma danach, was ich nun kochen werde. Ihre Stimme klingt etwas anders, wenn sie Italienisch spricht, irgendwie sanfter.
„Schiena di capriolo al mirtillo!“, brülle ich zurück.
„Iiiieeehhhh – povero Bambi!“, kommentiert Oma entgeistert meinen Plan, das arme Reh zu kochen – und legt nach einer sehr knappen Verabschiedung einfach auf. Ein bisschen verunsichert starre ich mein Handy an.
Oh je, hoffentlich ist das mit dem „Rückenreh“ tatsächlich eine gute Idee, überlege ich.
„Und?“, fragt Herr Heilmann nach hinten.
„Der Onkel ist mit den Schwertfisch immer noch in Italia“, antworte ich deprimiert.
„Da gehört das Vieh auch hin“, kommentiert er trocken. „Rehrücken ist doch sowieso viel leckerer!“
„Mmmmhhhh!“, stimmen seine Frau und Thorsten zu.

Ich schöpfe wieder Hoffnung und gehe im Geiste noch mal das neue Rezept durch.

Als wir am Studio ankommen, erwartet mich Schotty schon vor der Tür. Aufgeregt kaut sie Kaugummi und zieht mich hinter sich her: „Andreas, endlich. Wir hatten schon Angst, du kommst nicht. Jetzt aber schnell, hier ist dein Mikro, die Maske machen wir später."
Ein Tontechniker klemmt mir das kleine Mikrofon ans Jackett, während wir den langen Flur hinunterlaufen.
„Heute musst du ohne Aufnahmeleiter klarkommen!"
„Ach, das machte nichts, mit dem hatte ich sowieso nie was zu tun. Und wo steckt er heute?"
„Der wurde gefeuert, hat einfach zu viel Mist gebaut. Tja, jetzt muss er sich arbeitslos melden. Hoffentlich kriegt er wenigstens das geregelt." Schotty scheint Detlev auch nicht zu vermissen.
Wieder was gelernt, denke ich. Einfach nur Beziehungen zu haben, bringt in dieser Branche anscheinend nichts, wenn einer nichts kann, überlege ich, während wir schnell ins Studio gehen.
Jan aus Bremen steht schon lässig an seinem Arbeitsplatz, geschminkt und schick gekleidet. Um sich herum hat er alle Zutaten sorgfältig aufgebaut und lächelt mir entspannt entgegen.
„Hallo", begrüße ich ihn atemlos.
„Ciao", antwortet er fröhlich.
Während ich den gespickten Rehrücken auf der Arbeitsplatte und alle anderen Dinge, die ich benötige, in Griffweite zurechtlege, ertönt schon die Stimme des Regisseurs aus den Lautsprechern: „Herzlich willkommen allerseits! In fünf Minuten geht's los. Ich wünsche unseren beiden Finalisten viel Glück! In gut einer

Stunde werden wir wissen, wer ‚Deutschlands Fünf-Sterne-Koch' ist. So, alles auf Anfang und schnell noch die Maske für Andreas!"

Im selben Augenblick kommt die Maskenbildnerin und pudert mich voll. Ich hasse das, weil ich davon immer niesen muss. Aber inzwischen hab ich mich an die Prozedur gewöhnt.

Mein Blick wandert ins Publikum, und ich entdecke die drei Heilmanns, wie sie sich in der ersten Reihe zu ihren Plätzen durchdrängeln. Begeistert winken sie mir zu, bevor sie sich endlich setzen. Ich traue meinen Augen kaum, wer da neben ihnen sitzt – meine Ampel-Wächter! Samt ihren Frauen! Sie haben meine Einladung tatsächlich angenommen.

Die beiden Zwillingspaare winken mir fröhlich zu. Die Herren tragen ihre verwaschenen, grünen und blauen, die Frauen ihre rosafarbenen Strickjacken. Die Männer haben wie üblich wirre graue Haare, ihre Gattinnen scheinen dagegen vorher extra beim Friseur gewesen zu sein – die toupierten Dauerwellen sitzen perfekt. Aber irgendetwas fehlt … Ach ja, aus ihren Nasenlöchern kommt ausnahmsweise mal kein Rauch.

Eine Reihe dahinter sitzt meine Lehrerin. Stephanie Sommer schüttelt ihren frisch blondierten Pagenkopf und lehnt sich lachend an ihren Begleiter. Dieser legt beschützend den Arm um Stephanie und sieht sich interessiert im Studio um. Das gibt's doch nicht, denke ich und grinse. Sie zwinkert mir zu und formt heimlich mit Daumen und Zeigefinger der linken Hand einen Ring. Dann schiebt sie den über ihren rechten Ringfinger. Dabei deutet sie mit dem Kopf auf den gut aussehenden Mann neben sich und lächelt glücklich. Ach, der Typ ist Herr Sommer!, kapiere ich. Mit den Lippen formt sie dann lautlos das Wort: „Danke!"

Ich hebe kurz meinen Daumen und nicke ihr zu.
Schließlich wird das Licht gedämpft, nervös rücke ich noch mal meine Schürze zurecht, dann leuchten alle Scheinwerfer auf, die „DSD5SK“-Erkennungsmelodie ertönt und eine strahlende, riesige, grüne Artischocke betritt schwerfällig die Bühne. Ungläubig starre ich das Carciofo-Monstrum an, das die Arme weit ausbreitet und sich vor dem Publikum verneigt – Antje Miesdam hat sich bei der Kostümwahl für das Finale selbst übertroffen.
Nach einer kurzen Anmoderation fangen wir an zu kochen. Wie immer kommt Antje von hinten angeschlichen und erschreckt mich mit ihrem: „Na, Andreas, was kochen wir denn heute?“
„Ich will ein ‚Rückenreh‘ zubereiten.“
Sie kichert und verbessert mit ihrem komischen Akzent: „Rehrücken, Andreas, das heißt Rehrücken.“ Dabei versucht sie, sich mit ihren kurzen Armen, die nur zum Teil aus ihrem ausladenden Kleid herausgucken, an den Rücken zu fassen. In die Kamera grinsend sagt sie: „Unser Krefelder Italiener ist doch immer wieder für eine Überraschung gut. Ein deutsches Gericht – das ist doch spannend!“
Damit geht sie rüber zu meinem Konkurrenten und erschreckt den: „Der liebe Jan aus Bremen, auf was dürfen wir uns bei dir denn heute Abend freuen?“
Jan strahlt sie an: „‚Saltimbocca all’italiana‘!“
Antje Miesdam flippt schier aus: „Verrückt! Die Welt wird im Finale auf den Kopf gestellt. Bleiben Sie dran, nach der Werbung erfahren Sie, ob es ein Deutscher mit einem italienischen Gericht oder ein Italiener mit einer deutschen Spezialität schafft, ‚Deutschlands Fünf-Sterne-Koch‘ zu werden!“, sie strahlt begeistert in die Kamera.

Kaum ist das Rotlicht an den Kameras erloschen, brüllt sie ihre Assistentin an: „Kann mir hier mal jemand mit diesem bescheuerten Kostüm helfen?! Ich schwitze mich noch zu Tode!"
Natürlich ist es heute schwierig für mich, etwas Leckeres zuzubereiten, vor allem weil ich es ja noch nie zuvor gemacht habe. Aber vielleicht habe ich das berühmte „Anfangergluck" und schaffe es, etwas Gutes zu kochen. Oh Mamma mia, wieso mache ich mir bloß diesen ganzen Stress? Ich könnte jetzt in meiner Küche in Sizilien sein und entspannt Pasta kochen oder einfach auf dem Balkon sitzen und aufs Meer gucken. Stattdessen stehe ich in einem Fernsehstudio in Deutschland. Meine Füße tun mir jetzt schon weh. Eigentlich will ich nur noch nach Hause. Meine verzweifelten Gedanken werden von der Stimme des Regisseurs unterbrochen.
Irgendwie klingt er heute fröhlicher und lockerer als sonst, geht es mir durch den Kopf. Ob er auch erleichtert ist, dass diese Trantüte von Aufnahmeleiter endlich weg ist?
„Noch zwei Minuten!", ruft er aus den Lautsprechern, während Antje wieder in ihr Gemüse-Kleid gequetscht wird. Zwei junge Männer führen die schwerfällige Riesen-Artischocke in die Mitte der Bühne und schon erklingt die Erkennungsmelodie. Antje strahlt begeistert in die Kamera.
In den nächsten 45 Minuten kochen Jan und ich, was das Zeug hält, und grinsen uns zwischendurch an. Nach einer letzten Werbeunterbrechung jubelt eine verschwitzte Antje Miesdam in die Kamera: „Da sind wir wieder! Hier riecht es fantastisch, ich kann kaum das Wasser im Mund halten!"
Sie schnalzt mit der Zunge und schnuppert übertrieben in der Luft. „Die letzten 30 Sekunden laufen – ab jetzt!"

Das Publikum zählt laut den Countdown mit.
„Und hier kommen unsere Juristen, äh, Juroren – Hartmut, Mia und Toni!"
Während ich hektisch die Platten dekoriere, denke ich: Die haben in den letzten vier Wochen aber auch ganz schön zugelegt.
„Schluss, Aus, Ende!", schreit Antje hysterisch. „Kochlöffel weg! Jetzt wird gegessen!"
Die drei Juroren stürzen sich begeistert auf die von Jan und mir vorbereiteten Teller und stopfen sich ihre Portionen in den Mund. Wie immer geben sie nicht viel mehr von sich als ab und zu ein gedämpftes „Mmmmhhh", „Das schmeckt aber gut", „Köstlich". Einmal auch sagt Hartmut: „Interessant." Von ihren Gesichtern kann man kein bisschen ablesen, was sie tatsächlich über unsere Gerichte denken. Dann ziehen die Juroren sich kauend zur Beratung zurück.
Das Publikum schaut gierig zu und freut sich schon aufs Resteessen nach der Show. Antje hat sich wie immer ihren Extrateller geschnappt und stopft sich, versteckt hinter der Kamera, schnell ein paar Happen in den Mund.
Nach kurzer Zeit ist es soweit, die Moderatorin bekommt von Hartmut Berger den goldenen Umschlag mit dem Jury-Urteil überreicht. Jan und ich stellen uns wieder vor unsere Herde, das Licht wird gedämpft, eine dramatische Herzschlag-Musik ertönt. Antje macht es heute besonders spannend: „Zwei Menschen haben jetzt fünf Wochen lang gekocht. Sie haben gegeneinander gekämpft, neue Rezepte ausprobiert und uns immer wieder mit ausgefallenen Ideen überrascht. Wir haben leckere Sachen gegessen – und dabei wohl auch ein paar Kilo zugelegt", sagt sie kokett lächelnd.

Dann reißt Antje ungeschickt den Umschlag auf, blickt kurz auf den Namen des Gewinners und spricht weiter: „Nur einer kann am Ende ‚Deutschlands Fünf-Sterne-Koch' werden! Wird es Jan aus Bremen, der uns in den letzten Wochen unter anderem mit Labskaus, Schweinefilets und Saltimbocca all'italiana verwöhnt hat? Oder wird es unser kleiner Italiener Andreas aus Sizilien sein, der unsere Gaumen mit Pansen, Pasta und Rehrücken verwöhnt hat?"

Sie macht wieder eine dramatische Pause und sieht mich eindringlich an: „Andreas!"

Ich zucke zusammen.

„Wie fühlst du dich?"

„Äh, ganz gut … wieso?", stammele ich.

„Und du, Jan? Alles klar?", spricht Antje meinen Konkurrenten an.

„Ja, klar, alles bestens", murmelt Jan unsicher.

„Nun gut, dann werde ich jetzt den Sieger verkünden!"

Gleißendes Scheinwerferlicht springt zwischen Jan und mir hin und her. Ich schaue mich nach den Heilmanns im Publikum um. Alle drei recken ihre Daumen hoch und klatschen in meine Richtung. Auch meine Zwillingsfans und Frau Sommer heben die Daumen für mich.

Dann stoppt der Suchscheinwerfer und Antje ruft laut: „Deutschlands Fünf-Sterne-Koch heißt – Jan aus Bremen!!!"

Frenetischer Applaus. Ich lächle ein bisschen gequält und gratuliere Jan zu seinem Sieg. Ich sehe abwesend zu, wie sich alle auf ihn stürzen, um ihm zu gratulieren.

***

Ich spiele mit der großen, silbernen Gabel in meiner Hand. Glücklich schaue ich aus dem Fenster und überlege, was inzwischen alles passiert ist. Genau weiß ich es nicht mehr, aber ich erinnere mich noch daran, wie Antje Jan umarmte und das Publikum – allen voran die Heilmanns mit den Zwillingspaaren im Schlepptau – an mir vorbeistürmte, um etwas von den Siegergerichten abzukriegen. In dem Trubel drückte Antje dem Gewinner eine große, goldene Gabel in die Hand, und ich bekam eine kleinere, silberne. Die Heilmanns waren sich mit den Zwillingen einig, dass Silber doch sowieso viel eleganter als protziges Gold sei. Frau Sommer winkte mir noch einmal aufmunternd zu, war dann aber wieder viel zu sehr damit beschäftigt, mit ihrem Mann zu knutschen, um weiter von mir Notiz zu nehmen.
Amore … Ja, so ist das eben …, dachte ich und kümmerte mich wieder um meine Fans.
Unter großem Gejohle fuhr mich meine stolze Gastfamilie schließlich zurück nach Krefeld. Zum Abschied kochte Frau Heilmann mir noch einmal ihren leckeren strammen Max, steckte mir, mit einer Träne im Auge, das fein säuberlich aufgeschriebene, geheime Familien-Rezept zu, und dann musste ich auch schon meine beiden Rollkoffer packen. Die Flasche mit dem restlichen Olivenöl von Onkel Peppe ließ ich den Heilmanns da und auch den Schinken von Tante Palmira. Stattdessen packte ich fünf Gläser mit verschiedenen eingelegten Gürkchen und ein paar von den leckeren, rosafarbenen Pasteten-Würsten in den Koffer und los ging's.
Im Flugzeug drückt mir eine Stewardess die letzte Ausgabe von „100% Prominent" in die Hand. Aufgeregt blättere ich durch, bis ich endlich die Seite mit meinem Interview gefunden habe:

LIEBE GEHT DURCH DEN MAGEN
Ein kleiner Italiener kocht sich in die deutschen Herzen

Starreporterin Barbara Schmidt traf den DSD5SK-Shootingstar Andreas Sarto zum exklusiven „100% Prominent"-Interview. Im persönlichen Gespräch entlockte sie ihm seine privatesten Geheimnisse und die wahren Gründe für seinen Erfolg!

Ihn interessieren nicht Tina und Marina, weder Fußball noch Ferrari. Anders als in dem beliebten Schlager, konzentriert er seine kochende Leidenschaft ausschließlich auf die exotischen Köstlichkeiten, die er am Herd zubereitet. Der kleine Italiener Andreas Sarto hat sich von Sizilien aus aufgemacht, die Herzen und Mägen der Deutschen im Sturm zu erobern. Bisher mit Erfolg!
Der 25-Jährige ist der derzeit heißeste Anwärter auf den Titel „Deutschlands Fünf-Sterne-Koch". Bei der erfolgreichen, von Starmoderatorin Antje Miesdam moderierten TV-Kochshow gehört er zu den Finalisten, die in der nächsten Woche um die Wette und um den Sieg brutzeln werden.

Auf den unbedarften Zuschauer wirkt der attraktive Sizilianer ganz normal. Doch Andreas Sarto hat ein Geheimnis! Er heißt eigentlich Andrea – ohne „s"! Trotz knallharter Nachfragen bestreitet er im Interview, transsexuell zu sein. Vielmehr erklärt er seinen weiblichen Vornamen mit seiner italienischen Herkunft. Er behauptet, dass Namen wie Simone, Gabriele oder eben Andrea in seiner Heimat ganz gebräuchliche männliche Vornamen seien. Doch weshalb nennt er sich dann inzwischen Andreas …? Angeblich, um den ständigen Missverständnissen

in Deutschland aus dem Weg zu gehen ... „100% Prominent" meint: mysteriös!
Mysteriös sind auch die heimlichen Fantasien, die dieser junge Mann hat: Er träumt Nacht für Nacht von der Madonna! Allerdings nicht von der heiligen Madonna, wie wir sie kennen. Nein, bei diesem jungen Mann scheint alles etwas anders und geheimnisvoll zu sein, denn: Seine Madonna lacht! Hat man so etwas schon einmal gehört? Eine lachende Mutter Gottes? Welche unerklärliche Beziehung hat er zu der Heiligen? Ein weiteres Rätsel, das Sarto umgibt.
Vielleicht ist er selbst ein Heiliger? In jedem Falle, behauptet er im Interview, der Fleischeslust abgeschworen zu haben: „Ich habe in Catania keine Freundin."

Bislang bleibt Sarto ein Rätsel. Was hat diesen Mann ausgerechnet nach Krefeld verschlagen?
Seine Familie scheint im Hintergrund die Fäden zu ziehen. Handelt es sich hier um die Mafia, die 'Ndrangheta oder die Cosa Nostra, mit uralten Kontakten nach Deutschland? Weshalb verschlug es Andreas Sarto ausgerechnet nach Krefeld? Ist die Kochshow womöglich nur ein Vorwand für ganz andere dunkle Pläne ...?
In jedem Fall kann sich Andreas Sarto weiterhin berechtigte Hoffnungen auf den Sieg bei „Deutschland sucht den 5-Sterne-Koch" machen.
Erfahren Sie in der nächsten Ausgabe von „100% Prominent" weitere geheimnisvolle Einzelheiten aus dem spannenden Leben des Andreas Sarto: unter anderem was ihm in Deutschland fehlt, alles über seine Strategie und was für ihn typisch deutsch ist.

Amüsiert lege ich den Artikel zur Seite. Oh Mann, was für einen Schrott hat die da über mich geschrieben? Auf jeden Fall war es eine schöne Zeit, denke ich, als ich aus dem Fenster sehe und unter mir die Umrisse von Catania auftauchen.
Endlich setzt das Flugzeug zum Landeanflug an, und ich freue mich schon auf Mamas „Pesce spada“ – zum Glück hat sie den retournierten Schwertfisch für mich eingefroren. Und im April löse ich meinen zweiten Preis ein, den ich bei „DSD5SK“ gewonnen habe – ein Küchenpraktikum in einem echten Fünf-Sterne-Hotel in Bayern! Obwohl Frau Sommer meinte, dass mir mein gutes Deutsch da unten in Süddeutschland nicht viel nützen würde. Na, servus!

Am Flughafen warten alle auf mich: Mamma, Papa, Oma, Onkel Giuseppe, Tante Palmira und ein paar Freunde, die ein Willkommensschild hochhalten: „Bentornato a casa“. Sobald ich draußen bin, geht's los. Ich werde von allen Seiten umarmt, abgeküsst und eine aufgeregte Schreierei geht los.
Als sich nach einer Weile alles etwas beruhigt hat, fahren wir in einer Autokolonne endlich nach Hause, wo Mamma eine große Überraschung zum Abendessen für mich vorbereitet hat. Davon spricht sie die ganze Zeit, verrät aber nicht, worum es sich handelt. Ich habe Hunger und freue mich auf ein leckeres, typisch italienisches Essen.

Umso größer ist meine Überraschung, als wir endlich zu Hause ankommen: Der Tisch im Esszimmer ist festlich dekoriert – sogar vier rote Adventskerzen brennen zwischen grünen Pinienzweigen. Auf dem großen Holztisch entdecke ich sämtliche Zutaten für ein richtig gutes deutsches Abendbrot: Butter, diverse

Sorten Aufschnitt, wie Mortadella, Salami und Schinken sowie nahezu alle erdenklichen Käsesorten. Ich traue meinen Augen kaum, als ich im Brotkorb nicht nur Ciabatta und anderes Weißbrot entdecke, sondern auch eine Sorte, die dem leckeren deutschen Schwarzbrot zum Verwechseln ähnelt. Einen Moment lang bin ich sprachlos.

Dann bemerke ich, dass mich alle gespannt ansehen und auf meine Reaktion warten. Ich muss laut lachen und bedanke mich bei meiner lieben Mamma.

Als ich dann noch meine mitgebrachten rosafarbenen Pasteten-Würstchen und die verschiedenen Gläser mit eingelegten Gürkchen auspacke und Onkel Giuseppe ein paar Flaschen von seinem eigenen Rotwein dazustellt, beginnt ein fröhlicher, lauter, ausgelassener, typisch italienischer Abend. Che bella Italia!

Baccalà in umido con patate

Prendi il baccalà ammollato e dissalato, togli le spine e la pelle. Fai un soffritto di cipolla, aglio, basilico e prezzemolo. Aggiungi il pomodoro. Poco dopo aggiungi baccalà, patate, peperoncino, poca acqua, attento al sale. Cottura circa mezz'ora.

Stockfisch mit kleinen Kartoffeln

Den Stockfisch eine Nacht lang in Wasser einweichen. Gräten und Haut entfernen. Eine Zwiebel, eine Knoblauchzehe, Basilikum und Petersilie zusammen goldbraun anbraten.
Eine Dose (500 g) Tomaten und fünf Minuten später den klein geschnittenen Stockfisch dazugeben. Weitere fünf Minuten später die kleinen, geschälten Kartoffeln mit Chili und etwas Wasser in den Topf geben. Achtung: nicht zu viel salzen! Alles zusammen eine halbe Stunde lang kochen.

Coniglio con olive e funghi

Soffriggi olio, burro, aglio e rosmarino. Unisci i pezzi di coniglio rosolati aggiungi il brandy, le olive denocciolate e i funghi freschi, sale, pepe, cuoci per mezz'ora se occorre aggiungi acqua calda.

Kaninchen mit Oliven und Pilzen

In zwei Löffeln Olivenöl von Onkel Peppe und einem Esslöffel Butter Knoblauch und Rosmarin goldbraun anbraten. Das ausgenommene Kaninchen in Stücke geschnitten dazugeben. 0,2 Liter (ein Glas) Brandy dazugeben sowie Oliven ohne Kerne und klein geschnittene, frische Pilze, Salz und Pfeffer nach Geschmack. Alles 30 Minuten lang auf kleiner Flamme anbraten.

Spaghetti alla carbonara

Mettere una pentola d'acqua sul fornello.
Friggere nell'olio d'oliva di zio Peppe 300 grammi di pancetta di zia Palmira tagliata a dadini. Sbattere in una ciotola per qualche minuto quattro uova con un po' di parmigiano, noce moscata grattugiata, sale e pepe.
Quando l'acqua bolle, aggiungere il sale e 500 grammi di spaghetti e cuocere al dente. Mescolare gli spaghetti con pancetta e uova e aggiungere un po' di formaggio parmigiano. Servire caldo. Buon appetito!

Spaghetti Carbonara

Einen Topf mit Wasser auf den Herd stellen.
300 Gramm Speck von Tante Palmira in kleine Würfeln schneiden und mit etwas Olivenöl von Onkel Peppe in der Pfanne anbraten. Vier Eier mit etwas Parmesan, frisch geriebener Muskatnuss, Salz und Pfeffer in einer Schüssel schaumig rühren.
Wenn das Wasser kocht, Salz dazugeben, 500 Gramm Spaghetti reinwerfen und kochen, bis sie „al dente" sind. Die fertigen Spaghetti mit Speck und Eiern mischen, noch etwas Parmesan drauf und: guten Appetit!

Trippa alla romana

Olio, pancetta, cipolla, sedano, soffriggi e aggiungi il pomodoro. Fai cuocere per un po', unisci la trippa a listarelle, un po' di brodo di dado caldo, sale, pepe, foglioline di menta.

Pansen auf römische Art

Man nehme zwei Esslöffel vom Extra-Vergine-Olivenöl von Onkel Peppe, 100 Gramm klein geschnittenen Speck, eine gewürfelte

Zwiebel und eine klein geschnittene Stange Staudensellerie. Alles goldbraun anbraten und eine Dose (500 g) Tomaten dazugeben. Nach 20 Minuten den in Streifen geschnittenen Pansen (400 g) und einen in warmem Wasser aufgelösten Suppenwürfel dazugeben sowie Salz und Pfeffer nach Geschmack. Eine halbe Stunde köcheln lassen. In den letzten zehn Minuten ein paar Blätter frische Minze mitkochen. Mmmmmhhhh – lecker!

Rehrücken mit Preiselbeeren

1 kg Rehrücken ♥ 2 EL Butter ♥ 2 Karotten ♥ 1 Zwiebel ♥ 1 Selleriestange ♥ 2 Knoblauchzehen ♥ 250 ml heiße Fleischbrühe ♥ 100 ml Rotwein ♥ 400 g eingekochte Preiselbeeren ♥ 2 EL Sahne ♥ Salz ♥ Pfeffer

Etwas von dem Olivenöl von Onkel Peppe und einen Esslöffel Butter in einer großen Pfanne erhitzen und den Rehrücken von allen Seiten darin anbraten. Den Backofen auf 180 Grad vorheizen. Den angebräunten Rehrücken in einen Bräter geben, dazu das gehackte Gemüse, dann im Backofen eineinhalb Stunden garen. Ab und zu mit Brühe übergießen. Danach den Rehrücken in Scheiben tranchieren und auf einen großen Teller legen.

Den Wein in den Bratensaft geben, bei starker Hitze einkochen lassen und die restliche Butter und die Sahne darunterrühren. Diese Sauce dann auf die Rehscheiben gießen und zusammen mit den Preiselbeeren servieren.

REZEPTE BEI FAMILIE HEILMANN

Römischer Salat

Römersalat, Karotten, Radieschen, Sellerie, Tomaten, Zwiebeln, Kapern, Fenchel, Parmesankäse, geröstete Brotstückchen und ein Dressing aus Salz, Pfeffer, Balsamico-Essig und dem guten Olivenöl von Onkel Peppe – alles nach eigenem Gusto.

Strammer Max

1 Scheibe Bauernbrot ♥ 1 TL Butter ♥ 50 g roher Schinken ♥ 2 TL Öl ♥ 2 Eier ♥ Salz und Pfeffer ♥ 1 Gewürzgurke ♥ 1 Tomate

Die Scheibe Brot mit Butter bestreichen und auf einen Teller legen. Den gewürfelten, rohen Schinken darauf verteilen.
Das gute Extra-Vergine-Olivenöl von Onkel Peppe in einer Pfanne erhitzen und die Eier zu Spiegeleier braten. Mit Salz und Pfeffer würzen und auf das Schinkenbrot legen.
Die Gurke in Scheiben schneiden, die Tomate achteln und beides auf dem Teller anrichten.

Bucatini alla matriciana

150 Gramm geräucherten Speck von Tante Palmira in feine Streifen schneiden und zusammen mit einer klein gewürfelten Zwiebel und der fein gehackten Peperoncino in einer Pfanne in dem guten Olivenöl von Onkel Peppe erhitzen. Eine Dose (500 g) Tomaten hinzufügen und nach Geschmack salzen und pfeffern. Bei mittlerer Hitze 15 Minuten köcheln lassen. Die Pasta (Bucatini) in reichlich Salzwasser al dente kochen. Abtropfen lassen, unter die Sauce mischen, mit geriebenem Pecorino bestreuen.

DINNER FÜR ZWEI

Aperitif

Prosecco mit Erdbeeren

Vorspeisen

Capesante al forno (Überbackene Jakobsmuscheln)
Sechs Jakobsmuscheln öffnen, das Muschelfleisch mit ein paar Blättern frischem Thymian, einer Prise Paniermehl und geriebenen Mandeln bestreuen. Den Backofen auf 180 Grad vorheizen. Dann die Muscheln auf einem Backblech etwa zwei Minuten lang überbacken.

Gamberetti in salsa rosa (Kleine Garnelen in rosa Sauce)
Für die „Salsa rosa" verrührt man vier Esslöffel Mayonnaise, zwei Esslöffel Tomatenketchup, eine halbe, ausgepresste Zitrone und einen Schuss Cognac mit dem Schneebesen. 300 Gramm geschälte Garnelen dazugeben und alles miteinander verrühren. Ein Salatblatt roten Radiccio in ein großes Cocktailglas legen und die Garnelen in rosa Sauce darauf anrichten. Vor dem Servieren ein paar Stunden in den Kühlschrank stellen.

Erster Hauptgang

Risotto allo zafferano (Reis in Safran)
In einer Kasserolle eine fein gehackte Zwiebel in dem guten Olivenöl von Onkel Peppe anschwitzen und mit einem Glas trockenen Weißwein ablöschen. Zehn Esslöffel Risotto-Reis in die Kasserolle geben. Unter stetigem Rühren nach und nach einen halben Liter warme Gemüsebrühe dazugeben. Kurz bevor der Reis gar ist,

einen Teelöffel echten Safran darunterheben. Achtung: keinen Parmesan dazu!

Zweiter Hauptgang

Uova tartufate (Eier mit Trüffeln)

In einer Schüssel vier Eier mit Salz, Pfeffer und ein paar Scheiben dünn geraspeltem Parmesan vermengen. Ein wenig frischen Trüffel darüberreiben und ebenfalls vermengen. Wenn Sie Glück haben, finden Sie frische, bezahlbare Trüffelpilze, wenn Sie weniger Glück haben, behelfen Sie sich mit Trüffelcreme aus der Tube. Und wenn Sie richtig Pech haben, bleibt Ihnen nur Olivenöl mit Trüffelgeschmack (in jedem Supermarkt erhältlich).
Einen Esslöffel Butter in der Pfanne erhitzen und aus der Trüffelmasse unter ständigem Rühren eine Art Trüffelrührei braten. Auf gerösteten Weißbrotscheiben (Bruschetta) anrichten.

REZEPTE AUS DER VHS

Kartoffelsalat (für eine hungrige VHS-Klasse)

Eineinhalb Kilo festkochende Kartoffeln als Pellkartoffeln in Salzwasser kochen. Abkühlen lassen und dann in kleine Würfel schneiden. Sechs bis acht kleine Gewürzgurken und eine Zwiebel würfeln, beides zu den Kartoffeln in eine große Salatschüssel geben. Drei bis vier Esslöffel Essig, ein bis eineinhalb Esslöffel Zucker sowie Salz und Pfeffer nach Geschmack zum Gemüse geben und alles gut miteinander vermischen. Über Nacht durchziehen lassen. Am nächsten Tag ein paar Stunden vor Verzehr die Mayonnaise mit einem rohen Ei verquirlen, sodass eine sämige Masse entsteht. Diese zum Salat geben und alles gut durchrühren. (Stephanie Sommer)

Borsch

Als Erstens kochen wir Brühe aus Rindefleisch (500 Gramm). Dann drei bis vier Stücke Kartoffeln als Ganzes in Brühe zugeben. Natürlich noch Salz, schwarzer Pfeffer, Lorbeerblätter und ein Esslöffel Vegetega zugeben. Während Kartoffeln gar sind, beraten wir Zwiebel (fein geschnitten) mit geriebenen Möhren an. Dann fügen wir Paprika (ein Stück) zu, die als kleine würfeln geschnitten muss. Wenn das alles angebraten ist, muss man noch Tomate Soße dazu geben. Sobald Kartoffeln fertig sind, geben wir geschnittenen Weißkohl zu. Nicht lange kochen! Kartoffeln raus nehmen und mit der Gabel zerkleinern und in der Suppe zurück zufügen. Dann legen wir alles was angebraten haben dazu, und das drei bis vier Minuten kochen lassen. Und nach Geschmack Knoblauch zugeben. Suppe zu Seite stellen. Borsch muss dann ziehen lassen ein bis zwei Stunden. (Lydia)

Eintopf Makova

2 Spitzkohl ♥ 4 Frühlingszwiebeln ♥ 3 Tomaten ♥ 4 Zucchini ♥ 6 Karotten ♥ 400 Milliliter Kokosmilch ♥ 3 Esslöffel Erdnussöl ♥ 3 Teelöffel Curry ♥ 1 Teelöffel Ingwer ♥ 1 Teelöffel Kurkuma ♥ 1 Zehe Knoblauch ♥ 1 Esslöffel Erdnussbutter ♥ 2 Esslöffel Gewürzmischung Chakalaka (gibt's in Afrika-Läden)

So geht's: Entferne die äußeren Schichten von Spitzkohl und der Zwiebaln und schneida alles in kleina Streifen.
Wasche die Tomata und die Zucchini. Schneida dann die Tomata in Scheiben und die Zucchini der Länge nach in dünne Streifen. Schäle jetzt die Tomata und schneide sie in dicke Scheiben. Zerkleinere die Knoblauchzehe – in einem Mörser oder mit dem Messer in ganz kleine Stücke.
Setze eine großa Kochtopf auf die Herd, schütte das Erdnussöl hinein und erhitze es. Brate darin die Zwiebeln und die Tomata etwa 3 Minuten lang an.
Gib nun das ganze Gemüsa, die Kokosmilch und die Gewürz dazu und rühre alles gut um. Lasse deinen Eintopf jetzt 20 Minuten lang leicht kochen. Fertig! (Marali de Pemba)

Börek 4 Portionen

500 g Mehl ♥ Milch ♥ Hefe ♥ 300 g Kartoffeln ♥ 1 Peperoni ♥ 1 Bund Petersilie ♥ Salz ♥ schwarzer Pfeffer ♥ Chilipulver ♥ ½ EL Tomatenmark ♥ ½ Paprika ♥ 1 große Zwiebel ♥ 1 EL Sonnenblumenöl ♥ 3 TL Paprikapulver ♥ Pimentpaste

Weiß du, geht so: Musst du 500 Gramm Mehl in eine Schussel sieben und dann in Mitte Mulde drucken und dann gibst du Salz und Hefe und Milch in Mulde. Dann mischt du und knetest du alles zusammen, bis du ein glatten Teig hast. Musst du dann für so

40879378R00120

Printed in Poland
by Amazon Fulfillment
Poland Sp. z o.o., Wrocław

1989

Abendrot ließ das Watt in giftigem Rot schimmern wie flüssiges Metall. Marissa versank im Schlick. Ihre Beine schmerzten, die rechte Fußsohle stach, weil sie zweimal auf scharfkantige Muscheln getreten war. Das Salz brannte sich in die Wunde. Sie wusste, obwohl sie vorher niemals dort gewesen war, dass sich der verbotene Ort irgendwo im Nirgendwo befindet, wo Wasser und Land verschwimmen. Rund fünf Kilometer aus sind es von der Hallig Hulhan, doch es können auch sieben oder im Extremfall zehn werden, denn das Watt verändert konstant seine Form, neue Priele tauchen auf.

Langsam folgte die Kolonne Michael und Christian. Michael war trotz seiner fünfzehn Jahren der Anführer. Von seinem Vater hatte er gelernt, sich sicher in diesem Gebiet zurechtzufinden, die Untiefen perfekt abzuschätzen, die Gruppe anzuführen.

Marissa beugte sich vor, stützt die Hände auf die Oberschenkel, atmete schwer.

»Du willst doch wohl nicht kneifen?« Jule hakte sich bei ihr unter.

»Können wir eine Pause machen?« Marissa schloss kurz die Augen. Was, wenn sie sich jetzt weigert mitzumachen? Die Hallig und auch die Küste waren nicht mehr zu sehen, inzwischen hatte sie vollkommen die Orientierung verloren. Was ihr früher so viel Sorge bereitet hatte, war nun unwichtig geworden: Sollten die anderen über sie lachen, sie verachten, sie ignorieren, sie ausschließen. Alles schien ihr besser als das, was sie erwartete. Die anderen hatten die Mutprobe bereits hinter sich gebracht, Michael, Christian, Jule, Theo, Sandra und Rieke. Keiner von ihnen konnte verbergen, dass das, was ihr bevorstand, alles andere als angenehm war. Riekes weit geöffnete Augen, Theos vorsichtige – wie zufällige – Berührungen an ihrer Hand, wenn sie langsamer wurde. Christians Grinsen. Jules aufeinandergepresste Lippen mit dem starr nach vorn gerichteten Blick. Auch die anderen hatten Angst, wollten es aber nicht zugeben.

»Pause!«, rief Jule. »Marissa kann nicht mehr.«

Christian stöhnte auf. Marissa war es unangenehm, dass nun die Aufmerksamkeit aller auf ihr ruhte. Sie blickte sich zu Sandra um, doch ihre Freundin wich ihrem Blick aus.

Christian wartete, bis Marissa aufgeschlossen hatte. »Guck, da hinten. Es sieht wie ein Schiffsmast aus. Siehst du das?«

Sie nickte.

»Da ist es schon. Du willst doch jetzt nicht kneifen, oder?«

Am liebsten hätte Marissa »Ja« gesagt. Noch war es früh genug umzukehren, alles abzubrechen. Stattdessen schüttelte sie den Kopf und sagte: »Gehen wir weiter.«

Christian nickte Michael zu. »Na also.«

Obwohl die Bake in der Ferne deutlich sichtbar war, konnte der Weg durch diesen Irrgarten sich noch stundenlang hinziehen. Marissa unterdrückte das Zittern. Sie war nur knapp 1,60 Meter groß, die Kleinste von allen. Es reichte nicht, dass sie sich die Hosen hochkrempelte. Der Stoff wurde trotzdem nass, obwohl die Wasserläufe nicht besonders tief waren.

Das Sonnenlicht wich dem Strahlen des Vollmondes, der an diesem Tag so hell war, dass sie die mitgebrachten Taschenlampen gar nicht einschalteten. Ihre Körper warfen lange glänzende Schatten, die miteinander verschmolzen. Über der Salzwiese funkelten Sterne, die nur hier, abseits von jedem menschlichen Licht, sichtbar wurden. Es waren so viele, dass Marissa die Sternbilder gar nicht mehr zuordnen konnte.

Sie hatte keine Uhr dabei. Wie lange waren sie bereits gewandert? Ihr kam es mindestens wie sechs Stunden vor. Ihr Magen knurrte, die Lippen klebten vor Durst und von dem Wind aneinander. Die Füße schmerzten nun nicht mehr, selbst der verletzte Fuß nicht, weil sie von der Kälte taub waren.

Vor ihnen lag ein Stück Sand, so erhaben wie eine Insel. Der Blauortsand würde auch bei Flut nicht unter-

gehen, bei einer »normalen Flut«, wie Michael gesagt hatte.

Aber was, wenn Sturm aufkam? Wenn das Wetter umschlug? Wenn es keine »normale« Flut war? Der Wetterbericht hatte eine sternklare Nacht angekündigt, fast windstill, doch die Vorhersagen konnten irren, oft nahm sich das Meer ohne Ankündigung das, was ihm seit Jahrhunderten gehörte. Landstriche wurden zu Wasser, Häuser und Weiden überflutet. Es brauchte nur wenige Stunden und ganze Ortschaften wurden von der Gewalt des Meeres verschlungen, Halligen und ganze Inseln verschwanden.

Niemand wusste, wie viele Halligen im Laufe der Jahrhunderte untergegangen waren, ohne je auf einer Karte verzeichnet, in einem Buch erwähnt worden zu sein. Auch die Bake war immer wieder zerstört und neu aufgebaut worden, weil der Blauortsand eben kein sicherer, fester Ort war. Wie das Watt veränderte er seine Form, seine Lage. Wer die Bake zweimal besuchte, betrat nicht denselben Ort.

Zu siebt drängten sie sich um das Holzgerüst, das bei Schiffsunglücken den Menschen Schutz bot, lehnten sich an die Pfeiler.

Michael sah auf die Uhr. »Ist doch lang heute gewesen. Sechs Stunden. Fünfundzwanzig Kilometer mindestens.«

Die anderen stöhnten auf, nur Marissa schwieg. Sie hatte andere Sorgen als den Rückweg. Es war nicht nur der Wind, der das Wasser langsam Richtung Land

drängte, sondern die Flut hatte eingesetzt. Das Meer stieg wieder.

»So, jetzt musst du dich entscheiden«, sagte Christian. Seine Stimme klang dunkel und wurde vom Windrauschen verzerrt.

Soviel zu der Wettervorhersage, dass es keinen stärkeren Wind geben sollte, dachte sich Marissa und biss sich auf die Unterlippe, damit der Schmerz sie ablenkte.

Christian nickte ihr zu. »Wenn du kneifen willst, sag' es. Jetzt. Wenn du zu uns gehören willst, erkläre ich dir die Aufgabe. Also. Willst du dabei sein?«

»Ja.«

»Ich habe dich nicht gehört.«

»Ja!« Marissa kam es vor, als würde sie brüllen, doch sie hörte sich selbst kaum.

Christian blickte von einem zum andern, dann zog er einen Zettel hervor, der so geknickt war, dass er auseinanderzufallen schien.

»Taschenlampe«, sagte Christian.

Michael zog seine Taschenlampe aus der Hosentasche und hielt sie auf das Papier.

Fast wie bei einem Gottesdienst, dachte Marissa und unterdrückte ein Lachen. Wie die Weihnachts- und Ostergottesdiensten in der Halligkapelle. Immer, wenn die Anspannung zu hoch wurde, wenn alle anderen besonders ernst waren, musste sie auflachen. Sie konnte dann nicht an sich halten, es schüttelte sie, es hielt sie gepackt. Auch nun prustete sie laut auf.

Sandra stieß sie mit dem Ellbogen in die Seite.

Marissa gelang es, sich unter Kontrolle zu bekom-

men. Das Lachen hatte ihre Füße warm werden lassen. Der Schmerz an ihrer verletzten Fußsohle setzte wieder ein. Wie es brannte!

»Nochmal. Wenn du aufgeben willst, tu‘ es jetzt«, sagte Christian.

»Ich will dabei sein.« Marissa versuchte, den verletzten Fuß auf den anderen zu stellen, um den Schmerz zu mindern, doch das Salz hatte sich in der Wunde festgesetzt. Es gab nichts an diesem Ort, was helfen würde. Die einzige Lösung wäre, die Verletzung mit Süßwasser auszuspülen. Sie alle hatten keine Getränke mehr, ihre mitgenommenen Wasserflaschen längst ausgetrunken.

»Okay, fangen wir an.« Theo öffnete seinen Rucksack.

Marissa hielt beim Blick auf das dicke Seil, das Theo nun hervorzog, den Atem an. Alles in ihr drängte danach, wegzulaufen, doch sie war wie gelähmt. Stumm ließ sie über sich ergehen, dass Theo ihre Handgelenke mit dem Seil auf den Rücken band und das andere Ende an einem Holzbalken der Bake befestigte.

»Du hast Bewegungsfreiheit«, sagte Theo. »Du kannst dich setzen und ein paar Schritte gehen. Das ist nur zu deiner eigenen Sicherheit.«

Marissa durchfuhr ein Zittern.

»Falls dich die Panik packt. Damit du nicht in die Flut rennst.« Theo nickte ihr zu.

Marissa ließ sich zu Boden sinken, sie schaffte es nicht mehr, aufrecht zu stehen. Das Aufnahmeritual hatte sie sich anders vorgestellt. Was war sie nur für eine

dumme Kuh! Was dachte sie denn, was passieren würde? Dass sie zusammen Schokoriegel essen, etwas reden und dann gemeinsam zurückkehren würden? Blauäugig, verdammt blauäugig war sie gewesen.

Sie suchte Christians Gesicht. Er war derjenige, der entschied. Wenn sie jetzt darum bat, losgebunden zu werden, würde er ihr den Wunsch erfüllen? Würde er sie noch gehen lassen?

Sie schwieg, um ihm nicht die Genugtuung zu geben, sich an ihrem Ausgeliefertsein zu ergötzen. Mühsam richtete sie sich wieder auf. Ihre Beine zitterten nicht mehr, auch den Schmerz spürte sie nicht. Sie räusperte sich. »Ja, was ist denn nun? Sollen wir hier endlos rumstehen oder wann fängst du endlich an zu lesen?« Sie grinste Christian an. »Oder hat jemand von euch etwa schon die Hosen voll?«

Ein lautes Lachen schallte ihr entgegen.

Vorsichtig testete Marissa, wie fest die Fesseln geschnürt waren. Nicht einmal wenige Millimeter konnte sie die Hände gegeneinander verdrehen. Auch würde sie es niemals schaffen, an den höher gelegenen Knoten an der Bake zu gelangen Sie würde sich setzen können, stehen, sich einen Meter vom Pfahl wegbewegen. Möglicherweise wäre es denkbar, dass sie mit ihren Zähnen den Knoten an der Bake löste. Am Tag wäre das durchaus eine Option, doch nun lag der Knoten im Mondschatten, sodass sie die Verschlingung nicht genau erkennen konnte.

»Willkommen. Ihr. Kinder. Des. Dikjendülmanns«, begann Christian abzulesen.

Christian sprach pathetisch und überbetont, nach jedem Wort machte er eine bedeutungsschwere Pause, so dass sie fast wieder in Lachen ausbrach. Nur die Mienen der anderen hielten sie davon ab. Sogar Sandra, die sonst für jeden Spaß zu haben war, senkte den Blick und faltete die Hände, als würde sie beten. Alle waren in sich versunken, es herrschte eine Andacht größer als bei der Oster- oder Weihnachtsmesse.

»Der Dünengeist ist mehr als eine Erzählung, die Jahrhunderte überdauert. Wir alle haben ihn gesehen und wissen, dass er existiert. Wissen wir das?«

»Wir wissen das«, antworteten die anderen im Chor.

Marissa schluckte. Nieselregen setzte ein und ließ sie blinzeln. Die Luft schien sich zu verflüssigen. Waren jetzt alle völlig bekloppt geworden? Sie versuchte es mit einem Lächeln in Sandras Richtung, doch Sandra presste die Lippen aufeinander, schüttelte den Kopf und blickte wütend, als wäre jeder Mangel an Demut die größte Sünde aller Zeiten. Sonst ließ sie sich von niemandem etwas sagen, nicht einmal die Schläge ihres Vaters schüchterten sie ein.

Mit einem Mal war der geknotete Strick an Marissas Rücken noch härter und fester gebunden. Was, wenn die anderen sie hier zurückließen, wenn sie nie wieder zurückkämen? Niemals würde sie ohne Michael den Weg über die Salzwiesen zurückfinden, nicht ansatzweise abschätzen können, wo die Priele zu tief waren und die Strömung zu stark und wo sie einen Durchgang boten. Dann war da auch noch der besonders tiefe Priel mit der gefährlichen Strömung direkt vor der Hallig.

Eine unüberwindbare Hürde, nur Michael wusste, wie er zu überwinden war.

Das Wasser lief schon wieder auf, sie konnte es hören, wie die Brandung lauter wurde und näherkam.

»Nur, wer sich dem Dikjendülmann stellt, wird die Welt verstehen und was sie antreibt. Es ist nicht das Geld, nicht die Macht. Es sind nicht die Politiker, nicht die Könige und Kanzler, die über das Schicksal richten. Es ist der Dikjendülmann.« Christian räusperte sich.

»Es ist der Dikjendülmann«, wiederholten die anderen.

Marissa schwieg. Wieder versuchte sie, Anzeichen zu erkennen, dass das ein Scherz war, doch weiterhin standen ihre Freunde starr und blickten zu Boden. Sie kannte die Erzählungen über den Dünenmann, den die verschrobenen Alten sich in den Sturmfluten erzählten, wenn das Wasser kam und die Menschen dichter zusammenrückten. Der Dünenmann und das Meer bräuchten Opfer, damit die Hallig nicht überflutet würde. Manchmal banden sie ein junges Schaf auf den Wiesen an, um den Dünenmann bei Springfluten gnädig zu stimmen. Aber nie hatte Marissa länger darüber nachgedacht, das Lamm würde ja sowieso geschlachtet und gegessen werden, so war es doch egal, auf welche Art es zu Tode kam.

»Nun, Marissa, ist es an dir, auch zu den Wissenden zu gehören. Du wirst erfahren, was wir alle erfahren haben. Wir werden in Gedanken bei dir sein, wenn du dem Dikjendülmann gegenübertrittst. Hier.« Er zog noch einen Zettel hervor, der neuer aussah als der, von

dem er abgelesen hatte, nahm eine Heftzwecke aus der Hosentasche und scheuchte mit einer Handbewegung die anderen fünf weg.

Michael nickte und sagte: »Folgt mir.«

Jule, Theo und Rieke gingen ihm nach in Richtung Wasser. Nur Sandra zögerte.

»Sandra! Das kannst du nicht tun! Das kannst du nicht zulassen!« Marissa versuchte, Sandra dazu zu bringen, bei ihr zu bleiben. Sie waren zusammen eingeschult worden. Hatten schon in der ersten Klasse nebeneinandergesessen. Sie hatten sich immer Halt gegeben, keine Geheimnisse voreinander gehabt.

Und trotzdem drehte sich Sandra nun um und folgte den anderen. Marissa wurde klar, dass sie längst gewusst hatte, was nun geschehen würde, dass ihre beste Freundin diese Mutprobe bereits hinter sich gebracht hatte, ohne ihr auch nur ein einziges Wort darüber zu erzählen.

»Nein!«, rief sie.

Theo nahm Sandras Hand und zog sie weiter.

Bald war die Gruppe nur noch in der Ferne zu erahnen. Zu sehen waren kleine schwarze Punkte, die sich langsam über das Watt bewegten.

Christian pinnte den neuen Zettel an den Holzbalken.

»Lies das«, sagte er. Die Taschenlampe hängte er an der Öse mit einer weiteren Heftzwecke auf.

»So hält die Lampe doch nicht.« Marisas Stimme war ein Flüstern.

»Sie hat immer gehalten. Nur die Batterie geht

irgendwann leer. Bis dahin solltest du es auswendig können, was da steht. Es gehört zum Ritual.«

»Du gehst?« Nun war Marissas Stimme wieder vollständig da. »Du gehst?«

»Ja.« Er sagte es, als würde er auf die Frage der Verkäuferin an der Kasse antworten, ob er passend zahlen könnte. Christian wandte sich ab.

Sie wollte es nicht wahrhaben, obwohl alles auf diesen Moment hinausgelaufen war. Die anderen ließen sie wirklich allein.

»Morgen sind wir wieder da. Vor der nächsten Flut.«

Dann war er weg.

Marissa warf sich vorwärts, doch der Holzbalken gab nicht nach. Das Seil schnitt mit seinen spitzen Hanffasern in ihre Haut. Sie schrie. Mit aller Kraft sprang sie am Pfahl hoch, um an den oberen Knoten zu gelangen. Doch sie konnte ihn nicht erreichen, nicht einmal bei Tageslicht würde sie sich befreien können.

Irgendwann wurde ihr bewusst, dass ihre Kräfte aufgebraucht waren vom Springen, vom Ziehen und Schreien. Sie die Taschenlampe heruntergerissen. Ihr einziges Licht, falls sich die Wolken vor den Mond schieben würden. Sie packte die Lampe mit den Zähnen und hockte sich hin.

Die Landschaft wurde vom Mond in undurchsichtiges Grauschwarz getaucht. Durch die Wanderung war sie bis zur Hüfte durchnässt. Schlick und Sand klebte an ihr und inzwischen auch an ihrem Gesicht. Es gab nichts als Leere um sie herum. Immer mal wieder tauchten Lichtpunkte auf. War es ein Schiff, das Helle

in der Ferne? Oder die Spiegelung des Mondes auf ruhendem Wasser? Oder war es nur etwas, das ihre Netzhaut in ihrer Panik produzierte?

Sie nahm die Taschenlampe fester zwischen die Zähne und leuchtete das Papier an.

»Du Tochter des Dünengeistes, nun bist du eine von uns. Nun zählst du zu den Wissenden, den Starken, denjenigen, die Verantwortung für die Gemeinschaft tragen. Wer auf Hulhan überleben will, muss lernen, dass dies nur möglich ist, wenn alle sich in Notsituationen aufeinander verlassen können. Feiglinge und Verräter haben keine Daseinsberechtigung. Nur durch die jahrhundertelange Auslese sind wir Menschen der Hallig Hulhan fähig, unser Leben dem Meer abzutrotzen.«

Marissa sammelte so viel Speichel wie nur möglich und spuckte auf das Blatt. Diese Idioten. Wie sie zusammenhielten. Dann das absolut verrückte Geschwätz vom Dünengeist! Mutprobe. Dazugehören. Das waren die Worte, mit denen sie geködert worden war.

Warum hatte sie nicht abgelehnt? Warum hatte sie nicht einfach gesagt, dass sie darauf pfeife dazuzugehören, dass sie sowieso vorhatte, die Hallig, das ganze Land zu verlassen? Dass alle sie mal gernhaben konnten oder eben auch nicht?

Feste schlug sie mit dem Kopf gegen den Holzbalken. All ihre Zuversicht und ihr Glaube an die Vernunft und Güte stellte sich nun als Selbsttäuschung heraus. Sie hatte gedacht, diese Sache mit dem Dünenmann,

das sei eben etwas wie der Nikolaus und der Weihnachtsmann.

»Vieles wird nicht so heiß gegessen, wie es gekocht wird«, pflegte ihr Vater Arne zu sagen. Ob er als junger Mann auch dieses Ritual hinter sich gebracht hatte?

»Um das Vermächtnis des Dikjendülmanns zu wahren, ist es wichtig, dass jeder von uns für den anderen einsteht«, las sie weiter.

Marissa schrie laut auf, um ihre Stimme zu hören und mit ihrer Wut besser zurechtzukommen. Wer hatte sich so einen verdammten Schwachsinn nur ausgedacht? Seit wann wurde dieses Ritual praktiziert? Seit Jahrhunderten? Es tat gut zu schreien, weil die Wut die Angst vertrieb und das Gefühl, ausgeliefert zu sein.

»Und es ist wichtig, dass jeder sich an die überlieferten Regeln hält.

1) Du darfst mit niemandem über das sprechen, was du in dieser Nacht erlebst. Das Ritual ist das Ritual ist das Ritual. Es steht über allem.

2) Du darfst dem Dikjendülmann nicht direkt in die Augen blicken.

3) Du musst gegenüber dem Dikjendülmann deine Verantwortung als Nachkomme der Überlebenden anerkennen, durch deren Schuld der Dikjendülmann bei einem Schiffbruch umgekommen ist.

4) Wir müssen aus dem tragischen Tod des Dikjendülmann lernen: Jeder von uns trägt besondere Verantwortung für ein anderes Mitglied unserer Halliggemeinschaft.

5) Niemand lehnt sich ungestraft gegen die Regeln

und das Zusammenleben in der Gemeinschaft der Hulhaner auf.

6) Ein Verlassen der Gemeinschaft ohne vorherige Abstimmung des Hohen Rates ist nicht möglich.

7) Verfehlungen sind umgehend dem Rat zu melden.

8) Deine Bestimmung ist es, für Rieke verantwortlich zu sein. Sollte Rieke die Regeln brechen, die oben genannt worden sind, bist du diejenige, die dafür Sorge zu tragen hat, dass Rieke wieder ein Teil unserer Gemeinschaft wird. Riekes Taten sind deine Taten.«

»Na, super«, sagte Marissa laut. »Dann soll ich jetzt Rieke überwachen? Euch sagen, wenn sie über euer ›Ritual‹ lacht? Ihr seid doch Idioten. Christian! Komm zurück! Michael! Jule! Theo! Rieke! Sandra! Sandra!«

Sie schrie, bis sie heiser wurde, dann lehnte sie sich an den Pfosten.

Die Flut war nun so nah, dass sie das Wasser spüren konnte. Wie viel Zeit war bereits vergangen? Wie lange musste sie noch ausharren? 12 Stunden und 24 Minuten dauerte ein Zyklus des Wassers. So lange! Und sie hatten ihr nicht einmal etwas zu trinken oder zu essen dagelassen. Anstelle des Zettels hätten sie lieber eine Trinkflasche aufhängen sollen!

Nebel zog auf. Wieder begann es zu nieseln. Sie öffnete den Mund, um etwas Regen aufzufangen. Als hätte sich alles gegen sie verschworen, erlosch die Taschenlampe zeitgleich mit einer Wolke, die sich vor den Mond schob.

Nun war Marissa froh, dass die Fesseln sie daran

hinderten, sich in die drei oder vier Meter hohe Flut zu stürzen und mit ihrer Strömung zu versuchen, das Festland zu erreichen.

Was, wenn die Flut diesmal höher stieg als gewöhnlicherweise?

Sie beobachtete den Nebel, der sich um sie legte, hörte auf das Donnern der Brandung, spürte den Nieselregen kalt im Gesicht.

Sie zwang sich zur Vernunft. Es war nur der Nebel, der vom offenen Meer her näher rückte. Die Formationen, die sie zu erkennen glaubte, waren nichts als Fantasiegebilde. Wie viele Jugendliche vor ihr dieses Ritual schon praktiziert hatten, wusste sie nicht, aber Michael, Christian, Jule, Theo, Rieke und Sandra hatten es über sich ergehen lassen und keinem von ihnen hatte es geschadet.

Doch ihr Körper ignorierte die logischen Argumenten, mit denen sie die aufsteigende Panik bekämpfen wollte. Ihr Herz raste. Ihr wurde es schwindelig und so übel, dass sie sich übergab. Die Umgebung drehte sich, und gleichzeitig hatte sie das Gefühl zu sinken wie auf einem kenternden Schiff, das in einen Strudel geriet. Sie atmete schneller, doch auch dadurch bekam sie nicht genügend Luft, im Gegenteil. Befand sie sich längst unter Wasser? Drang die kalte Flüssigkeit in ihre Lungen ein, breitete sich in ihr aus, um sie von innen zu sprengen? Das Dröhnen der Wellen wurde dumpfer und rückte in weite Ferne.

Als ihre Knie einknickten, war es, als würde sie ihren schlaffen Körper von oben betrachten, wie er

dalag, zuckte und vollständig erschlaffte. Sie selbst war leicht wie ein Vogel, schwebte über dem Holzgerüst der Bake.

Marissa betrachtete den Hochsand, dessen Gelb sich im Licht der aufgehenden Sonne von dem Blau des Wassers abhob. Nun hatte das Meer sich beruhigt, glänzend lag es vor ihr. Die Landschaft hatte etwas Unwirkliches und Marissa war es, als flöge sie weiter, über breite Priele, Sandbänke, über den geschwungenen Wechsel von Gelb und Blau, der nicht wie von dieser Welt erschien.

Kopfschmerzen waren das Erste, was sie daran erinnerte, dass sie sich doch in ihrem Körper befand. Mühsam drückte sie den Oberkörper hoch und richtete sich zum Sitzen auf. Mit dem Rücken lehnte sie sich an den breiten Holzpfahl. Sie bewegte die Finger, um ihre eingeschlafenen Hände wieder zum Leben zu erwecken. Ihr war kalt. An der linken Schädelseite hämmerte es, doch da ihre Handgelenke festgebunden waren, konnte sie die Stelle nicht abtasten. Möglicherweise war sie bei ihrem Sturz gegen das Holz geprallt.

Inzwischen war es hell geworden. Die Flut wich zurück, die Brandung wurde leiser. Die Ebbe hatte eingesetzt und die anderen hatten sich hoffentlich bereits auf den Weg zu ihr gemacht. Das Schlimmste war geschafft. Sie hatte die Nacht überstanden, das Wasser ging zurück. Sie müsste erleichtert sein. Doch sie war nicht stolz, auch nicht froh. Da war gar nichts außer einer riesigen Leere.

Still und bewegungslos blieb sie sitzen und stellte

sich vor, die anderen würden nicht kommen, die nächste Flut extrem ansteigen und sie mitsamt der Bake mit sich reißen. Doch auch der Gedanke bewegte nichts in ihr.

Die Lichtreflexionen auf dem Wasser ließen es silbern glänzen. Die Landschaft kam ihr fern und fremd vor, als befände sie sich auf dem Mars.

Sie war nicht unangenehm, diese innere Gleichgültigkeit und Distanziertheit, eher erlaubte dieser Zustand ihr einen klaren Blick auf sich und ihr Leben. Immer hatte sie sich damit getröstet, was sie in Zukunft alles würde tun können. Sie würde Abitur machen. Sie würde studieren. Sie würde eine eigene Familie gründen und dann selbst bestimmen und sich nicht der Kleinkariertheit der Halliggemeinschaft beugen, die sich hinter der zur Schau getragenen Weltoffenheit verbarg.

Doch was war mit ihrem Leben jetzt? Heute? Warum dachte sie immer nur an später? Mit der Angst vor dem Ertrinken war auch die Sorge verschwunden, ohne Zeugnisse und mittellos dazustehen, keinen überzeugenden Plan zu haben. Genügte es nicht, dass sie wusste, dass sie wegwollte? Und danach sehnte sie sich mehr als nach allem anderen im Leben.

Wenn sie zurück in ihrem Zimmer wäre, würde sie packen. Ein Rucksack reichte. Sie würde ihre Ausweispapiere, Schulzeugnisse, Wechselkleidung, Regenhose und Regenjacke mitnehmen, alles Geld aus dem Sparschwein schütteln und ihr Sparbuch plündern. Es war nicht viel, was sie besaß, aber für eine Fahrkarte nach Italien würde es reichen. Das Gefasel vom Dünenmann

und vom Rat, von Strafen für das Verlassen der Insel, das war blödsinnig, sie glaubte nicht daran. Zum ersten Mal war auch die Wut auf ihre Mutter verschwunden, die die Familie ohne Ankündigung von einem Tag auf den anderen zurückgelassen hatte. Auch Marissa würde sich gewiss nicht aufhalten lassen.

2

2019

Marissa betrachtete den Brief von allen Seiten. Die Marke zeigte, dass er aus Deutschland kam. Ein Absender war nicht notiert. Doch die Schrift, mit der ihr Name und die Adresse geschrieben worden waren, war die ihres Vaters. Auch nach all den Jahren erkannte sie sie.

Sie konnte sich nicht überwinden, in ihr Haus zurückzukehren oder den Brief zu öffnen. Dann gab sie sich einen Ruck, legte die Post ungeöffnet aufs Schlüsselbrett, zog sich Schuhe an und ging wieder nach draußen, um die Blumen zu gießen. Das war eine Tätigkeit, bei der sich ihre Gedanken klärten.

Der April war in diesem Jahr sommerlich warm und trocken, sodass sie die Rosen, den Lavendel und den Kräutergarten schon jetzt zweimal am Tag gießen musste. Sie konzentrierte sich auf den süßen Duft der Blüten, den würzigen Geruch der Kräuter. Trotzdem kehrten ihre Gedanken immer wieder an den Ort

zurück, den sie vor drei Jahrzehnten verlassen hatte. Seitdem hatte sie zu niemandem von der Hallig mehr Kontakt gehabt, weder zu ihrem Vater, noch zu Michael, Christian, Jule, Theo und Rieke. Nicht einmal bei Sandra hatte sie sich gemeldet. Nach der Nacht an der Bake hatte sie ihr altes Leben vollständig von sich abgetrennt, wie andere Menschen sich einen Zopf abschneiden.

Nur in ihren Träumen tauchten die Nordsee, die Hallig Hulhan und auch die Bake regelmäßig wieder auf. Das konnte sie aber wegschieben, wenn sie aufstand und den Fernseher einschaltete oder ein Buch las.

Doch innerlich war sie keinen einzigen Schritt weitergekommen. In der Rosenblüte sah sie das Rot der aufgehenden Sonne über dem Meer, glaubte, den typisch metallischen Glanz zu erkennen. In dem Grün der Kräuter sah sie das Grün der Dünenwiesen. Wenn sie die Augen schloss, roch sie das Salz in der Luft, obwohl der Strand rund zwanzig Kilometer entfernt war. Erst die Schmerzen in ihrem Kiefer ließen sie gewahr werden, wie sehr sie die Zähne aufeinanderbiss.

Marissa drehte das Wasser ab und ging in ihr Arbeitszimmer, ohne einen Blick auf den Umschlag auf dem Schlüsselbrett zu werfen.

Sie ruckelte an der Computermaus, um das Gerät aus dem Standby-Modus zu wecken, und setzte sich auf den Stuhl. Auf der linken Seite des Bildschirms stand das Romanmanuskript einer jungen italienischen Autorin, auf der rechten Seite die achtzehn Seiten ihrer Übersetzung. Sie hatte erst vor zwei Tagen mit der

Arbeit für den Verlag begonnen. Wenn sie so schnell weiterarbeitete, hatte sie sich bald einen finanziellen Puffer geschaffen.

Sie strich ihre Haare nach hinten und las noch einmal den Text, den sie geschrieben hatte, dann wandte sie sich dem Ursprungsmanuskript daneben zu. Doch anstatt auf die Wörter und Sätze zu sehen, glitt ihr Blick durch die Buchstaben hindurch. Fokussierte sich auf ihr Gesicht, das sich auf dem Bildschirm spiegelte. Nase, Augen und Mund waren nicht erkennbar, nur ihr Oberkörper mit den nach vorn gesunkenen Schultern, ihr Kopf, der noch schmaler wirkte als sonst. Sie zog die Schultern kurz hoch und zog sie nach hinten, richtete sich auf und drehte sich vom Bildschirm weg. Der Blick aus dem Fenster auf die Seealpen, die Berge, die in hellem Grün erstrahlten, waren der Luxus, den dieses Haus bot. Es war eng und ohne Komfort, die Decken niedrig, besaß nur Schlaf- und Arbeitszimmer und darüber Küche und Wohnzimmer mit einer kleinen Dachterrasse. Eingezwängt zwischen anderen Dorfhäusern, die Gasse war so schmal, dass man in einen Hauseingang ausweichen musste, wenn zwei Personen sich entgegenkamen. Doch genau dafür liebte sie ihr Zuhause. Es war geborgen und geschützt. Der Blick aus dem Arbeitszimmer vermittelte Weite, wenn sie sich danach sehnte.

Wieder drehte sie sich in Richtung des Bildschirms und las in dem Ursprungsmanuskript. Nach einer Seite fragte sie sich, um was es überhaupt ging. Sie las wieder und wieder, doch die Wörter setzten sich in ihrem Kopf

nicht zusammen, als wäre Italienisch nicht die Sprache, in der sie sich unterhielt und in der sie sogar träumte, sondern als wäre sie eine Anfängerin in der ersten Stunde eines Sprachkurses, als hätte es die letzten dreißig Jahre nicht gegeben.

Mit einem Seufzen stand sie auf und kehrte zum Schlüsselbrett zurück. Ihre Hand klebte verschwitzt am Briefumschlag, als sie ihn öffnete. Sie setzte sich in den Flur auf die Treppenstufen und las.

Liebe Marissa,

du sollst wissen, dass ich nur noch wenige Wochen zu leben habe. Bei einer Routineuntersuchung wurde Bauchspeicheldrüsenkrebs diagnostiziert. Wir sind es uns gegenseitig schuldig, uns zumindest in Würde voneinander zu verabschieden, anstatt dass sich einer vom anderen wegschleicht.

Dein Vater

Woher hatte ihr Vater ihre Adresse? Seit wann wusste er, wo sie lebte? Jetzt erwartete er von ihr, dass sie zu ihm kam. Sie kannte ihn gut genug, um das aus seinen Worten herauszulesen. Immerhin hatte er ihr keine Vorwürfe gemacht. Aber auch nichts Persönliches geschrieben.

Marissa ließ den Brief aus den Händen gleiten. Ihren Kopf fühlte sich mit einem Mal so schwer an, dass sie Mühe hatte, ihn auf dem Hals zu balancieren. Es

war, als wäre sie in eine Marionette verwandelt worden, die Einzelteile nur durch dünne Fäden verbunden. Es gab niemanden mehr, der die Fäden hielt.

Mühsam richtete sie sich auf und lehnte sich an die Wand. Sie würde keine Ruhe und Konzentration finden, wenn sie nicht aufbrach. Viel zu lang hatte sie diesen Weg vor sich hergeschoben, sich jeden Sommer und auch an Weihnachten gesagt, es sei an der Zeit, an die Nordsee zurückzukehren, sich dem zu stellen, vor dem sie weggelaufen war. Sie war nicht mehr die schüchterne Kleine, die sich dem Druck von Vater, Halligschule und der Gemeinschaft Hulhans beugte. Sie hatte ihr eigenes Leben, ihr Haus, ihren Beruf, ihren Alltag. Doch um wirklich innerlich frei zu werden, musste sie aufbrechen, um Abschied zu nehmen.

3

2019

Kälte drang durch die undichten Fenster des Regionalzuges. Von außen waren die Scheiben mit Regen beschlagen, von innen hatte sich feuchter Dunst abgesetzt, sodass von der Landschaft nur Konturen zu erkennen waren. Kinder im Abteil quengelten. Die meisten Erwachsenen starrten auf ihre Handys. Der Schaffner quetschte sich durch den Gang, der mit Koffern zugestellt war.

An der nächsten Haltestelle drängelte sich Marissa durch den überfüllten Wagen zum Ausgang. Sie setzte die Kapuze der Winterjacke auf, die sie zwei Jahre lang nicht mehr getragen hatte, zu mild waren die Winter im Süden. In Ligurien hatte es gereicht, sich kurz eine dünne Fleecejacke überzuziehen.

Der Wind fegte ihr die Kapuze vom Kopf. Die Überdachung des Bahnsteigs bot wenig Schutz, der Wind und der Regen zerrten an ihr. Als der Zug weitergefahren war, musste sie breitbeinig gehen, um nicht das

Gleichgewicht zu verlieren. So schnell wie möglich eilte sie in die Unterführung und weiter zum Taxistand.

»Hier rechts abbiegen«, sagte sie nach knapp einer halben Stunde Fahrtzeit.

Der Fahrer reagierte zu spät und fuhr an der Abzweigung zum Damm vorbei.

»Wir müssen wenden.« Marissa blickte sich um. Noch immer war der Feldweg in demselben Zustand wie vor dreißig Jahren. Er war nicht asphaltiert, nicht einmal mit Schotter befestigt. Auf den ersten Blick war er nicht zu erkennen. Um diese Jahreszeit waren die Wiesen matschig braun und voller Schlammlöcher, sodass sich der Weg kaum davon abhob.

Der Fahrer stöhnte und fuhr in eine Nothaltebucht am Rand. »Da soll es reingehen?«

»Ja.« Als sie die Hallig verlassen hatte, war der Damm noch nicht fertiggestellt gewesen. Aus dem Internet hatte sie erfahren, dass er inzwischen befestigt und bei Niedrigwasser mit einem PKW befahrbar war.

»Das kann ich nicht machen. Ich versaue mir den Wagen, da reicht es nicht mal, wenn ich hinterher durch eine Waschanlage fahre. Nach ein paar Metern bleibe ich stecken.«

»Es sieht schlimmer aus, als es ist.«

Der Fahrer schüttelte den Kopf und wies auf das Taxameter. »Das macht dann 32,40.«

»Ich kann Ihnen versichern …«

»Nein.«

»Das hätten Sie mir schon am Bahnhof sagen müssen! Da wussten Sie doch, dass ich über den Damm möchte.«

»Ich ging davon aus, dass Sie dort zu Fuß rüberwandern wollen. Da fährt nie ein Wagen rüber.«

»Was meinen Sie, wofür solche Dämme gebaut werden?«

Der Fahrer schwieg.

Marissa stöhnte. »Und wenn ich zwanzig Euro zusätzlich für die Autowäsche zahle?« Marissa betrachtete ihre neuen dunkelblauen Wildlederschuhe, die sündhaft teuer gewesen waren. Die könnte sie wegwerfen, wenn sie die Strecke zu Fuß fortsetzte. Sie bräuchte Gummistiefel, aber davon besaß sie nicht einmal mehr ein Paar.

»Nein.«

Marissa kramte ihr Portemonnaie hervor und gab dem Fahrer 33 Euro. »Ich bekomme noch sechzig Cent zurück«, sagte sie und hielt ihre Hand auf.

Murrend gab der Fahrer das Wechselgeld heraus.

Marissa stieg aus. Sofort versank sie im Schlick. Die Schuhe waren jetzt nicht zu retten, denn der feuchte Lehm setzte sich in jede noch so kleine Ritze. Kurz wartete sie, doch der Fahrer machte keine Anstalten, ihr zu helfen, den Rucksack aus dem Kofferraum zu tragen. So öffnete sie selbst die Kofferraumklappe. Sobald sie sie wieder geschlossen hatte, fuhr das Taxi so zügig an, dass Steinchen aufspritzen.

Marissa blieb noch eine Weile stehen, dann gab sie sich einen Ruck. In der Hinsicht hatte sich anscheinend

nichts geändert: Die Festlandsbewohner waren immer noch voreingenommen gegenüber den Bewohnern von Hulhan und mieden den Weg dorthin wie der Teufel das Weihwasser.

Nichts als Wiesen lagen vor ihr, unterteilt durch Weidezäune, doch kein Vieh stand draußen. Ein paar Meter neben dem Weg lief sie in Richtung Meer, schätzte dabei die Feuchtigkeit der Rasenfläche ab und mied die Stellen, die zu morastig aussahen.

Vor ihr das Gras sah trocken und heller aus. Aber als sie einen Schritt auf die Grasnarbe setzte, sank sie so tief ein, dass ihr Schuh stecken blieb.

Der Schuh war in dem Matsch gar nicht mehr sichtbar. Kurz überlegte sie, im Schlick danach zu suchen, doch dann zog sie auch den zweiten Schuh aus, krempelte sich die Hosen hoch und ging barfuß weiter.

Obwohl die Temperatur nur knapp über dem Gefrierpunkt lag, wurden ihre Füße von der Bewegung bald warm. Sie kannte das noch vorn früher, wenn sie übers Watt gewandert waren. Anfangs dachte man, man würde erfrieren, die Zehen würden taub werden, doch die Anstrengung und der Wechsel zwischen Schlick und Luft führte zu einer ganz eigenen Erwärmung, die die Fußsohlen prickeln ließ.

Nun brauchte sie nicht mehr darauf achten, ob sich vor ihr Pfützen befanden oder Schlammlöcher. Zügig stapfte sie voran. Der Damm war nicht asphaltiert, aber so gut mit Schotter befestigt, dass er problemlos mit einem Transporter in eine Richtung passierbar wäre. Wegen der spitzen Steine ging sie lieber durchs Watt.

Kurz brach die Sonne hinter den Wolken hervor und wärmte ihr Gesicht.

Durch die Weite und die immergleiche Landschaft verlor sie bald das Zeitgefühl. Nur anhand der dunklen Spur, die sie hinter sich im Schlick hinterließ, merkte sie, dass sie sich vorwärts bewegte.

Nach Stunden tauchte im Hintergrund das erste gelbe Reetdach auf. Das Haupthaus, das auf der höchsten Warft stand. Dann erkannte sie die anderen zwei Dächer und das Ziegeldach des Turms. Nur die Kapelle auf der fünften Warft blieb hinter den Wohngebäuden versteckt.

Wer von den ursprünglichen Bewohnern hier noch lebte, wusste sie nicht. Dass die Hallig sich dem Tourismus geöffnet hatte, glaubte sie nicht, denn seit Jahrhunderten betrachteten die Hulhaner alles Fremde mit äußerster Skepsis.

Je näher sie dem alten Hofgebäude kam, desto langsamer wurden ihre Schritte. Dort hatte sich vor dreißig Jahren das Halligleben abgespielt, doch jetzt waren die beiden kleineren Gebäude, die ehemalige Schule und der verfallene Tadehof wieder instandgesetzt worden waren. Auch der Turm glänzte in frischem Weiß. Sogar die Kapelle war blau angestrichen worden.

»Hallo?« Marissa blieb zwischen den Gebäuden stehen und rief noch einmal.

Niemand antwortete.

Die Tür des Tadehofs stand offen. Es roch nach Schafswolle, Stroh und Essen. Innen war es warm und die Kamine strahlten Hitze ab. Trotzdem war kein

Mensch zu sehen. Auf dem Tisch standen benutzte Tassen und Teller. Alles wirkten geisterhaft.

Marissa ging weiter zum Hofgebäude, wo sie aufgewachsen war, rüttelte an der Tür. Eine Klingel oder Glocke gab es noch immer nicht. Sie zog ihr Handy hervor, um zu googeln, ob sich eine Telefonnummer ihres Vaters finden ließ oder irgendeinen Hinweis darauf, was mit dem Hof in all den Jahren geschehen war. Sie ärgerte sich, dass sie das nicht schon vor ihrer Abfahrt getan hatte. Was, wenn ihr Vater gar nicht mehr an diesem Ort lebte? Das war etwas, was sie nie in Erwägung gezogen hatte.

Dann hielt sie inne. Ein leises Trappeln war aus dem Haus zu hören.

Kurz darauf öffnete sich die Eingangstür einen Spalt weit mit einem Quietschen.

»Ja?«, fragte eine Kinderstimme.

Marissa ging einen Schritt nach links, um durch den Spalt zu blicken.

Vor ihr stand ein Mädchen mit einer Latzjeans, die zu groß war und nur über einer Schulter geschlossen war. Mit durchscheinender Haut, blauen Augen und roten Haaren. Trüge das Mädchen keine Zahnklammer, wäre es, als würde Marissa vollständig in ihr früheres Ich blicken.

»Ja?«, fragte das Mädchen noch einmal und stutzte. Ihre Augen weiteten sich. Die Ähnlichkeit war so unglaublich, dass es nicht zu fassen war.

»Ich bin Marissa. Wer bist du?«

»Mia.«

»Ich möchte zu Arne Bartelsen. Kennst du ihn?«

Der Blick des Mädchens glitt an Marissa abwärts zu den Füßen. »Oje«, sagte es und nickte zu den mit Matsch bedeckten Beinen.

»Arne? Klar kenne ich den. Es ist mein Vater. Bist du die Marissa, die …«

Marissa nickte.

Mia hielt die Tür weiterhin so weit geschlossen, dass Marissa nicht ins Innere sehen konnte.

»Darf ich reinkommen? Immerhin sind wir Halbschwestern.« Das Mädchen war vielleicht zehn Jahre alt, könnte ihre eigene Tochter sein. Nie hätte sie gedacht, dass ihr Vater noch einmal ein Kind in die Welt setzen würde. Die Existenz von Mia versetzte ihr einen Stich, als wäre bewusst ein Ersatz für sie geschaffen worden. Marissa schob den Gedanken beiseite. Sie war diejenige, die mit ihrer Familie und der Halliggemeinschaft gebrochen hatte, nicht die anderen hatten sie weggejagt.

Langsam öffnete Mia die Tür und trat zurück.

Marissa hielt inne. »Kannst du mir vielleicht erst einmal ein Handtuch geben, sonst mache ich alles dreckig.«

Mia lief in Richtung der Küche und kehrte mit einem Geschirrtuch zurück.

Marissa wischte sich die Füße mit dem dünnen Baumwolltuch ab, so gut es eben ging, dann betrat sie den Flur.

Ungläubig sah sie sich um. Die Wände, an denen vorher das nackte Mauerwerk zu sehen gewesen war, strahlten nun in gelber Marmorierung. Die Schuhe,

früher einfach auf einen Haufen geworfen, standen geordnet in einem offenen Schuhregal. Die Küche bestand nicht mehr aus alten Möbeln und Geräten vom Flohmarkt, sondern war eine Einbauküche mit Marmoranrichte.

Ob der rotbraune Farbton des Holzes echtes Mahagoni war? Doch das wäre unbezahlbar. Anstelle eines Matratzen- und Kissenlagers befanden sich im Wohnzimmer weiße Polstermöbel. Es war so geschmackvoll eingerichtet, als hätte jemand einen Innenarchitekten bestellt, es war so aufgeräumt, als würde der Fotograf einer Wohnzeitschrift erwartet.

Vor der Treppe blieb Marissa länger stehen und registrierte all die kleinen Details, die sie die Luft anhalten ließen: Frische Blumen auf dem Wohnzimmertisch. Die Kabel an der Wand hinter einer Leiste verborgen. Handgemalten Seidenkissen. Vorhänge, die farblich auf die Einrichtung abgestimmt waren.

»Du und Arne«, begann Marissa, »lebt ihr hier alleine?«

Mia lachte. »Mama ist doch auch noch da.«

Marissa entdeckte das Bild eines Hochzeitspaares. Ihr Vater war unverkennbar: schwarzer Anzug, blaues Hemd, die Haare silbern und frisch geschnitten mit einer leichten Welle am Pony, den er mit einem Seitenscheitel trug. Sein Gesicht erinnerte an einen Dirigenten. Die Frau neben ihm wirkte wie seine Sekretärin, stand etwas hinter ihm, mit braunem Pagenkopf, der knapp übers Ohr reichte, und dunkler Brille.

»Die Frau auf dem Foto?« Marissa zeigte drauf.

»Ist Mama.«

»Wie heißt sie denn? Wie alt ist sie?«

»Uta. Sie ist 42 Jahre, glaube ich.«

Marissa schluckte. Dann war Mias Mutter vier Jahre jünger als sie. Doch was hatte sie erwartet? Dass ihr Vater Trübsal blasen würde? Dafür war er nicht der Typ. Aber dass er eine so junge Frau heiratete, das hätte sie nie gedacht.

»Was macht deine Mama denn?«, fragte Marissa.

»Mama ist Lehrerin. Sie ist die Nachfolgerin von Simone. Ich bin auch in Mamas Klasse, mit Lukas, Anna und Jan.«

»Und die anderen?« Wie voll das Haus früher gewesen war, wie viele Menschen in diesen Räumen gelebt hatten.

»Welche anderen?«

»Wohnt ihr hier nur zu dritt?«

»Wer denn sonst?« Mia lachte laut auf und blickte Marissa an, als sei die eine Schwachsinnige. »Das ist doch unser Haus.«

»Gibt es hier noch eine Sandra? Wir sind zusammen zur Schule gegangen und waren beste Freundinnen.«

»Sandra wohnt in der alten Scheune.«

»Und Jule? Richtig heißt sie Juliane.«

»Gibt es hier nicht.«

»Okay, ich glaube, ich gehe erst mal ins Bad. Nicht dass deine Eltern erschrecken, wenn sie mich sehen.« Marissa blickte sich noch einmal um. So viel hatte sich verändert, dass es unfassbar war, aber soweit sie es beurteilen konnte, eine Wandlung zum Positiven. Vielleicht

war es die neue Frau, der es gelungen war, die verkrusteten Strukturen aufzubrechen. Wobei ihr bei dem Gedanken an die Halligschule ein Schütteln durch den Oberkörper fuhr. Damals war es ihr Vater gewesen, der die Kinder unterrichtet hatte. Durch den Damm war es jetzt doch möglich, dass jemand die Kinder zur Festlandschule brachte!

Marissa ging hinauf.

Von dem alten Badezimmer war nichts mehr übrig. Sie betrat einen frisch gefliesten Raum mit blauer Bordüre in Kopfhöhe. Die Waschtische mit den historisch anmutenden Wasserhähnen mussten sündhaft teuer gewesen sein.

Marissa schloss die Tür, entkleidete sich und stieg in die Dusche. Ihren Rucksack stellte sie in die Ecke. Nachdem sie sich gewaschen und frisch angezogen hatte, wischte sie mit ihrem Handtuch über den Boden und die Dusche. Dass das hier einmal ihr Zuhause gewesen war, war unglaublich.

4

2019

»Sag mal, gibt es hier irgendwo Schuhe in Größe 37, die ich anziehen könnte?«, fragte sie Mia.

»Meine.« Mia lief in den Flur und kehrte mit fünf Paar Schuhen zurück.

»Welche kannst du denn am ehesten entbehren?«

Mia reichte ihr Turnschuhe, die neu aussahen.

Marissa schlüpfte in die Schuhe. Sie passten, als hätte sie sie im Schuhgeschäft für sich selbst ausgesucht. Langsam fühlte sie sich wohler.

Nie zuvor hatte sie in diesen Räumen so frei durchatmen können. Immer war eine Bedrückung spürbar, eine Enge trotz der Größe des Hauses. Etwas Stickiges, auch wenn man die Fenster den ganzen Tag geöffnet ließ.

»Warum bist du heute nicht in der Schule?«, fragte Marissa.

»Krank. Ich habe Halsweh. Und Fieber. Ich soll die anderen lieber nicht anstecken und hierbleiben.«

»Hast du Hunger? Soll ich dir heiße Milch mit Honig machen? Oder einen warmen Kakao?«

Mia strahlte. »Ja.«

Marissa zögerte. Sie hatte das Angebot ausgesprochen, ohne groß darüber nachzudenken, hatte den Wunsch, das Mädchen zu beschützen, auch wenn Mia das wahrscheinlich gar nicht nötig hatte.

Kurz darauf stand sie in der Küche. Alles war so fremd, so neu, so ungewohnt. Dann überwand sie ihre Hemmung und öffnete die Schublade rechts vom Herd und war erstaunt über die alte Holzvorrichtung, die die zum Vorschein kam. Es war dieselbe, die sie aus ihrer eigenen Kindheit kannte. Die Löffel, Gabeln und Messer waren genauso angeordnet wie früher. Sie nahm einen Kaffeelöffel heraus und klappte die hohe Schranktür darüber auf. Genau an dieser Stelle hatten sich auch damals die Tassen und Gläser befunden. Die Milch stand wie immer im Seitenfach des Kühlschrankes, der Kakao und der Honig beide nebeneinander in dem Schrank auf mittlerer Höhe neben dem Fenster. Nur wo früher das Katzenfutter lag, war nun eine Mikrowelle eingebaut.

Marissa rührte Kakaopulver in die Milch und stellte das Glas in die Mikrowelle.

»Gibt es hier keine Katzen mehr?«, fragte sie.

Mia setzte sich an den kleinen Hochtisch und schüttelte den Kopf. »Mama hat eine Allergie. Ich darf deshalb keine Katzen haben. Hattest du Tiere?«

»Es gab so viele Katzen hier. Eine Rote war ganz zahm, die habe ich manchmal heimlich mit ins Bett

genommen. Aber sie ist gestorben, als ich in der neunten Klasse war. Pünktchen hieß sie, weil sie mitten auf dem Rücken einen weißen Punkt hatte.« Das Piepen der Mikrowelle unterbrach ihre Gedanken. Marissa holte das Glas vom Metallrost und stellte es vor Mia.

Dann öffnete sie die Schublade rechts von der Besteckschublade und fand Strohhalme. Auch früher hatten sie sich genau an diesem Ort befunden. Regelmäßig brachte ihr Vater sie am Samstag aus dem Großmarkt mit, extra für sie.

»Geht …« Marissa wollte »Vater« sagen, dann »Papa«, doch beide Wörter kamen ihr nicht über die Lippen. Früher hatte sie ihn »Papa« genannt hatte. Für alle hatte er immer ein offenes Ohr gehabt, war der Kopf der Hallig gewesen. Doch Marissa hatte immer das Gefühl, dass all sein unermüdlicher Einsatz für andere, seine Hilfestellungen und sein Entgegenkommen nur ein Mittel war, um ihn von der Trauer abzulenken, davon, dass seine Frau ihn von einem Tag auf den anderen verlassen hatte. Damals war Marissa sieben Jahre alt gewesen. Sie müsste sich erinnern können, konkret an irgendetwas, vielleicht an eine Gutenachtgeschichte oder ein Weihnachtsfest.

Aber da war nichts dergleichen. Wenn sie an Alexandra dachte, sah sie Fotos vor sich, die sie oft betrachtet hatte. Ihre Mutter war ein riesiges Loch in ihrem Innern, eine Leere und eine unstillbare Sehnsucht nach einem Menschen, der sie in den Arm nahm und sagte: Du schaffst das schon, ich bin bei dir.

Ihre Mutter, das war ein Gefühl von Einsamkeit, das

auch bestehen blieb, wenn sie mit jemandem zusammen war. Es war so intensiv, dass alle Beziehungen daran zerbrachen, denn Einsamkeit konnte sie besser ertragen, wenn sie allein war, als wenn jemand neben ihr im Bett lag.

»Ich habe mir immer eine Schwester gewünscht. So eine wie dich«, sagte Mia.

Marissa ging zu ihr und drückte sie. Sie fühlte die fiebrige Stirn an ihrem Hals, roch die Süße des Kakaos.

»Warum bist du weggegangen?«, fragte Mia.

»Manchmal muss man rauskommen. Wenn alles zu eng wird.«

»Wir gehören hier zusammen. Die vom Festland, die verstehen das alles sowieso nicht. Ich würde nie hier weggehen.«

»Das will ich dir auch nicht raten«, erklang eine dunkle Stimme aus dem Flur.

Marissa drehte sich ruckartig um. Dünn war ihr Vater geworden. »Ich habe dich gar nicht kommen hören.«

»Und ich habe nicht damit gerechnet, dich noch einmal zu sehen. Mia, gehst du bitte in dein Zimmer?«

»Aber …«

»Kein Aber. Ab mit dir.« Arne nickte ihr zu.

Mia presste die Lippen aufeinander, nahm ihr Glas Kakao und lief die Treppe hoch.

»Weißt du, dass die Polizei jahrelang nach dir gesucht hat? Dass sogar ein Suchaufruf im Fernsehen gesendet wurde?«, fragte Arne. Sein Kinn zitterte.

Marissa schwieg. Sie kam sich wie ein kleines

Mädchen vor, das zurechtgewiesen wurde. Sie wich dem Blick ihres Vaters nicht aus.

»Und soll ich dir sagen, wie ich dich gefunden habe?« Er schüttelte den Kopf.

»Ich freue mich auch, dass wir uns wiedersehen.«

»Ich habe einen Privatdetektiv auf dem Festland engagiert. Fast dreitausend hat es mich gekostet.« Arne sog geräuschvoll die Luft ein und stieß sie noch lauter wieder aus.

»Du hast mir geschrieben und ich bin gekommen. Sollen wir uns wirklich in den ersten Minuten schon streiten?« Sie streckte ihm die Hand hin.

Arne tat so, als würde er sie nicht sehen. »Dass du gekommen bist, das ist ja das Mindeste.«

»Ich kann wieder gehen. Weißt du, dass du so ein …« Sie verbot sich weiterzureden. Um sich abzuregen, schaute sie aus dem Fenster auf die Kapelle, den weißen Turm, die ehemalige Schule und den Tadenhof. Vom Wohnzimmer aus hatte man den perfekten Überblick über Hulhan. »Wer von denen, die ich kenne, wohnt hier eigentlich noch?«

»Du kannst hier nicht auftauchen und so tun, als wäre nichts passiert.«

»Was willst du von mir? Dass ich mich vor dir auf die Knie werfe? Dass ich mich entschuldige?«

»Das wäre mal ein Anfang. Ich habe dich immer beschützt. Immer.«

Stumm und mit verschränkten Armen standen sie sich gegenüber. Ein Schlüssel wurde in die Tür gesteckt.

Keiner von ihnen bewegte sich. Arnes Kinn zitterte. Ihre Hände und Füße fühlten sich eiskalt an.

»Ist jemand zu Hause?«, fragte eine Frauenstimme.

Arne schwieg.

»Ich bin hier in der Küche mit Arne. Marissa.« Sie schaute zu der Frau, die eintrat.

Uta war vier Jahre jünger, doch wirkte erwachsener und reifer, gutmütig und auch selbstsicher. Eine Frau, die Arne die Stirn bieten konnte, die sich gewiss nicht von ihm einschüchtern ließ.

»Du bist Marissa?«, fragte Uta und streckte Marissa die Hand hin.

Sie erwiderte den Gruß und es dauerte nur ein paar Sekunden, und all ihre Bedenken waren verschwunden.

»Es ist schön, dass wir uns kennenlernen. Arne hat viel von dir erzählt. Ich bin Uta.«

»So, jetzt aber genug der Höflichkeiten ausgetauscht, ich habe Hunger.« Arnes Körper straffte sich. Er begann, Papiere zu ordnen.

Früher hatte Marissa immer das Mittagessen nach der Schule zubereitet, damit sie gemeinsam mit ihrem Vater essen konnte, wenn der später von einer seiner Versammlungen oder von der Arbeit im Stall kam.

»Ich hole etwas aus der Tiefkühltruhe.« Uta ging in den Keller und zog die Tür hinter sich zu.

»Herzlichen Glückwunsch zu deiner neuen Frau«, sagte Marissa. »Sie passt zu dir.«

»Sie hat ihr eigenes Leben.«

Marissa nickte, setzte sich neben ihren Vater,

wartete, dass er sich ihr zuwandte, doch er sortierte weiter Papiere, als sei es das Wichtigste auf der Welt.

»Dreißig Jahre lang haben wir uns nicht mehr gesehen. Dass ich gegangen war …«, begann sie. Sie wusste nicht, an welcher Stelle sie ansetzen sollte.

»Ich habe den Brief in einem Anflug von Sentimentalität geschrieben. Konnte ja nicht ahnen, dass du sofort hier auf der Matte stehst.«

»Immerhin hast du einen Privatdetektiv beauftragt.«

»All das Geld!«

Marissa legte ihre Hand auf die des Vaters, doch er zog seinen Arm sofort weg.

»Du bist wütend«, sagte sie. »Und dafür hast du allen Grund.«

»Ich bin zu alt, um in der Vergangenheit zu graben.«

»Ich bin da.«

»Was kaum zu übersehen ist.«

Uta kam wieder, ging in die Küche, schob eine Aluschale in den Backofen und räumte die Spülmaschine aus. Beim Klappern der Töpfe schreckte Arne jedes Mal zusammen. Wie angeschlagen er doch war, seine Nerven bis zum Äußersten gespannt. Auch wenn er nicht von seiner Krankheit sprach, tat, als wäre alles in Ordnung, fiel es ihm schwer, die innere Ruhe zu bewahren. Er würde Mia nicht mehr aufwachsen sehen. Doch wenn er darüber sprechen wollte, musste er das Thema aufwerfen. Wenn sie das ansprechen würde, würde ihr Vater völlig aus der Haut fahren.

Uta schloss die Klappe der Spülmaschine und

blickte zu Marissa. »Ich richte dir auf dem Speicher das Gästezimmer her. Ich habe den Raum oben ausbauen lassen neben dem Schutzraum. Es ist jetzt ein ganz eigenes, abgeschiedenes Reich geworden. Wenn du willst, kannst du dort erst einmal ankommen.«

Nun legte Arne die Papiere beiseite. »Es wird besser sein, wenn Marissa in einem Hotel schläft.«

»Ich zeige dir die Bettwäsche.« Uta nahm Marissas Hand und führte sie treppauf.

Den Speicher kannte Marissa nur als staubigen Ort, auf dem Gerümpel gelagert wurde, das eigentlich längst auf den Müll gehörte. Zwischen den Holzbalken lebten unzählige Spinnen, Mäuse und Ratten, das Fenster war undicht, sodass sich auch Tauben dort niedergelassen hatten, um zu brüten. Freiwillig hatte sie den Speicher nie betreten.

Sie hatte es gehasst, wenn das Wasser kam, sie mit allen andern dicht gedrängt im Schutzraum ausharren musste. Die Luft war von all den Menschen so voller Gerüche gewesen, dass ihr immer übel geworden war.

Nun blieb sie auf dem oberen Treppenabsatz stehen und staunte beim Blick durch die geöffnete Tür.

Von den dunklen Holzbalken war nichts mehr zu sehen, nur in der Mitte ragten dekorativ noch Stützbalken hervor. Ansonsten waren die Balken vollständig unter der Verkleidung verschwunden. Ein großes Bett stand in der Mitte des Raumes, im hinteren Bereich befand sich ein Badezimmer.

»Es ist wunderschön geworden. Das ganze Haus hat

sich so gewandelt. Ich erkenne es gar nicht mehr wieder. Die Änderungen, hast du die alle geplant?«, fragte Marissa.

»Ich beschäftige mich gerne mit Innenarchitektur. Eins meiner Hobbys.«

»Es ist wunderschön geworden.«

Uta zeigte Marissa verschiedene Sets der Bettwäsche. Marissa wies auf das mit dem Rosenmuster.

»Wobei ich gar nicht weiß, ob es gut ist, wenn ich hierbleibe. Ich hätte gar nicht kommen sollen. Es gibt zu viel, was zwischen Arne und mir steht, das ist ein solcher Haufen …« Sie sah einen Berg voller Geröll vor sich, höher als ein Haus, stellte sich vor, wie sie versuchte, eine Handvoll Steine wegzunehmen. Bei dem Versuch würde der ganze Berg ins Rutschen geraten und sie unter sich begraben.

»Ich denke, damit hat er längst abgeschlossen. Er hat sich so danach gesehnt, dich wiederzusehen. Abgesehen davon ist jetzt der Damm schon überflutet, bis morgen musst du sowieso bleiben.« Uta nahm das Kopfkissen und bezog es mit dem Rosenüberzug.

»Dann ist er aber noch schlechter als früher darin, seine Zuneigung zu zeigen.« Auch damals war er kein Vater gewesen, der es mochte, andere in den Arm zu nehmen oder selbst berührt zu werden. So oft hatte sich Marissa nach einer Umarmung oder einer Anerkennung gesehnt, hatte sich noch mehr angestrengt, den Haushalt zu schaffen, zu kochen, zu waschen, besonders gut aus den Schulbüchern zu lernen, damit er sich für sie

nicht schämen musste. Manchmal hatte er es sogar registriert, doch meistens nicht.

»Er macht nie viele Worte um irgendetwas. So ist er. Er holt dann lieber frische Blumen. Oder wir sitzen einfach abends nebeneinander, ich zünde eine Kerze an und wir beide wissen, dass wir nicht allein sind. Er steht zu den Menschen, die ihm wichtig sind.« Uta lächelte.

»Du liebst ihn wirklich, oder?«

Uta nickte.

Marissa blickte in Richtung der Tür. »Er kann sich glücklich schätzen, eine Frau wie dich zu haben.«

»Ich bin auch froh. Er ist Mia ein guter Vater.«

Marissa beneidete Mia eher um Uta. Jemand wie Uta hatte ihr so sehr gefehlt in ihrer Kindheit.

»Ich hole noch dein Gepäck«, sagte Uta. »Im Bad habe ich es gesehen. Ruh dich kurz aus, die Fahrt war bestimmt anstrengend. Ich gebe Bescheid, wenn das Essen fertig ist.«

Marissa nickte und setzte sich auf die Bettkante. Uta verabschiedete sich mit einem Nicken und ging die Treppe hinunter.

Bald drangen von unten leise Stimmen herauf. Marissa verstand kein einziges Wort, aber hörte die Aufgeregtheit des Wortwechsels heraus. Uta und Arne stritten. Marissa konnte sich vorstellen, um was oder wen es ging: um sie.

Dann unterbrach ein Klingelton das Wortgefecht. Kurz darauf war es vollständig ruhig, bis Teller- und Besteckklappern ertönte.

Das Angebot mit dem Mittagessen war von Uta nett gemeint, aber Marissa wusste schon jetzt, dass es ihr schwerfallen würde, es anzunehmen. Wenn sie daran dachte, neben Arne am Tisch zu sitzen, spürte sie keinen Hunger mehr. Sie hatte sich die Begegnung anders vorgestellt.

»Essen«, rief es durchs Treppenhaus.

Schnelle Schritte trappelten auf den Stufen. Mia. Marissa überlegte kurz, dann gab sie sich einen Ruck, ging auch treppab und setzte sich am Tisch neben Uta.

»Ich werde nicht bleiben«, sagte Marissa. »Arne hat recht. Aber dass ich hier ein Mal übernachten kann, weiß ich sehr zu schätzen.« Das Atmen fiel ihr schwer. »Morgen um halb zwei am Mittag geht der Zug. Zum Bahnhof nehme ich dann ein Taxi.«

Falls das überhaupt bis hierher über den Damm kommen würde. Vielleicht lebte ja Sandra noch hier oder Rieke oder Jule, eine der drei würden sie gewiss fahren, falls das Wetter nicht all ihre Pläne zunichtemachte, wie es auf Hulhan so oft geschah.

»Wie ist es eigentlich mit dem Damm?«, fragte Marissa. »Ist der immer so gut befahrbar wie heute?«

»Nein. Richtig gut rüber kommt man vielleicht zwei- oder dreimal die Woche.«

So sehr wünschte sie, dass Arne sie aufhielt, dass er sich wieder daran erinnerte, dass er derjenige gewesen war, der den Kontakt erneut aufgenommen und den Brief geschrieben hatte. Doch Arne schwieg. Auch als Uta ihm in die Seite stieß, konnte er sich nicht dazu überwinden, von seinem Starrsinn abzurücken.

Nur Mia sagte: »Oh, schade.«

In dem Moment wusste Marissa nicht einmal mehr, ob sie zur Beerdigung kommen würde, wenn er dann gestorben war.

5

THEO – 1990

In drei Tagen würde sie abreisen. Theo nahm all seinen Mut zusammen und ging auf Manon zu, die endlich einmal allein und nicht auf dem Pausenhof von unzähligen Mädchen umgeben war, obwohl sie gar nichts dafür tat. Die anderen umschwärmten sie wie die Bienen ihre Königin. Mit einem Buch in der Hand lehnte sie an einem Birkenstamm und las. Sie blickte nicht auf, als er auf sie zuging.

»Hey.« Theos Stimme war ein Krächzen. Er räusperte sich, dann versuchte er es noch einmal. »Hey, alles klar bei dir?«

Manon blickte auf. »Ouais.«

Ihre Haarspitzen bewegten sich im Wind und glänzten silbern in der Sonne. Sie war anders als die Mädchen, die er kennengelernt hatte. Das lag nicht nur daran, dass sie aus Frankreich kam und er ihren Akzent mochte, die französischen Wörter, die ihr immer

zwischendrin herausrutschten, sondern auch an ihre Bewegungen, die weicher waren als bei den anderen Mädchen, als wäre sie eine Tänzerin.

Sie las Bücher. Sie legte es nicht darauf an, im Mittelpunkt zu stehen und sich darzustellen. Manon trug keine Maske. Sie war klug, gab manchmal Antworten, sodass andere »Streberin« zischten. Sie hielt nichts davon, über Belanglosigkeiten zu reden. Manon verhielt sich wie eine Hulhanerin, obwohl sie keine war, sondern eine Städterin und dazu aus Frankreich. Wie würde sie in fünfzig Jahre aussehen? Ihre Haare wären dann heller, silbriger. Schon jetzt waren sie so strahlend, dass er erst dachte, sie hätte die Haare gefärbt. Doch ihre Augenbrauen waren hell, wie die Härchen auf ihren Armen auch. Mochte sie alt und schrumpelig sein, in seiner Vorstellung war sie dann noch immer zierlich und elegant.

»Was liest du?«, fragte er.

Sie hielt ihm das Buch entgegen. Sein Französisch war zu schlecht, um den Titel zu verstehen. Das war definitiv ein Nachteil, dass er die ersten acht Jahre auf der Hallig verbracht hatte, aus mehr als dem Lernen und Abfragen von Vokabeln und dem Ausfüllen von Lückentexten hatte der Französischunterricht nicht bestanden. Dem Bild auf dem Cover nach handelte es sich um einen Liebesroman.

»Spannend«, sagte er und nickte ihr zu. Zum Glück sprach sie gut Deutsch.

»Was liest du am liebsten?«

»Hm.« Theo überlegte. Eigentlich las er nur Fachbü-

cher und Fachzeitschriften über Naturwissenschaften und Computer, doch das wollte er nicht sagen. »Ich finde es enorm, dass du im letzten Zehn-Stunden-Test in Physik eine Eins gekriegt hast, obwohl du gar nicht die ganze Zeit da warst.«

Sie zuckte mit den Schultern.

»Magst du Physik?«, fragte er.

»Mais bien sûr.«

»Ich auch.« Er schaute auf die Uhr. Vier Minuten blieben von der Pause. Sein Herz raste. Jetzt nur nicht stottern! Theo straffte die Schultern. »Hast du Lust, mit mir ein Eis essen zu gehen? Ich lade dich ein.« So, es war gesagt.

»Heute am Nachmittag wollen wir mit der Familie einen Ausflug machen. Nach Hamburg.«

Er überlegte. Dann sagte er spontan und wunderte sich über sich selbst: »Und wenn wir jetzt gehen?« Er würde die Physikstunde versäumen. Noch nie hatte er das getan.

»Ah bon? Sofort?« Sie ließ ihr Buch sinken.

»Warum nicht.«

»Oui.«

»Wirklich?«

»Ich hoffe, du hast genug Geld dabei. Für einen großen Eisbecher.«

Er hätte sie am liebsten an sich gedrückt und abgeknutscht. Stattdessen blieb er ruhig stehen und sagte: »Na, dann mal los.«

Seine Angst, sie zu enttäuschen, verschwand von

Minute zu Minute. Im Café stellten sie fest, dass Manon wie er die Beatles mochte und Jazzmusik. Sie träumte davon, nach dem Schulabschluss durch Europa zu trampen und erst einmal frei zu sein. Die Vorstellung ließ ihn die Luft anhalten. Wusste sie nicht, wie die Leute vom Festland waren? Man konnte ihnen nicht trauen. Dann fiel ihm ein, dass er schon vergessen hatte, dass sie ja vom Festland kam.

Manon erzählte von einsamen Stränden an denn Küsten von Spanien und Portugal, von denen sie zu Hause in ihrem Zimmer Poster aufgehängt hatte. Auch im Winter könnte man dort im T-Shirt herumlaufen. Die Melodie ihrer Stimme war wie die Wellenbewegung des Meeres. Sie stellte sich kleine Restaurants in Italien vor, in denen es keine Speisekarte gab, sondern nur ein Tagesmenü.

»An einem Ort, wo es schön ist, einfach anhalten, eine Hängematte zwischen Bäumen aufspannen und lesen. Oder das Gesicht in die Sonne halten. Das wünsche ich mir«, sagte sie.

Je länger sie redete, umso mehr gefiel ihm der verrückte Plan.

»Oder besser in einem VW-Bus reisen.« Theo nickte ihr zu. »Den herrichten, ein breites Bett einbauen, einen großen Wasserkanister und einer Schüssel darunter, um sich zu waschen. Einen Gaskocher, mit dem man das Mittagessen kochen kann. Eine Dusche braucht niemand. Wir springen einfach in einen See. Oder ins Meer. Nordafrika! Marokko!«

»Bist du sicher, dass ich dich mitnehmen würde?«

Wie er es hasste, rot zu werden! Er hatte sich zu weit vorgewagt mit seinem »Wir«.

»Wie würdest du es denn planen?«, fragte er.

»D'accord. Mit einem Bus ist es besser als zu trampen. Wir wären unabhängiger.«

Seinen Puls spürte er bis in die Schläfen und die Fingerspitzen hinein. »Wir«, hatte sie gesagt. Sein Gesicht glühte noch immer - oder schon wieder.

»Was hältst du davon, wenn wir die Sommerferien nutzen? Wir können ja erst mal in der Nähe bleiben, falls ...« Ein Schatten fiel von hinten über ihn. Er drehte sich um. »Jule, du?«

»Ich muss mit dir reden.« Jules Stimme klang roboterartig. Sie ballte die Hände zu Fäusten.

»Am Nachmittag, okay?«

»Jetzt.« Ihr Kinn zitterte.

Theo nickte Manon zu. »Eine Minute. Bin gleich wieder bei dir.« Er folgte Jule zwischen den Tischen hindurch, bis sie an einem Fahrradständer stehenblieb.

»Bist du völlig durchgeknallt?«, fragte sie.

»Was willst du von mir?«

»Du willst also im Sommer mit ihr durch Europa touren.«

»Du hast gelauscht?« Theo starrte sie an. »Hau ab und lass mich in Ruhe. Das diskutiere ich garantiert nicht mit dir.« Er drehte sich um, Jule zog ihn zurück und er stolperte fast über einen Stuhl. Er wollte sie abzuschütteln, aber sie umfasste seinen Arm mit aller Kraft.

»Das geht nicht.« Ihre Stimme wurde leiser. »So

läuft das nicht. Du bist einer von uns. Das musst du mit dem Rat absprechen.«

»Mit Michael und Christian?« Er schüttelte den Kopf. »Wie lächerlich ist das denn?«

»Wir haben das geschworen. Wir gehören zusammen und wir stehen füreinander ein. Immer. Egal, was passiert.«

Er lachte laut auf, dass sich die Cafébesucher zu ihm umdrehten, obwohl ihm zum Heulen zumute war. Er hatte ein Date. Das perfekte Date. Und Jule setzte alles dran, es ihm kaputtzumachen. Sie schwafelte von Gelübden. Als ob sie Mönche oder Nonnen oder Priester wären! Um wem zu huldigen? Dem Dünenmann? Er schlug Jules Hand weg. Doch bevor er sich wegdrehen konnte, hielt sie ihn wieder fest.

»Hau ab! Lass mich einfach nur in Ruhe.« Theo blickte zu Manon hinüber, die auf ihren Streit aufmerksam wurde und aufstand. Er schüttelte den Kopf, woraufhin Manon sich setzte.

»Ich darf es ja nicht sagen.« Jule sah sich um, als hätte sie Angst, dass jemand sie beobachtete und ihr zuhörte. »Aber ich trage die Verantwortung für dich. Du brichst die Regeln, jetzt gerade. Wenn du gehst, ohne um Erlaubnis zu fragen, muss ich das melden.«

»Kriegst du eigentlich mit, wie irre das klingt, was du laberst? Hast du dein Hirn abgegeben und es Michael und Christian überlassen? Findest du, wir wären irgendjemandem anderen verantwortlich als uns selbst? Gut, vielleicht unseren Eltern gegenüber. Ich schreibe ihnen. Von unterwegs.«

»Ich muss das melden.« Sie hielt sich das Gesicht vor die Hände.

»Vergiss den Mist. Regeln. Dünengeist. Das Ritual und das ganze Geschwätz. Der Rat, wer hat sie denn zum Rat gewählt? Ich? Du? Mutproben. Blutsbrüderschaft. Wir sind nicht mehr bei Karl May. Ja, ich weiß, wegen Marissa hat Sandra eine Nacht an der Bake verbracht, aber die Springflut hat ihr nichts anhaben können. Das ist verquirlter Mist, dass man niemandem trauen kann. Dass die vom Festland uns nicht verstehen Manon ist vom Festland. Na und?«

Jule schaute zu Boden, ihre Fußspitzen wippten, als wollte sie weglaufen.

»Ich geh jetzt. Zu Manon!«

6

2019

In der alten Scheune würde Sandra wohnen, hatte Mia gesagt. Erst am späten Nachmittag konnte sich Marissa überwinden, die alte Freundin zu besuchen. Von innen drang das Klappern einer Tastatur heraus. Man konnte das Scheunengebäude für einen Neubau halten. Die Wände waren weiß getüncht, von dem alten Fachwerkgemäuer war nichts mehr zu sehen. Anstelle der zerbrochenen morschen Holzfenster befanden sich in den Rahmen nun Fenster mit Kunststoffrahmen in einem leuchtenden Blau, das dem Haus etwas Mediterranes verlieh. Marissa suchte eine Türklingel oder Glocke, fand aber keine.

»Hallo«, rief sie.

Das Klackern der Tastatur ging weiter, ohne sich zu verlangsamen, so schnell, dass Marissa kurz überlegte, ob wirklich jemand im Innern war, der schrieb.

Sie wartete, dann drückte sie gegen die Tür, die aufschwang. Sie war nur arretiert, sodass jeder herein-

kommen konnte. Früher wäre es undenkbar gewesen, an einer Tür anzuklopfen oder zu warten. Doch sie bezweifelte, dass das noch immer galt.

»Sandra?«, rief sie. Sie lugte ins Innere. Ihre alte Freundin aus Schultagen saß an einem Esstisch, eine alte Cherry-Tastatur auf ihrem Schoss. Ihre Finger glitten blind über die Tasten, während sie auf den Bildschirm starrte.

Langsam trat Marissa ein.

Sandra blickte auf und erstarrte. »Marissa?«

»Hallo.« Sie wusste nicht, was sie sagen sollte. Die Nähe, die sie spürte, war, als wären seit der letzten Begegnung nur Tage vergangen.

»Du hast mich aber erschreckt!« Sandra legte die Tastatur beiseite, klappte den Laptop zu und kam auf sie zu.

»Wenn es dir lieber ist, kann ich auch später wiederkommen. Ich will nicht stören.«

»Kein Problem, der Artikel muss morgen früh abgegeben werden, da lege ich sowieso eine Nachtschicht ein. Eine Pause kann ich gut gebrauchen.«

»Du bist Journalistin geworden?«

»Ja, Fachjournalistin für Ökologie, Klima, Umwelt, all das. Und du?«

»Übersetzerin. Aus dem Italienischen. Ich wollte meinen Vater besuchen, eigentlich. Aber ich reise morgen wieder ab. Fährst du mich über den Damm zum Bahnhof?«

»Du hast dich kaum verändert.«

Marissa zuckte mit den Schultern. Öfter wurde sie

darauf hingewiesen, dass sie viel jünger aussah. Aber das konnte auch daran liegen, dass sie sehr klein und zierlich war. Sie umarmte Sandra.

»Die blonden Haare stehen dir gut«, sagte Marissa.

»Mausbraun hat irgendwann nicht mehr zu mir gepasst. Setz dich erst mal. Was zu trinken?« Ohne eine Antwort abzuwarten, ging Sandra in die Küche und kam mit einem Tablett zurück, auf dem zwei Gläser standen, eine Schale mit Gebäck, Cola, Limonade, Wasser und Cherry. »Oder einen Kaffee? Aber dafür ist es ja jetzt schon etwas spät.«

Marissa entschied sich für die Limonade. Sie wollte erklären, warum sie es an diesem Ort nicht mehr ausgehalten hatte, wegmusste und keine Kraft gehabt hatte, sich zu verabschieden. Es war schwer, ohne das Erlebnis an der Bake zu erwähnen, das der Hauptgrund für ihre Entscheidung gewesen war. Doch sie wollte nicht darüber sprechen. Eine abstruse Mutprobe, nichts, worüber es sich lohnte, sich aufzuregen. Andere Jugendliche experimentierten mit Drogen, surften auf S-Bahnen. Das war deutlich gefährlicher.

Trotzdem hatte sie seit jener Nacht keinen Sonnenuntergang erlebt, ohne dass sie das Gefühl hatte, Wellen würden wie ein Tsunami über sie hereinbrechen. Wenn sie dann die Augen schloss, hörte sie das Dröhnen der Brandung, dieses gleichmäßige Heranrollen des Meeres. Deshalb schlief sie immer mit einem Nachtlicht, ertrug keine Dunkelheit.

»Was ist eigentlich mit Rieke?«, fragte sie, um das Thema zu wechseln. »Weißt du, dass auf dem Zettel

stand, dass ich diejenige wäre, die die Verantwortung für sie trüge?« Marissa lachte laut. »Für wen warst du denn verantwortlich? Inzwischen hat ja jede ihr eigenes Reich. Was ist denn nun mit Rieke?«

Sandra lächelte, doch ihre Augen blieben unbeweglich. »Rieke hat vor ein paar Wochen ihre Prüfung als Schreinermeisterin abgelegt. Sie hat einen Betrieb, zusammen mit Michael und Christian unten im Tadehof. Immer mehr Leute wünschen sich ein eigenes Haus für wenig Geld. Hast du die Tiny-House-Aufbauten gesehen? Wo früher der Stall war? Daran verdienen sich die drei eine goldene Nase.«

»Gesehen habe ich noch nichts davon« Marissa suchte nach einem anderen Thema, irgendetwas, das die Nähe zu Sandra wiederherstellte. »Und was ist mit Jule? Mit Theo?«

»Theo ist Informatiker geworden. Passt zu ihm. Er vergräbt sich hinter seinen Computern, vor allem, seit seine Eltern in Indien geerbt haben und ausgewandert sind. Eine Villa mit Hauspersonal, Gärtner, Privatstrand, das könnte mir auch gefallen.«

Marissa nickte. Früher hatte Theo immer von Indien geschwärmt, obwohl er seine Großeltern dort nur ein einziges Mal besucht hatte.

»Ich will dich auch nicht länger aufhalten.« Ihre Limonade hatte sie so schnell getrunken, dass es in ihrem Bauch gluckerte. Mit einem Mal war sie müde, die Anstrengung der Fahrt, der Fußweg auf die Hallig, der Klimawechsel. Als wäre sie vom Sommer in den Winter gesprungen.

Das Gespräch mit Sandra gestaltete sich viel zäher, als sie es sich erhofft hatte. »Würdest du mich denn zum Bahnhof fahren morgen früh?«

»Klar.« Doch ihr Blick sagte, dass Sandra lieber etwas anderes tun wollte. »Wenn das Wetter es zulässt. Man weiß ja nie.«

Zügig verabschiedete sich Marissa und kehrte auf den Speicher im Haupthaus zurück. Von Mia, von Uta und auch von Arne war nichts zu sehen oder zu hören. Sie verzichtete darauf, nach ihnen zu rufen, und schloss die Tür hinter sich.

Von innen steckte ein Schlüssel. Ihr Rucksack stand an die Wand gelehnt. Marissa drehte den Schlüssel um und legte sich aufs Bett.

Die Müdigkeit überwältigte sie so schnell, dass sie innerhalb weniger Sekunden einschlief. Kurz schreckte sie hoch, als sie glaubte, Simmen zu hören. Draußen war es vollständig dunkel. Sie sah auf ihr Handy. Es war halb drei.

Sie stand auf, öffnete die Dachluke, doch alles blieb still.

Unruhig warf sie sich von einer Seite zur anderen. Sie dachte an Rieke, Michael und Christian mit der gemeinsamen Schreinerwerkstatt. Dass Theo Informatiker geworden war. Und Jule? Hatte sie etwa vergessen, nach Jule zu fragen?

Das Mädchen mit den haselnussbraunen Locken, den Sommersprossen und dem breiten Lächeln tauchte vor ihrem inneren Auge auf. Ihr Magen grummelte erst leise, dann lauter. Doch, sie hatte nach Jule gefragt, nun

war sie sich sicher. Sie erinnerte sich genau an die Worte.

Die Stimmen draußen kamen wieder. Marissa stand noch einmal auf und blickte hinaus. Es brauchte eine Weile, bis sich ihre Augen an die Dunkelheit gewöhnt hatten. Menschen rannten vom Hof weg, sechs Jugendliche, die in Richtung des Meeres liefen. Die geduckte Haltung, das Hin- und Hergewusele, es erinnerte sie so an ihre eigene Jugend. Sie fröstelte, kehrte in ihr Bett zurück und wickelte sich eng in ihre Decke ein. Vorbei, es war vorbei, die Zeit der Mutproben und irrsinnigen Aktionen, der Grüppchenbildung und der Geheimniskrämerei.

Sie dachte an ihr kleines Haus in Italien, an das Dorf mit der Kirche in der Mitte, das Geplauder in den Straßencafés, ihren Garten, die Freiheit, nichts und niemandem Rechenschaft schuldig zu sein. Doch immer wieder tauchte das Bild von Jule auf. Je intensiver sie es wegzudrängen versuchte, umso deutlicher wurde es.

Stunden später, als warmes Morgenlicht den Speicher erfüllte, schlief sie erschöpft ein.

7

2019

Stimmengewirr weckte Marissa auf. Sie schaltet ihr Handy ein, um die Uhrzeit zu kontrollieren. Das Display blieb schwarz. Der Akku war leer. Warum hatte sie nur vergessen, das Gerät ans Ladekabel anzuschließen? Laut fluchte sie. Dann entdeckte sie den Wecker auf dem Sideboard, den sie am Vortag übersehen hatte. Schon halb zwölf am Mittag. Sie hatte verschlafen. Den Zug, den sie am Vorabend online gebucht hatte, war nicht mehr zu erreichen.

Ihre Lippen pappten trocken aneinander. Sie hatte das Fenster geschlossen und die Sonne hatte den Speicher aufgeheizt. Halsschmerzen quälten sie vor Durst, trotzdem hielt sie sich nicht damit auf, ins Bad zu gehen, um etwas zu trinken. Sie zog sich eine kurze Hose über, wechselte ihr verschwitztes T-Shirt nicht, sondern ging barfuß treppab, auf das Stimmengewirr zu.

Vor der Haustür standen sie alle und redeten wild

durcheinander: Arne, der die schluchzende Uta hielt, Sandra, Theo und Rieke, Christian, Michael mit seinen beiden Eltern, eine Frau, die Marissa nicht kannte, ein kleines Mädchen und drei Jugendliche.

»Was ist denn passiert? Warum hast du mich nicht geweckt?« Marissa stupste Sandra an.

»Mia ist weg.«

»Habt ihr schon überall gesucht?«, fragte Marissa an Uta gewandt, die nur den Kopf schüttelte.

»Habt ihr die Polizei informiert?« Marissa sah von einem zum anderen.

»Die haben mit uns nichts zu tun. Wir nichts mit ihnen.« Arne sah Marissa an, die Augen zu Schlitzen verengt. Als hätte sich in den dreißig Jahren, seit denen sie weg war, nichts, aber gar nichts verändert. Es gab die einen, die dazugehörten zu den Hulhanern, die anderen vom Festland, die draußen bleiben sollten. Sie war durch ihre Abwesenheit zur Außenseiterin geworden, es zählte nicht, dass Mia ihre Halbschwester war, dass sie sich Sorgen machte.

Was, wenn sich hier wirklich nichts verändert hatte, wenn das, was sie in der vergangenen Nacht beobachtet hatte, die Lösung in sich barg? Wenn die Jugendlichen noch immer ihre verrückten Mutproben absolvierten?

Der Gedanke war abwegig, Mia war erst zwölf Jahre alt und sah wie eine Grundschülerin aus. Marissa blickte von einem zum anderen. Jan wich ihrem Blick aus, bohrte mit der Fußspitze ein Loch in den Schlick.

Uta ahnte anscheinend nichts, sie lehnte sich an

Arne, weinte und war einfach nur verzweifelt, weil ihre Tochter verschwunden war.

Arnes Gesichtszüge waren starr, er gab sich sichtbar Mühe, Zuversicht auszustrahlen, doch im Grunde verbarg er unter dieser Maske nur seine eigene Hilflosigkeit. Das kannte sie von früher. Auch wenn Arne geglaubt hatte, das Sagen zu haben, wenn er sich selbst scherzhaft als Bürgermeister bezeichnet hatte, war es doch eine Tatsache gewesen, dass ihm die Kontrolle entglitten war.

Michael trat einen Schritt zurück. »Ich muss arbeiten. Die Schafe sind noch immer nicht versorgt, die Schreinerarbeiten erledigen sich nicht von selbst. Wenn ihr meine Meinung hören wollt: Mia schwänzt die Schule. Sie kommt in die Pubertät, ist möglicherweise heimlich den beiden Großen gefolgt zum Festland, um in einem Kaufhaus an der Playstation zu spielen. Sie kennt sich hier auf der Hallig aus, im Watt, überall. Ihr passiert nichts.«

Michael zog Jan an einem Ohr, so fest, dass der aufschrie. »Warum soll Mia nicht auf dieselben Gedanken kommen, die du schon gehabt hast?« Er nickte Arne zu, wandte sich ab und ging auf den Stall des Tadehofs zu, worin er verschwand.

»Hast du Sebastian erreicht? Immerhin ist er dein Sohn und du solltest ihn unter Kontrolle haben, auch wenn wir den Kontakt zu Leni erlaubt haben.« Arne blickte zu Christian, der mit seinem langen Zopf und den ausgeprägten Koteletten an jemanden erinnerte, der

aus den 70er Jahren in die Gegenwart gebeamt worden war.

Christian schüttelte den Kopf. »Ich habe Sebastian eine Nachricht aufs Handy geschickt. Er antwortet nicht. Sie müssen die Geräte im Unterricht ausschalten. Abgesehen davon: Sebastian ist volljährig, kommt auf dem Internat bestens zurecht. Leni wird in zwei Monaten erwachsen, die gehen langsam ihre eigenen Wege und interessieren sich garantiert nicht für kleine Mädchen wie Mia mit ihrer Latzhosen und der Zahnspange. Ihr macht euch zu viele Sorgen.« Christian ging zum Tadehof.

Durch die geöffnete Tür sah Marissa, dass die Werkstatt mit den modernsten Geräten ausgestattet war. Überall standen Holzstapel herum.

Sandra, Rieke und Theo wirkten unbeteiligt. Als Michael vom Tadehof noch einmal ins Freie trat, sich umdrehte, sodass sie ihn nicht mehr nur von der rechten Seite, sondern von vorn sah, entdeckte sie eine Wunde über der linken Wange. Mit seinen stoppelig abrasierten Haaren, dem Bart und den blauen Augen wirkte er wie jemand, dem Marissa nachts nicht allein auf der Straße begegnen wollte. Ein fingerlanger Riss über dem Wangenknochen. Das Blut war geronnen, aber es hatte sich noch keine dunkle Kruste gebildet.

Marissa ging auf ihn zu. »Michael, du weißt was«, sagte sie zu ihm. »Was ist denn mit deinem Gesicht passiert?«

»Ein Brett ist draufgekracht, Miss Oberschlau. Mit den Blagen von Christian habe ich nichts, aber rein gar

nichts zu tun. Ich bin damit ausgelastet, mich um meine Eltern zu kümmern, und meine Arbeit zu schaffen.«

Arne zog Marissa beiseite. »Das geht nicht, dass du erst verschwindest, dreißig Jahre nichts von dir hören lässt und dich jetzt einmischst. Eigentlich solltest du längst weg sein, aber schon früh um sechs gab es auf dem Damm kein Durchkommen mehr. Bis morgen müssen wir uns ertragen und auf besseres Wetter hoffen. Mach es uns nicht schwerer, als es sowieso schon ist.«

Michael, Rieke und Sandra standen dicht zusammen, sie redeten leise, sodass kein Wort zu verstehen war.

Marissa wandte sich wieder an ihren Vater. »Die haben was zu verbergen. Merkst du das denn nicht?«

»Halt dich da raus!« Arne schob sie beiseite. Kurz blickte sie zu dem Dreiergrüppchen. Michael nickte direkt in ihre Richtung, dann wandte er sich wieder den anderen beiden zu. Vergeblich versuchte Marissa, mit Sandra Blickkontakt aufzunehmen. Doch Sandra nahm Marissa gar nicht wahr.

»Okay, ihr wollt euer eigenes Süppchen kochen, gerne. Ich ziehe mich dann um und gehe spazieren.« Sie drehte sich um und kehrte ins Haus zurück.

Um zu duschen oder etwas zu essen, war sie zu nervös. Sie zog sich zügig an, schlüpfte in Mias Turnschuh und verließ das Hofgebäude durch den Hintereingang, um niemandem zu begegnen. Das Stimmengewirr wurde leiser, je weiter sie sich vom Hof entfernte.

Das kleine Mädchen, das sie nicht kannte, spielte in

einiger Entfernung Ball und nutzten zwei in den Sand gesteckte Treibholzbalken als Tor.

»Du kennst doch Sebastian, Leni und Mia, oder?«, fragte Marissa.

»Leni wohnt aber nicht hier. Die wohnt eigentlich in der Stadt. Wohnst du in der Stadt?«

»Ich wohne weit weg. In einem kleinen Dorf. Früher habe ich auch einmal hier gelebt. Mia ist meine Schwester. Wie heißt du denn?«

»Viktoria.«

»Ich bin Marissa. Viktoria, weißt du, ob Mia manchmal mit Leni und mit Sebastian zusammen ist?« Eigentlich dürfte es wegen des Altersunterschiedes wenig Berührungspunkte geben.

»Das ist ein Geheimnis«, flüsterte Viktoria. Sie blickte sich um, legte ihren Zeigefinger auf die Lippen.

»Und du kennst es? Das ist ja enorm. Das hat dir doch bestimmt keiner verraten.«

»Der Lukas, der gehört dazu, der ist ja schon vierzehn. Sie sind einmal gekommen. Alle in sein Zimmer, die Anna, der Jan, Leni und Sebastian. Dann sollte er mitkommen. Lukas, meine ich. Sie sind eine ganze Nacht weggeblieben. Alle.«

»Und was haben deine Eltern dazu gesagt?«

Viktoria zuckte mit den Schultern. »Ich bin dem Lukas und der Anna nachgelaufen. Sie sind ja meine Geschwister. Sie sind alle zum Meer gegangen. Aber sie waren schnell. Meine Beine sind zu kurz.«

»Du hast mir sehr geholfen!« Zügig verabschiedete sich Marissa und lief weiter in Richtung Meer. Sie

ahnte, was geschah, blickte auf das Wattenmeer mit seinen geschwungenen Formationen, mit dem Wechsel zwischen Land und Wasser.

Ihre Schritte schmatzten auf dem Gras. Bald waren ihre Schuhe und Socken durchweicht, dann wechselte der Boden zu einem grünlichen Schlick, auf dem sich eine dünne Kruste gebildet hatte. Je höher sie auf den Hügel stieg, umso kräftiger wurde der Wind, als wolle er sich ihr entgegenstellen. Vor ihr lag eine Welt, grau in grau, die die Konturen verlor, in der sich der Himmel nicht mehr von der Erde unterscheiden ließ. Nur der Damm hob sich dunkel davon ab, doch schon von ihrem Standpunkt nahe der Warften war zu sehen, dass er trotz Niedrigwasser überspült worden war. Vor ihr lag ein dunstiges Niemandsland, in dem das Wasser regierte und die Menschen nur Gäste waren. Solange die Naturgewalten es zuließen.

Sie ging weiter. Bald blies ihr der Wind dünne Sandkörner ins Gesicht, die prickelten wie unzählige Nadelstiche. Um sie herum raschelte und knisterte es. Schnell überquerte sie die Sandfläche, bis sie auf dem Watt ankam. Das Gehen wurde mühsamer, sie sank bei jedem Schritt ein, aber der Wind blies ihr keine Sandkörner mehr ins Gesicht.

Sie blickte in die andere Richtung des offenen Meeres, wo die Schiffe an der Horizontlinie wie kleine Punkte erschienen. Rechts leuchtete ein gelbes Etwas auf, eine der Bojen, die es früher nicht gegeben hatte.

Doch ihr half das nicht zur Orientierung. Ohne Michael war sie verloren, obwohl sie an diesem Ort

aufgewachsen war. Das Watt veränderte laufend sein Gesicht. Wo sich Wasser befindet, kann morgen schon Land sein.

Gedankenverloren starrte sie in die Richtung, wo der Hochsand und die Bake Blauortsand lagen. Sie betete, dass Mia dort nicht alleine zurückgelassen worden war und fragte sich, ob sie das kommende Hochwasser überleben würde. Wenn die Wellen bei Niedrigwasser schon so hoch waren, das Meer so stürmisch, wollte sie sich die Bedingungen bei Hochwasser lieber nicht vorstellen.

Die Kante des Spülsaumes und das Zunehmen des Wasserspiegels zeigten, dass die Flut eingesetzt hatte. Ohne Lebensgefahr konnte sie sich nicht weiter hinauswagen. Auch der befestigte Damm war bei diesen Wetterbedingungen kein sicherer Grund.

Marissa drehte sie sich um, zog ihre Schuhe aus und wanderte wieder auf die Warften zu. Sie musste einen Fischer vom Festland finden, der sofort zum Blauortsand fuhr.

8

2019

Auf dem Rückweg mischten sich menschliche Stimmen zwischen die Schreie der Möwen und das Dröhnen des Windes. Marissa blieb stehen. Sie nahm ein leises Schluchzen wahr. Die Menschen, zu denen die Stimmen gehörten, waren nicht zu sehen. Sie ging ein paar Schritte zurück, wo sie sich hinter einer zerfallenen Mauer des verfallenen Hofs verbarg. Vor vierzig Jahren war der Hof überspült und aufgegeben worden. Der größte Teil der Warft war weggebrochen, von dem steinernen Gebäude standen nur einzelne Mauern.

Es dauerte nicht lang und zwei Jugendliche kamen hervor, ein blondes Mädchen mit karminrot geschminkten Lippen und einer zerzausten blonden Zopffrisur. Bis zur Hüfte war sie nass und voller Schlick. Ihr folgte ein Junge, ebenfalls mit braunem Schlamm überzogen. Er eilte ihr nach, hielt sie am Arm fest und redete auf sie ein. Beide stritten, doch der Wind trieb

die Gesprächsfetzen in die entgegengesetzte Richtung. Marissa konnte kein einziges Wort verstehen. Sie wartete, bis die beiden außer Sichtweite waren. Das Schluchzen wurde zu einem lauten Weinen.

Marissa trat aus ihrem Versteck hervor, umrundete die Reste des Hofs, bis sie eine ins Innere des Gebäudes sehen konnte. Auf Mauerresten waren mit Brettern Sitzgelegenheiten notiert, alte Autoreifen waren zu Tischen geschichtet. Reste eines Feuers glimmten auf dem Boden. Bei ihrem Weg vom Bahnhof war sie hier vorbeigekommen, hatte den Treffpunkt aber nicht entdeckt, so gut war er zwischen den Mauern verborgen.

Auf einer der Sitzgelegenheiten saß Mia völlig in sich zusammengesunken. Sie umklammerte beide Knie, hatte den Kopf zwischen die Beine gesenkt. Ihr Körper wurde vom Weinen geschüttelt.

»Mia?« Marissa sprach leise, um ihre Halbschwester nicht zu erschrecken.

Mia zuckte zusammen, wischte sich mit dem Ärmel über ihr Gesicht und lief auf Marissa zu.

Sie wollte etwas erklären, doch schluchzte dabei so laut, dass Marissa sie nicht verstehen konnte.

Sie nahm Mia in den Arm, strich ihr über die Haare, die glatt, dünn und rot waren wie ihre eigenen, obwohl sie niemanden kannte aus ihrer Familie, der solch irisch rote Haare hatte. Vorsichtig wischte sie Mia die Tränen aus dem Gesicht. Früher hatte sie sich oft eine jüngere Schwester gewünscht, jemanden, mit dem sie alle Geheimnisse teilen konnte, besonders nach dem

Verschwinden ihrer Mutter damals. Doch ihr Vater war mit der alltäglichen Arbeit beschäftigt gewesen, dem Hof, dem Haushalt, den Tieren, dem Unterrichten der Kinder, für eine Frau war kein Raum geblieben. Ohne Frau konnte es logischerweise keine Schwester geben.

»Ich bin froh, dass du da bist«, sagte Mia.

»Ich bin auch froh, dass du da bist.« Als würde sie wieder in die Vergangenheit versetzt, die Einsamkeit von früher war zurück, die sich anfühlte, als hätte sie jemand von innen ausgehöhlt. Nur die Bücher, die sie sich einmal im Monat von der Leihbücherei vom Festland mitbrachte, hatten ihr Halt gegeben. Das war ihre Welt gewesen. Doch nun war dort Mia.

»Die beiden, die bei dir waren …«, sagte Marissa.

»Sebastian und Leni.«

»Die anderen suchen schon nach dir. Denken, Leni und Sebastian sind früh zur Schule aufgebrochen.«

Mia stieß die Luft mit einem langgezogenen »Pfffff« aus.

Marissa nickte. Genauso war es auch früher gewesen. Was die Jugendlichen planten und taten, bekamen die Erwachsenen nicht mit.

Marissa stutzte. »Sag mal, ist Sebastian nicht der Sohn von Christian?« Der Rat. Hatte Christian dieses Amt auf seinen Sohn übertragen? Fühlte der sich als absoluter Herrscher über die Kinder und Jugendlichen?

»Marissa, versprich mir, nicht zu fahren. Ich will hier nicht allein sein.«

»Aber alleine bist du doch nicht.«

Mia schüttelte den Kopf.

»Und Sebastian …«, begann Marissa erneut.

»Christian ist sein Vater. Leni, die gehört eigentlich nicht zu uns. Sie ist nur mit Christian in einer Klasse. Aber jetzt ist sie …« Mias Stimme wurde immer leiser.

»Der Rat«, sagte Marissa. Christian und Michael, ihr System aus Überwachung, Angst und gegenseitiger Bespitzelung. Gab es das noch immer? Hatte sich wirklich nicht so viel verändert, wie es auf den ersten Blick schien? Lebten die alten Strukturen nur in abgewandelter Form weiter?

Mia hielt sich die Hand vor den Mund. Sie blickte sich mit aufgerissenen Augen um.

»Du weißt das?«, fragte Mia.

»Was weiß ich?«

»Darüber darf niemand sprechen. Du bist doch jetzt eine von denen.«

Marissa setzte sich auf eins der Holzbretter und zog Mia auf ihren Schoß. »Du weißt ja, dass man nichts tun muss, was man nicht tun möchte.«

Mia löste sich aus der Umarmung, wich zurück. »Du hast gar keine Ahnung. Jeder tut, was er will. Wenn alle so gedacht hätten vor Hunderten von Jahren, gäb' es uns nicht mehr. So überlebt keiner auf Dauer. Und ich dachte, du wärst eine von uns.«

Marissa stand auf, wollte Mia an der Schulter berühren, doch Mia trat ein paar Schritte zurück, als hätte jemand von einer Minute zur nächsten eine Trennmauer zwischen ihnen gezogen, die sie auf Abstand hielt und keinen Kontakt mehr zuließ. Mia verschränkte die Arme und presste die Zähne fest

zusammen, so dass die Kiefermuskeln wie Knubbel hervortraten und zuckten. Die Nähe, die vorhin zwischen ihnen spürbar gewesen war, war genauso schnell verschwunden.

»Früher gab es bei den Jugendlichen von Hulhan etwas, das nannte sich ›der Rat‹. Christian und Michael, das sind die beiden, die mit Rieke zusammen die Schreinerwerkstatt betreiben.«

»Ich kenne Christian und Michael.«

»Sie waren die Bestimmer. Wir alle hatten uns untergeordnet und mitgemacht, obwohl die Ideen der beiden mehr als verrückt waren. Sie haben von uns eine Mutprobe verlangt. Ein Ritual, das sich schon seit Generationen abgespielt hatte. Eine Nacht allein auf der Bake Blauortsand zu verbringen. Auf dem Hochsand angebunden die Flut überstehen. Wegen dem Dikjendülmann, wie uns erzählt wurde. Er wandert nachts über den Sand, die Dünen, ist umgekommen, weil die Menschen nicht zusammengehalten haben.« Marissa schwieg. Mias Augen weiteten sich, ihr Gesicht wurde bleich, eins ihrer Augenlider zuckte.

»Hey, was ist denn los?« Marissa strich über Mias Arm und fühlte das Zittern.

Mias Atem ging schneller. »Du warst lange weg. Du wusstest ja nicht einmal, dass es mich gibt. Was hast du schon für eine Ahnung?«

»Manche Dinge ändern sich nicht.«

»Ich will deine Hilfe nicht. Du hilfst nicht. Du machst es nur schlimmer.«

»Ich halte meinen Mund und fange nie wieder

davon an, wenn du mir versicherst, dass es nicht um diese Mutprobe an der Bake geht. Ich weiß: Es ist nicht wirklich gefährlich, es passiert sehr selten, dass die Bake überschwemmt wird. Aber du bist jung, und eine Nacht allein bei Dunkelheit an diesem Ort, davor möchte ich dich bewahren.«

Mias Augen verengten sich zu Schlitzen. Sie wich einen Schritt zurück und schüttelte den Kopf.

Marissa konnte es nicht glauben. Wenn es nicht um diese Mutprobe gegangen wäre, hätte Mia es sofort bestätigt. »Du bist erst zwölf Jahre alt. Ich habe dieses Ritual mitgemacht, weil ich dazugehören wollte. Weil ich nicht als Feigling dastehen wollte. Weil Sandra, meine beste Freundin, sich auch getraut hatte. Ich war sechzehn. Trotzdem war die Nacht für mich … Ich kann noch immer nicht ohne Nachtlicht schlafen, weil dann die Panik wiederkommt.« Marissa verstummte. Es fiel ihr auch nach all den Jahren schwer, die richtigen Worte zu finden. Wenn sie nur an die Nacht auf dem Hochsand dachte, fror sie. Ihr Magen rumorte, als hätte ihn jemand mit einem Knoten versehen. »Nie habe ich mich einsamer gefühlt. Da war nur die Dunkelheit. Dieses gleichmäßige Rauschen. Man verliert jedes Zeitgefühl.«

»Ich will das nicht hören.«

»Sebastian und Leni sind nicht wichtig. Sie sagen, dass sie der ›Rat‹ sind, oder? Sie sind es nicht wert, dass du …«

Mia drehte sich um und rannte weg.

Marissa lief ihr hinterher und hielt sie fest.

»Lass mich los.« Mia zappelte. »Du tust mir weh.«

Marissa lockerte den Griff, woraufhin sich Mia sofort wieder losriss und weiter rannte. Wie erstarrt blieb Marissa stehen. Dieses seltsame Ritual gab es weiterhin. Wenn jemand wie Sebastian sich auf solch eine Wahnsinnsaktion einließ, war es seine Entscheidung, aber dass er ein zwölfjähriges Mädchen mit in diese Sache zog, war unverantwortlich.

Nach ein paar Metern blieb Mia stehen und drehte sich um. »Warum fährst du nicht wieder weg und lässt uns alle in Ruhe? Willst du, dass ich wegen dir einen Heidenärger kriege?« Dann lief Mia weiter.

Was ihre Halbschwester wollte, war überdeutlich. Mia wollte nicht, dass sich jemand von außen einmischte, sie wollte keine Hilfe annehmen.

Bestimmt hatten Arne und besonders Uta keine Ahnung, was sich abspielte. Auch wenn es gegen Mias Willen war, konnte Marissa ihr Wissen nicht für sich behalten. Sie würde zumindest Uta die Möglichkeit geben, einzugreifen.

9

JULE – 1990

Jule beobachtete die beiden. Sie dachten, sie wären ganz allein am Strand, gingen davon aus, die Kuhle in den Dünen, umgeben von Gras und Sand, würde genug Sichtschutz bieten.

Sie saß auf den Stufen der Strandpromenade und blickte von oben auf das Paar, das nicht ungleicher hätte sein können. Manon mit ihren hellblonden Haaren, Theo mit seinem krausen, dunklen Schopf, das an seine indischen Wurzeln erinnerte. Ihre Haut, unwirklich hell wie die einer Porzellanpuppe.

Sie war ein Stück größer als er, was besonders auffiel, als sie aufstanden, umschlungen und bewegungslos in Richtung Meer blickten, wo es im Grunde nichts zu sehen gab. Doch die beiden stimmten ihre Bewegungen harmonisch aufeinander ab. Jule fragte sich, wie es sich anfühlte, verliebt zu sein. Wenn er sich durch die Haare fuhr, tat Manon es ihm nach. Wenn

Manon zur Seite blickte, schaute auch er zur Seite. Sie waren ein einziger Körper.

Mindestens eine halbe Stunde wartete sie darauf, dass sie sich küssten, dass sie sich berührten, aber das taten sie nicht. Sie standen dort und guckten. Nicht einmal Worte wechselten sie, denn das hätte Jule gehört, der Wind blies aus der Richtung des Meeres. Sie wartete darauf, dass beide gingen, dass sie etwas taten, dass sich etwas bewegte, aber sie schienen sich selbst zu genügen. Sie verharrten dort wie ein uraltes Ehepaar, das alles, was gesagt werden konnte, bereits gesagt hatte, das sich nicht mehr mit den Äußerlichkeiten der Welt aufhielt.

Sie fror trotz ihrer Jacke, aber die beiden standen nur in T-Shirts und Shorts dort und ihnen schien nicht kalt zu sein. Jule sah in immer kürzeren Abständen auf ihre Uhr, bis es langsam dämmerte.

Dann endlich, nach dreieinhalb Stunden des Wartens, küssten sie sich, aber nicht einmal auf den Mund, sondern auf die Wangen. Sie hielten sich so lange, dass Jule dachte, die Umarmung würde nie enden. Schließlich ging Manon in Richtung Stadt und Theo in die andere Richtung auf das Internatsgebäude zu.

Jule wartete, bis Theo an ihr vorbeilief.

»Hallo Theo«, sagte sie.

Er zuckte zusammen.

Jule lachte.

»Was machst du denn hier?«, fragte er.

Obwohl sie nur das tat, was ihre Aufgabe war, was ihr aufgetragen worden war, obwohl das, was sie tat,

richtig war, obwohl es falsch war, wie Theo sich verhielt, hatte sie ein schlechtes Gewissen.

»Ich habe dich beobachtet.« Sie wartete auf seine Reaktion.

»Befriedigt es dich, rumzuspannen?«

»Da gab es ja nichts zu sehen. Ihr hättet Mönch und Nonne sein können, dann hättet ihr jetzt nicht mal was zu beichten.«

»Du bist geschmacklos.«

»Und du brichst die Regeln.« Sie wartete darauf, dass er widersprach, dass er nach Ausreden suchte, sich erklärte, stattdessen sah er sie direkt an und nickte. Jule schaffte es nicht mehr, ihm in die Augen zu sehen, weil sie dann blinzeln musste. So konzentrierte sie sich auf seine dunklen, buschigen Augenbrauen, um wenigstens so zu tun, als könnte sie seinem Blick standhalten.

Er knotete seine Jacke von der Taille und reichte sie Jule.

»Da, nimm. Du zitterst ja«, sagte er.

Sie schob seine Hand zurück. »Ich muss dich melden. Ich bin für dich verantwortlich. Ich habe keine Lust, für den Mist geradezustehen. Die Französin ist es nicht wert. Sie wohnt viel zu weit weg, solch eine Beziehung hat überhaupt keine Chance.«

»Was weißt du schon.«

»Ich muss das melden.«

Er lachte laut auf. »Na, wenn du meinst, dann tu das. Aber eins sagte ich dir, ich lasse mir das hier von keinem von euch kaputtmachen, da könnt ihr euch alle

zusammentun und mir von eurem Dünenmann erzählen.«

»Du bist völlig verblendet. Wie Marissa. Wer die Nase zu viel in die Bücher steckt, dreht ab und kriegt von der Realität gar nichts mehr mit. Das Leben ist kein Roman und nicht berechenbar wie deine Computerprogramme, in die du dich vergräbst.«

Er wandte sich ab und ging weg, ließ sie stehen, als wäre sie gar nicht da.

Jule sah ihm nach, wie er immer kleiner wurde vor dem Horizont, bis er mit der Umgebung verschmolz. Nur sein leuchtend blaues T-Shirt zeigte, dass sich dort ein Mensch bewegte.

Die Gänsehaut überzog nun ihren gesamten Körper. Sie rieb sich über die Arme, um wenigstens ein bisschen Wärme zu erzeugen, aber es half nicht. Noch war Niedrigwasser, die Flut würde erst in ein paar Stunden kommen. Sie fing an zu rennen, auf das Watt zu, weiter über die Salzwiesen, durch Priele und Muschelbänke auf die Warften zu.

Erst als das Gebäude in Sichtweite kam, wurde sie langsamer. Geschafft. Obwohl der Schweiß ihr den Rocken entlang lief, es nass an Achseln war und vorne unter der Brust klebte, war ihr nicht wärmer geworden, im Gegenteil. Sie fror stärker.

Doch dann wurde ihr von einer Sekunde zur anderen heiß, als Christian sich ihr in den Weg stellte. Die Ärmel seines Pullovers hatte er hochgekrempelt.

»Das erste Jahr auf dem Gymnasium und schon schwänzt du die Schule?«, fragte Christian.

Ihre Wangen prickelten und brannten. Wie sie es hasste, rot zu werden. »So ein Blödsinn. Wie kommst du denn darauf?« Sie blickte zu Boden, sah das Bild von Theo und Manon vor sich. Die beiden liebten sich wirklich, es war kein schneller Flirt, so vorsichtig, wie sie miteinander umgingen. Wenn sie Christian ansah, kam sie sich schäbig vor, dass sie wirklich getan hatte, was man von ihr erwartete. Sie hätte die beiden in Ruhe lassen sollen, anstatt Theo wie eine Stalkerin nachzulaufen.

»Da ist doch was«, sagte Christian. »Also, warum bist du hier und nicht im Internat?«

»Was meinst du?« Sie versuchte, ruhiger zu atmen, was ihr nicht gelang. »Ich bin vom Festland hierhergerannt. Ich bin ganz außer Atem.«

»Du bist eine schlechte Lügnerin, Juliane. Ich wette, in dir steckt eine kleine Verräterin. Wir sollten bei unserer nächsten Sitzung dem genauer nachgehen und dich befragen. Mal abwarten, was du dann zu sagen hast.«

Jule zitterte. Sie war nie dabei gewesen, wenn jemand befragt worden war, weil sie noch nicht lange in den Kreis aufgenommen war. Aber sie hatte Gerüchte darüber gehört. Sie würden ihr die Kopfhaare einzeln ausreißen, bis eine geldstückgroße Stelle kahl wäre. Man sagte auch, dass die Haare nie mehr nachwachsen würden, selbst nach Monaten oder Jahren nicht, dass sie immer als eine gekennzeichnet wäre, der man nicht wirklich trauen konnte.

Ihr wurde übel.

»Rede schon.« Christian schubste sie.

Er war größer als sie und bestimmt zwanzig Kilo schwerer. »Geh zur Seite. Du machst mir Angst.« Sie sah sich um, ob jemand in der Nähe war, den sie um Hilfe bitten konnte. Oder sollte sie schreien?

Er packte sie an den Schultern und schüttelte sie. »Was passiert, weil du nicht redest, es geht auf deine Kappe und du trägst dafür die Verantwortung. Ich hoffe, dass dir das klar ist. Wir dulden hier keine Verräter.«

»Ich bin keine Verräterin.«

»Das werden wir ja sehen.« Er ließ sie los.

Ohne seine Hände auf ihren Schultern verlor sie im ersten Moment fast das Gleichgewicht.

Er drehte sich um und ging weg.

»Warte, da ist doch was«, rief Jule ihm nach.

10

2019

»Hallo?«, rief Marissa.

Oben knarrten Dachbalken. Im Specksteinofen knackte es. Draußen schnatterten die Hühner, Schafe blökten, ein Flugzeug donnerte über das Gebäude, sodass die Fenster wackelten.

»Hallo?«, fragte sie noch einmal.

Auf dem Tisch surrte Mias Handys so laut, dass sie zusammenzuckte. Niemand hatte ihr eine Nachricht hinterlassen, wohin sie gegangen waren. Marissa fluchte. Dreißig Jahre lang hatte sie ihren Vater und ihre Freunde nicht gesehen. Sie war von Italien hierher gekommen und alle taten, als sei sie eine streunende Katze, die kurzfristig wieder aufgetaucht war. Man fütterte sie, wenn es etwas zu essen gab, bereitete im Höchstfall einen Schlafplatz vor, doch kümmerte sich nicht wirklich um sie.

Die Hulhaner waren nachtragend, sie würden niemals vergessen, dass sie diejenige war, die wegge-

laufen war. Das biblische Gleichnis vom verlorenen Sohn galt hier nicht. Wer wegging, brauchte nie wiederkommen. Und doch hatte ihr Vater ihr einen Brief geschrieben.

Wieder surrte und vibrierte das Handy, mehrmals hintereinander, sodass es auf dem Tisch ins Rutschen kam und fast von der Tischplatte fiel. Gerade noch konnte sie es auffangen, bevor es auf dem Boden aufschlug. Das Display leuchtete auf und eine Nachricht erschien.

Sebastian war der Absender.

In genau einer Woche. Zu niemandem ein Wort.

Marissa brauchte keine Erklärung, was das bedeutete: In einer Woche sollte Mia an die Bake gebunden werden und eine Nacht allein auf dem Hochsand verbringen. Ihr wurde übel bei dem Gedanken. Schnell legte sie das Gerät auf den Tisch, als hätte sie sich daran verbrannt. Weit schob sie es von sich, um nicht mehr darauf blicken zu müssen.

Langsam ging sie in Richtung Küche. Ihr Körper war steif, als hätte sie die vergangene Nacht gefesselt an der Bake verbracht, anstatt im Bett zu liegen. Ihre Schritte waren unsicher, als befände sie sich auf Treibsand. Die Erinnerung war greifbar, als hätte es die Jahrzehnte in Italien gar nicht gegeben.

Marissa goss sich kaltes Wasser aus dem Hahn in ein Glas. Sie trank ein paar Schlucke, füllte es erneut auf und kehrte mit dem Wasserglas zum Esstisch zurück. Kurz fiel ihr Blick auf herumliegende Tageszeitungen und Zeitschriften, doch sie wusste, dass sie sich sowieso

nicht auf einen Artikel konzentrieren konnte. So setzte sie sich, stellte das Wasserglas vor sich ab und starrte darauf, wie die Schwingungen des Wassers im Glas langsam zum Stillstand kamen. Dann schüttelte sie es wieder, beobachtete die Wellen erneut, wartete, bis sie abklangen und schüttelte wieder.

Ihr Magen knurrte laut, doch bei dem Gedanken, etwas zu essen, wurde ihr übel.

Zwei Stunden lang wartete sie, bis sie am frühen Nachmittag Stimmen von draußen aufmerken ließen. Ein Schlüssel wurde in die Haustür gesteckt.

Zuerst kamen Uta und Mia herein, Hand in Hand. Mia trug einen Schulrucksack, Uta eine Aktentasche. Arne folgte.

»Seid ihr in der Schule gewesen?«, fragte Marissa.

»Sicher.«

»Habe zu tun.« Arne ging ohne einen weiteren Gruß die Treppe hoch. »Den neuen Bericht über die Vogelbeobachtung abschicken.«

»Ich muss mit dir reden. Nur ein paar Minuten«, sagte Marissa zu Uta. Es hatte keinen Sinn, auf einen guten Moment zu warten, denn der würde wahrscheinlich niemals kommen. »Mia, tust du mir den Gefallen und lässt uns kurz allein?«

Auch wenn es Mia betraf, wäre es besser, wenn Uta sich erst einmal in Ruhe anhören könnte, was sie zu sagen hatte. Marissa wusste nur zu gut, wie sie früher reagiert hätte, wenn sich ein Erwachsener eingemischt hätte. Niemals hätte sie sich in ihrem Entschluss, sich dem Ritual zu stellen, beeinflussen

lassen, zu groß war der Druck der Gleichaltrigen gewesen.

»Nein.« Mia stand breitbeinig mit verschränkten Armen, den Oberkörper leicht vorgelegt, die Augen starr auf Marissa gerichtet wie ein Hund, der sein Territorium verteidigt.

»Mia, bitte.« Marissa versuchte, sich ihre Anspannung nicht anmerken zu lassen.

»Nein.«

Uta schüttelte den Kopf. »Sie kann ruhig dabei sein. Wir haben keine Geheimnisse voreinander.«

Marissa schloss kurz die Augen. Das hatte ihr Vater damals auch gedacht. Sie setzte sich und wartete, dass Mutter und Tochter es ihr nachtaten.

»Es mag für dich kaum zu glauben sein, was ich erzähle«, sagte Marissa. »Du bist hier nicht aufgewachsen, weißt nicht, was …«

»26 Jahre lebe ich hier. Also wenn jemand die Menschen hier kennt, dann bin ich das.«

»Ich war sechzehn Jahre alt.« Marissa fiel es schwer, weiterzusprechen. »Unter den Jugendlichen gab es eine Art ›Rat‹, das waren Michael und Christian. Dieser Rat war das Oberhaupt der Jugendlichen von Hulhan. Die Mitglieder kontrollierten sich untereinander. Wer sich nicht einfügte, wurde bestraft. Es gab damals ein Aufnahmeritual. Wer dazugehören wollte, musste eine Nacht allein auf dem Hochsand bei der Bake Blauortsand verbringen.«

»Pffff.« Uta rollte mit den Augen. Sie zuckte mit den Schultern. »Was soll das überhaupt? Was willst du

bezwecken? Soll das jetzt eine Anklage gegen Michael und Christian werden? Wenn du mit ihnen ein Problem hast, solltest du es mit ihnen direkt klären.«

Mia starrte auf den Holztisch. Ihre helle Gesichtshaut wurde bleicher, nur auf den Wangen bildeten sich rote Flecken. Die Ader an ihrem Hals zuckte schnell, als befände sich darin ein kleiner Fisch, der versuchte, sich freizukämpfen.

Marissa nahm Utas Hand. »Dieses Ritual gibt es noch immer. Ich glaube, dass Leni und Sebastian die beiden sind, die den neuen ›Rat‹ stellen. In einer Woche wollen sie Mia dazu bringen wollen, diese Mutprobe zu absolvieren.«

Mia hustete, sie öffnete den Mund, ohne etwas zu sagen.

Uta lachte laut auf. »In einer Woche?«

»Mia hat eine Nachricht auf ihr Handy bekommen«, sagte Marissa.

Uta erstarrte. »Du gehst an Mias Handy?« Sie stand auf, lief im Raum auf und ab. Dann zog sie Mia vom Stuhl und zwang ihre Tochter, sie anzusehen. »Stimmt das? In einer Woche schon?«

»Nein.« Mia drehte den Kopf und grinste in Marissas Richtung.

»Ich will, dass du in dein Zimmer gehst«, sagte Uta und schob Mia zur Treppe hin.

Ohne Widerworte ging Mia treppauf. Eine Tür knallte, dann wurde Rockmusik laut aufgedreht.

»Marissa, so funktioniert das hier nicht.«

»Natürlich gibt sie es nicht zu, womit hast du denn gerechnet?«

»Du hast gehört, was sie gesagt hat. Mit dem Ritual erzählst du mir nichts Neues. Sicher kenne ich es. Du kennst es. Wir alle wissen davon. Aber in einer Woche schon? Es sind völlige Hirngespinste. Selbst wenn …« Uta ging in die Küche.

Die Kaffeemaschine rappelte und zischte. Wenig später kam Uta mit einer dampfenden Kaffeetasse in der Hand zurück. »Das Leben funktioniert hier anders als in einer Großstadt. Genau deswegen bin ich hierher zu Arne gezogen. Wir sind aufeinander angewiesen und wissen, dass wir uns aufeinander verlassen können, wenn Not am Mann ist. Hier ist kein Ort für Feiglinge und Drückeberger.«

»So ist das nicht …«, versuchte es Marissa noch einmal. Ihr fiel es schwer, ihre Gedanken zu sortieren. Uta wusste es. Mehr als das, sie billigte den grausamen Brauch. Dann musste Arne schon immer von dem Ritual gewusst haben.

Marissa war damals so gefangen in ihrer Welt der Bücher gewesen, das wichtigste Ereignis des Monats war der Gang zur Leihbücherei. Sie hatte sich eine Traumwelt aufgebaut, die fernab der Realität gewesen war. Die Einsicht schmerzte.

»Schluss.« Mit einem Knall stellte Uta die Kaffeetasse ab. »Ich will davon nichts hören. Ich kenne meine Tochter und das wohl deutlich besser als du. Weißt du, was ihr Lieblingsfach in der Schule ist? Ihre Lieblingsfarbe? Welche

Bücher sie liest? Was sie überhaupt für ein Mädchen ist?«

Uta schlug mit der Hand auf den Tisch. »Und jetzt hast du zwei Möglichkeiten. Entweder setzen wir uns hier in Ruhe und Frieden hin, ich mache dir auch eine Tasse Kaffe und wir lassen das Thema gut sein. Oder du verlässt sofort die Hallig. Ja, das Wasser hat den Damm heute überflutet. Zur Not lasse ich einen Hubschrauber kommen, und wenn es uns finanziell ruiniert. Es fällt mir nicht leicht, aber ich lasse nicht zu, dass hier jemand auftaucht und nur Unfrieden stiftet, einen Keil zwischen uns treibt und uns das Leben schwerer macht. Hast du dir mal überlegt, wie es für Mia ist, dass sie weiß, dass ihr Vater sterben wird? Wie es mir dabei geht? Ja, ich habe mein Lehrerinnengehalt, aber es wird vorne und hinten nicht reichen, all die laufenden Kosten zu decken. Auch wenn Arne 73 Jahre alt ist, arbeitet er noch immer, hat die Bezahlung vom Küstenschutz und der Vogelbeobachtung. Wir brauchen sein Geld. Vor allem: Wir brauchen ihn. Anstatt dich zu bemühen, das zu richten, was du mit deinem Weglaufen kaputtgemacht hast, zerstörst du nur noch mehr. Ich habe es geahnt. Aber weil Arne Arne ist, weil alle auf ihn hören, hat er sogar die Skeptiker dazu gebracht, der Einladung zuzustimmen. Er wollte eine Versöhnung. Du kommst und stiftest nichts als Unfrieden. Wenn es nach mir ginge, hätte er den Brief nie geschrieben.«

12

2019

Durch die neuen Fenster drang kein Laut von draußen herein. Uta wollte Arbeiten korrigieren, Mia ihre Hausaufgaben erledigen. Arne hatte sich schlafen gelegt.

Auch in Marissa breitete sich die Müdigkeit aus. Immer schwerer fiel es ihr, sich auf das Handy zu konzentrieren und die Mails, die sie beantworten wollte. Arne würde sich um die Angelegenheit mit der Mutprobe kümmern. Jetzt konnte sie sich entspannen.

Obwohl Mia nur ihre Halbschwester war, sie sich kaum kannten, war sofort vom ersten Augenblick an eine Nähe zu ihr da gewesen, die sich nicht erklären ließ. Mit Mia verband sie nicht nur die äußere Ähnlichkeit, die helle Haut, die roten, glatten Haare, die Gesichtszüge. Wenn sie Mia ansah, sah sie ihr früheres Ich in Mia wieder, diese Unsicherheit, das Suchen, der Wunsch, Anschluss zu finden und sich einzufügen, sich dabei aber nicht zu verlieren.

Marissa ging die Treppe hoch, um sich hinzulegen, als sie ein Geräusch aus dem Schlafzimmer hörte. Sie blieb stehen und lauschte. Nein, sie hatte sich nicht getäuscht.

Das Stöhnen war unterdrückt, leise, aber doch deutlich wahrnehmbar. Als Arne noch einmal stöhnte, gab sich Marissa einen Ruck und klopfte an der Tür.

»Ich schlafe«, sagte er.

Vorsichtig öffnete Marissa die Tür.

Schweiß stand ihrem Vater auf der Stirn, zusammengerollt zeichnete sich sein Körper unter der Decke ab. »Hast du Schmerzen?«

»Es geht schon. Mach dir keine Gedanken.« Er biss sich auf die Lippen, sein Gesicht war angespannt, die Augen geweitet. Er drehte den Kopf weg. »Lass mich schlafen.«

Langsam ging Marissa auf das Bett ihres Vaters zu und setzte sich auf die Bettkante. Die Matratze vibrierte und er zitterte. Sie berührte seine Stirn, die feucht war, aber nicht heiß, im Gegenteil wirkte sein Körper kalt.

»Ich sehe doch, dass es dir nicht gut geht«, sagte sie.

»Das ist bald wieder vorbei.«

»Also kommt es öfter vor? Hast du Bauchkrämpfe?« Das musste es sein, seine gesamte Körperhaltung sprach für Bauchschmerzen, als wolle er um seine Körpermitte mit dem Rest des Körpers einen Schutzwall aufbauen, sich zu einer Kugel zusammenzurollen, um die Schmerzattacken abzuwehren.

»Immer mal wieder«, sagte er. »Aber nie wie jetzt. Auch das wird vorbeigehen.«

»Du solltest das beim Arzt abklären lassen.«

Er lachte auf. »Meinst du, gegen die Tumoren und Metastasen kann irgendein Arzt der Welt etwas machen? Je schneller ich es akzeptiere, dass ich sterben werde, umso eher kann ich mir all den teuren und überflüssigen Schnickschnack ersparen. Meinst du, ich will die Ärzte reich machen? Ich will mich mit Medikamenten vollpumpen, mir Hoffnung einreden, die sowieso sinnlos ist?«

»Aber es gibt Medikamente die …« Marissa stockte. Das Sterben erleichtern. Sie erschrak vor ihrem eigenen Gedanken, obwohl es allem Anschein nach wirklich Zeit war, darüber nachzudenken, über Themen wie Pflege, Unterstützung für Uta, möglicherweise einen Heimplatz. »Medikamente, die die Schmerzen lindern. Du musst dich nicht quälen.«

»Die das Hirn benebeln, mich ruhigstellen und mir das letzte nehmen, was ich habe. Meinen klaren Verstand. Lass mich schlafen.«

Marissa verließ das Zimmer, doch sie ging nicht weiter treppauf zum Speicher, sondern setzte sich auf die unterste Treppenstufe. Wieder hörte sie sein Stöhnen. Dass Uta nicht schon längst etwas unternommen hatte!

Dann stand Marissa mit einem Ruck auf. Mochte ihr Vater starrsinnig sein, das war er immer gewesen. Sie hatte nicht vor, sich mit Uta abzusprechen und einen Konsens zu finden. Auch wenn sie sich damit noch unbeliebter machen würde, war es ihr egal. Sie ging treppab, suchte im Internet die Nummer des Arztes

vom Festland heraus und bat um einen Hausbesuch im Namen ihres Vaters. Es sei ein Notfall.

Erst Stunden später, als es draußen dunkel war und Marissa nicht mehr damit rechnete, dass an diesem Tag Hilfe kam, klopfte es an der Haustür. Uta bereitete mit Mia das Abendessen vor. Arne war noch immer nicht aufgestanden und sein Stöhnen war so laut, dass es trotz des munteren Geplappers von Mia im Erdgeschoss zu hören war.

Uta lehnte sich über die Anrichte, um besser aus dem Fenster zu sehen. »Was will der denn hier?«, fragte sie. »Wer hat dem Bescheid gegeben? Und dann dieser unerfahrene Jungspund und nicht sein Vater.«

»Ich habe in der Arztpraxis angerufen. Arne geht es schlecht.« Zügig ging Marissa zur Tür, um zu öffnen und Utas Schimpftirade zu entgehen. Sie verstand, warum Uta sich aufregte, trotzdem hatte sie eins gelernt an der Nacht an der Bake: Nie mehr würde sie um Erlaubnis fragen, wenn sie wusste, dass das, was sie tat, richtig war, auch wenn alle anderen dagegen redeten. Es brach ihr das Herz, wenn sie sich vorstellte, Arne müsste stunden-, tage- und möglicherweise wochenlang weiter mit Schmerzen ringen, die wahrscheinlich zunehmen würden.

»Jantzen«, stellte der Arzt sich vor.

»Marissa Bartelsen. Der Zustand meines Vaters hat sich seit dem Vormittag stark verschlechtert.« Sie gab ihm die Hand zur Begrüßung. »Und danke, dass Sie es so schnell einrichten konnten zu kommen. Ich weiß, dass das keine Selbstverständlichkeit ist.«

Der Arzt schlüpfte aus seinen hohen Gummistiefeln, als er das Haus betrat. Vergeblich versuchte Uta, ihn aufzuhalten, ihm den Zugang zum Treppenhaus zu versperren, ihn von der Überflüssigkeit einer Untersuchung zu überzeugen, davon, dass Marissa überreagiert hätte.

»Der Weg war beschwerlich, den Geländewagen musste ich mitten auf dem Damm stehenlassen und die restliche Strecke zu Fuß gehen. Wahrscheinlich werde ich den Wagen abschleppen lassen müssen, ein Traktor ist schon unterwegs. Jetzt werfe ich jetzt zumindest einen kurzen Blick auf den Patienten, vergewissere mich, dass es ihm gut geht. Wenn Herr Bartelsen meine Hilfe nicht braucht, fahre ich wieder«, sagte Dr. Jantzen.

Uta ging beiseite. »Wir haben später ein Wörtchen miteinander zu reden«, sagte sie zu Marissa und kehrte in die Küche zurück. Mit einem Knall schloss sie die Schiebetür, die Marissa gar nicht wahrgenommen hatte. Die Tür war auch neu, früher war das Untergeschoss ein einziger großer Raum gewesen.

Marissa ging zur Terrassentür, dann zur Haustür, umrundete den Esstisch, setzte sich kurz aufs Sofa und stand wieder auf. Sie war so nervös, dass sie es nicht länger als ein paar Sekunden an einem Ort aushielt.

Uta öffnete die Tür mit demselben Schwung, mit dem sie sie geöffnet hatte.

»Und? Hat sich der junge Jantzen schon geäußert?«, fragte sie.

Mia drückte sich mit der Hüfte an die Anrichte, als

wolle sie dem Streit, der sich anbahnte, so weit es eben ging ausweichen.

»Nichts ›Und‹. Sie sind noch oben.«

»So läuft das hier nicht.« Uta ging die Treppe hoch. Mitten auf den Stufen verharrte sie wie erstarrt.

Auch Marissa hielt inne, dann konnte sie das ungewohnte Geräusch zuordnen. Das Donnern eines Hubschraubers ließ die Fenster und den Boden unter ihnen erzittern.

Uta rannte treppab und weiter nach draußen, Marissa und Mia folgten ihr. Der Wind, der durch die drehenden Rotorblätter entstand, war bis ins Wohnzimmer zu spüren.

Ohne große Erklärung stürmten der Pilot und ein Arzt aus dem Rettungshubschrauber, fragten, wo sich Herr Bartelsen aufhielt, und eilten ins Schlafzimmer.

Es ging so schnell, dass Marissa erst begriff, was geschehen war, als sich Arne schon im Hubschrauber befand. Sein Kreislauf war extrem schlecht, der Puls niedrig, er war nicht mehr ansprechbar.

»Mein Mann hat sich gegen ein Sterben im Krankenhaus ausgesprochen«, sagte Uta und hielt Dr. Jantzen einen Zettel hin. »Das ist bei Ihnen in der Praxis hinterlegt. Sie haben kein Recht, ihn stationär behandeln zu lassen.«

»Ich kenne die Verfügung, wir alle in der Praxis kennen sie. Doch hier liegt der Verdacht auf einen Ileus vor, ein Darmverschluss, was einen akuten Notfall darstellt. Das muss dringend abgeklärt werden und schnellstmöglich operiert. Hinzu kommt: Herr

Bartelsen hat sich gegen lebensverlängernde Maßnahmen entschieden, einer Schmerzlinderung aber zugestimmt. Auch das längerfristige Einstellen auf eine wirkungsvolle Schmerzmedikation ist notwendig. Das geht nur stationär.«

Utas weiterer Protest blieb ungehört. Währenddessen stand Mia daneben und wurde immer bleicher im Gesicht. Sie lehnte sich an die Wohnzimmerwand.

Marissa ging zu ihrer Halbschwester, umarmte sie und zog sie mit sich zur Couch, wo sie sich nebeneinandersetzten. Mia sank in sich zusammen, dann drückte sie Marissa fest und presste ihren Kopf an Marissas Oberkörper.

Marissa T-Shirt wurde nass von Mias Tränen. Von draußen drang der Lärm des startenden Hubschraubers herein, der immer leiser wurde.

»Hey, ist ja gut.« Vorsichtig strich Marissa über Mias Kopf, ließ ihre Hände den langen Zopf entlanggleiten und wartete, bis Mia sich langsam beruhigte.

»Er kommt doch wieder, oder?«, fragte Mia.

Marissas Hals wurde eng, ihr fiel es schwer, zu atmen. Sie wollte etwas Hoffnungsvolles sagen, aber es wäre Mia gegenüber nicht fair. »Ich weiß es nicht.« Mindestens ebenso viel Sorge wie das bevorstehende Sterben bereitete Marissa die Tatsache, dass sich niemand darum kümmern würde, wie sich die geplante Mutprobe für Mia weiterentwickelte. Uta hatte deutlich gemacht, dass sie keine Einmischung wollte und Mia würde sich nicht von jemandem beeinflussen lassen, der erst vor kurzer Zeit in ihr Leben getreten war.

»Ich gehe hoch. Computerspielen«, sagte Mia und wandte sich mit gesenktem Kopf ab.

Noch immer stritt Uta mit Dr. Jantzen. Marissa ging an den beiden vorbei nach draußen, umrundete das Gebäude und lief auf die ausgebaute alte Scheune zu. Innen brannte hinter allen Fenstern Licht.

Sie klopfte an der Tür.

»Ja?« Sandra klang abweisend und genervt.

Marissa trat ein. »Hast du mitbekommen, was mit meinem Vater passiert ist?«

Sandra klappte ihren Laptop zu und stand vom Küchentisch auf. Um den Laptop herum sammelten sich Kaffeebecher, Teller voller Krümel und leere Verpackungen von Schokoriegeln. Wie es aussah, hatte Sandra bestimmt schon lange keine Pause mehr eingelegt.

Sandra nickte. »Sicher. Ein Rettungshubschrauber kann wohl von keinem hier unbemerkt bleiben. Aber unter uns: Es wird besser sein. Vielleicht war der Darmverschluss sein Glück und erspart ihm im Endergebnis viel Leid. Ich habe mich schon lange gefragt, warum er sich nicht helfen lässt.«

Marissa setzte sich an den Esstisch. Sie hatte gar nicht wahrgenommen, wie sehr ihr Vater gelitten hatte, wie schlecht es um ihn bestellt war. Er war ein Meister darin, die Fassung zu wahren und den Alltag aufrechtzuerhalten, damals wie heute. Auch als ihre Mutter mit ihrem Geliebten durchgebrannt war, hatte Arne weder Trauer noch Wut gezeigt, sondern sich darauf konzentriert, dass morgens die Schulbrote geschmiert, die

Hausaufgaben erledigt, die Wäsche gewaschen, die Teppiche gesaugt wurden, der Unterricht der Inselschule weiterlief.

»Ich kann mir vorstellen, dass du nicht gut auf mich zu sprechen bist«, sagte Marissa.

»Kann man wohl so sagen.«

Marissa ignorierte die Wut, die in Sandras Stimme mitschwang.

»Ich musste damals weg. Ich konnte nicht mehr. Ich hatte keine Kraft, darüber zu reden.«

»Hörst du dir überhaupt zu, was du da von dir gibst? Ich. Ich und nochmals ich. Genau das ist das Problem, Marissa. Wären alle Menschen wie du, wäre die Menschheit ausgestorben. Was ist nur aus dir geworden?«

»Willst du mich glauben lassen, dass du zu hundert Prozent hinter all diesen Verschrobenheiten stehst? Das Meer, der Dünenmann, die Opfer brauchen, damit die Hallig nicht überflutet wird? Der Einzelne, der gar nichts zählt, die Gemeinschaft aber alles?«

Sandra schwieg. Marissa ahnte, was sie dachte: Verantwortung füreinander. Gemeinsam Krisen bewältigen. Etwas zusammen verändern. Sich vertrauen und offen miteinander sein, das war wichtig, nichts anderes.

Trotzdem gab es Entscheidungen, die getroffen werden mussten, auch wenn dann vom Leben nur ein Scherbenhaufen übrigblieb. Marissa nickte. »Wie heißt es in der Bibel? Liebe die anderen wie dich selbst. Aber wenn man sich selbst nicht liebt, wenn man sich nicht schützt und sich aufgibt, bleibt für die anderen nichts

mehr übrig.« Marissa verzichtete darauf, sich weiter zu rechtfertigen. »Was vorbei ist, ist vorbei«, fügte sie hinzu.

»Für mich ist es nicht vorbei.«

»Wo liegt denn dein Problem? Wir waren Freundinnen. Wir haben füreinander eingestanden. Aber das heißt doch nicht …« Sie verstummte bei der Trauer, die sich auf Sandras Gesicht abspielte. »Es tut mir leid.«

»Lässt sich sowieso nichts mehr dran ändern.« Sandra ging zum Küchentisch und räumte das Besteck, die Teller und den Verpackungsmüll weg. Sie lächelte dabei, doch nur ihre Mundwinkel zogen sich zur Seite, ihre Augen blieben starr, die Wangen und die Stirn zeigten keinerlei Bewegung. Vor Anspannung traten Sehnen an ihrem Hals hervor. Sie sah gut aus mit ihren aufgehellten Haaren, dem Make-up, das erst auf den zweiten Blick wahrnehmbar war, mit ihrer Figur, die schlank war wie damals, doch Marissa hatte das Gefühl, als sei der Körper nur ein perfekt gestaltetes Versteck, hinter dem sich das Mädchen von früher verbarg und gar nicht mehr sichtbar war. Wo war Sandras Widerspruchsgeist geblieben?

»Wir waren Freundinnen«, sagte Marissa. »Und ich weiß nicht, an wen ich mich wenden kann, wenn nicht an dich. Ich brauche deine Hilfe.«

»Und wie kommst du darauf, dass gerade ich dir helfen will? Ich war dumm, dass ich mich früher so sehr an dich geklammert habe. Du warst für mich alles. Wer war ich für dich? Gab es da überhaupt was neben deinen Büchern, das dir wichtig war?«

»Du sollst nicht mir helfen, sondern Mia. Eigentlich wollte sich mein Vater darum kümmern. Aber ich glaube nicht, dass er das noch kann. Ich weiß gar nicht, ob er überhaupt noch einmal hierhin zurückkehren wird.«

Sandra setzte sich neben Marissa. »Worum geht es denn?«

»Um die Mutprobe an der Bake. Ich denke, dass diese verrückte Tradition weitergeführt wird, dass Sebastian und Leni den ›Rat‹ stellen.«

»Was geht dich das an?«

»Weil in einer Woche Mia eine Nacht auf der Bake verbringen soll. Sie ist noch ein Kind!«

Sandra atmete geräuschvoll ein und stieß die Luft mit einem »Pfff« aus. Sie drehte ihren Körper weg von Marissa und starrte durchs Fenster nach draußen.

Marissa wischte sich ihre verschwitzten Hände an der Hose ab.

Mit einem Ruck drehte sich Sandra wieder zu Marissa. »Gut, ich kümmere mich. Aber du machst es mit deiner Einmischung nur komplizierter. Es wird besser sein, du fährst ab, das hattest du ja sowieso längst tun wollen. Überlass die Angelegenheit mir.«

»Das kann ich nicht. Erst werft ihr mir vor, dass ich mich aus dem Staub mache, jetzt wollt ihr nicht, dass ich mich kümmere.«

»So ist das nicht.«

»Doch, genau so ist es. Mia ist meine Schwester. Okay, Halbschwester. Ich kann Uta und sie jetzt nicht alleinlassen. Das hätte mein Vater niemals gewollt, er

hat mir sogar die Hälfte des Hofs übertragen. Ich muss die Vergangenheit verstehen, anstatt weiter davor wegzulaufen.«

»Auweia, Marissa.« Sandra stöhnte. »Du willst ein ganz großes Ding draus machen. Staub aufwirbeln. ›Die Vergangenheit verstehen.‹ Und warum? Um von dir selbst abzulenken? Damit niemand mehr davon redet, was du deinem Vater und uns anderen angetan hast, indem du abgehauen bist? Suchst du einen Schuldigen, einen Bösewicht? Glaube mir, du wirst nichts finden. Außer dass du alles durcheinanderbringst und wieder Unfrieden stiftest. Ist es das, was du willst?«

Marissa wich Sandras Blick nicht aus. »Warum gehst du mich an?«

»Was erwartest du denn?«

»Dass du mir hilfst, dass Mia dieses bescheuerte Dikjendülmann-Ritual niemals absolviert. Dass dieser Mist aufhört.«

Sandra schüttelte den Kopf. »Das Problem ist nicht das Ritual, das Problem bist du. So läuft das hier nicht, wie du dir das vorstellst.«

13

JULE – 1990

Sie sah Theo nach, der in Richtung Festland rannte. Die Wetterbedingungen waren günstig, als würde die Natur ihr bestätigen, dass das, was sie tat, richtig war.

Sie war noch nie verliebt gewesen. Würde es nur jemanden geben, der sie so liebte wie Theo Manon! Er hatte all seine Ersparnisse genommen, um eine Anzahlung für einen alten VW-Bus zu leisten. Jeden Tag hatte ihn nur eins beschäftigt: War das Wetter endlich ruhig genug für einen Aufbruch?

Wie eine blank polierte Silberfläche breitete sich das Watt um die Hallig herum aus. Die Möwen schrien und stürzten sich auf die Fische, die wegen des Niedrigwassers aufgelaufen waren. Bessere Bedingungen konnte es für Theo nicht geben.

Sie sah ihm nach, wie er zu einem immer kleineren Punkt wurde, wie er bald von den Seehunden und Wasservögeln nicht mehr zu unterscheiden war.

Sie ging zum alten Hof, der seit zehn Jahren unbewohnt war. Das Meer die Haustür mitgenommen, die Fenster waren schon vor längerer Zeit herausgebrochen. Anstelle von verputzten Wänden lag das Mauerwerk bloß.

Jule setzte sich in einen leeren Fensterrahmen. Von dort aus hatte sie einen guten Blick. Noch verschwanden die Nachbarhalligen und der Leuchtturm vom Festland im Morgendunst und blieben unsichtbar. Diese Wetterlage mochte sie am meisten, wenn die Sonne langsam emporkam, man nicht geblendet wurde, wenn es auf den Warften still und friedlich war, wenn nur die Geräusche von Wind und Wellen zu hören waren, das Bellen und Heulen der Seehunde und das Kreischen der Möwen.

Dann stellte sie sich vor, dass die Hallig völlig einsam im Meer trieb, dass nur sie allein darauf war wie auf einem Floß und es nichts und niemanden gab, der etwas von ihr verlangte oder wünschte. Alles, was getan werden musste, war getan. Die Zeit dehnte sich in eine gefühlte Unendlichkeit, sie strich über Jule hinweg wie ein sanfter Wind.

Eine Stimme riss sie aus ihrem Halbschlaf.

»Theos Eltern haben einen Abschiedsbrief gefunden.« Christian stellte sich breitbeinig vor sie.

»Du versperrst mir die Sicht.«

»Ganz schön frech. Es scheint dich ja nicht zu überraschen.«

Jule schwieg. Sie kannte den Abschiedsbrief nicht, ahnte aber, was Theo geschrieben hatte. Er hätte sich

nicht nur an den kleinen Rat, sondern auch an den Großen Rat wenden müssen, um von allen Halligbewohnern die Erlaubnis zu bekommen. Doch das wäre ein aussichtsloses Unterfangen gewesen. Wäre Manon von einer der anderen Halligen gekommen, ja, sicher, alle hätten ihm zugeraten. Mit einem Mädchen von der Nachbarhallig hätte er sogar eine Reise in andere Länder antreten dürfen. Aber bei Manon galten andere Regeln. Sie war nicht nur eine vom Festland, sondern sie war unkontrollierbar, ließ sich nicht in die Gemeinschaft einfügen.

»Was hast du dazu zu sagen?«, fragte Christian.

Michael, Sandra und Rieke traten hinter der Mauer hervor. Sie bildeten einen Halbkreis um Jule. Hinter ihr lag der Schutthaufen im Inneren des Gebäudes, so konnte sie den Fenstersims nicht verlassen. Die Vier standen so dicht, dass sie sich wie eine Gefangene vor einem Tribunal vorkam.

»Rede!« Sandra packte sie an den Schultern und schüttelte sie.

»Du tust mir weh!«

Michael schob Sandra beiseite. »Es soll hier nicht um Wut oder um Enttäuschung gehen. Wir wollen nur Gerechtigkeit. Theo und du, ihr geht in eine Klasse. Du bist für ihn verantwortlich. Willst du uns weismachen, dass du nicht mitgekriegt hast, was sich zwischen Manon und ihm anbahnt?«

Leugnen war zwecklos, sie würden ihr sowieso nicht glauben. Sie war eine schlechte Lügnerin, weil sie das Blinzeln ihrer Augen nicht kontrollieren konnte, ihr

Kinn bei Aufregung zitterte und ihr sofort das Blut bis in die Schläfen schoss, die dann rot leuchteten, als hätte jemand in ihrem Innern eine Lampe angeschaltet.

»Ich habe es gewusst«, sagte Jule. »Ich nehme die Strafe auf mich.« Einmal hatte sie es schon geschafft, die Nacht allein an der Bake zu verbringen, dann würde sie es auch ein zweites Mal hinter sich bringen. Von dem Zeitpunkt an, als Theo sich verliebt hatte, war klar, dass es eine Bestrafung geben würde. Entweder für Theo oder für Jule. Doch Theo hatte zum ersten Mal in seinem Leben ein Leuchten in den Augen. Seine Stimme klang nicht mehr dumpf und monoton, sondern seine Worte schwebten wie Vögel über dem Meer.

»Theo und Manon, das ist mehr, als ich bei allen Hochzeitspaaren gesehen habe. Sie lieben sich wirklich«, sagte Jule.

Sandra lachte laut auf. »Das ist ja toll, wie du das entschieden hast. Wie du es beurteilen kannst. Wie du weißt, was gut für wen ist. Wir sollten dich zur Weisen von Hulhan ernennen und dich in Zukunft um Rat fragen. Du weißt es ja besser als wir alle zusammen.« Sandra spuckte vor Jules Füße. »Wie kann man nur so blöd sein? Du hast es noch gewusst! Du hättest es verhindern können.«

»Was getan werden muss, muss getan werden. In zwei Tagen wird es bei Vollmond eine Springflut geben.« Christian sah von einem zum anderen. »Bis dahin lasst ihr sie nicht aus den Augen. Ich will über jeden Schritt informiert werden. Selbst wann sie zum

Pinkeln geht. Übermorgen treffen wir uns um fünf Uhr genau hier. Alle vier Stunden ist Wachablösung. Zuerst bleibe ich und behalte das Watt in Richtung Festland im Auge. Wer mich ablöst, das macht ihr unter euch aus.«

14

2019

Marissa rannte in Richtung der aufgehenden Sonne über das Watt, obwohl ihre Seiten stachen und die Lunge brannte. Sie brauchte die Bewegung, die frische Luft vertrieb die Erschöpfung der schlaflosen Nacht.

»Wenn du willst, dass ich das regele, tue ich das auf meine Weise. Allein. Damit zeigst du mir, dass du mir vertraust. Und nimm den nächsten Zug zurück nach Italien«, hatte sie gesagt.

Niemals würde Marissa sich auf Sandras Vorschlag einlassen, niemals. Zwei Stunden später kam sie verschwitzt und erschöpft zum Hof zurück, ihre Panik und Wut waren verschwunden. So sehr sich Sandra gegen eine Einmischung sperrte, Sandra war niemand, der sich Logik verschloss. Nur brauchte sie manchmal Zeit, bevor sie eine Entscheidung traf.

Stimmengewirr kam Marissa aus dem Wohnzimmer entgegen.

Sie stutzte, überlegte, ob sie unbemerkt treppauf zum Speicher gehen sollte, dann entschied sie sich dagegen. Sie ging ins Wohnzimmer. Auf der Couch und den Sesseln saßen Uta, Mia, Sandra und Rieke.

Uta sah auf. »Auch einen Kaffee?«, fragte sie und hob ihre Tasse in Richtung Marissa.

»Ich will euch nicht stören.« Sie wollte keine neue Auseinandersetzung provozieren, sondern ihre angenehme Erschöpfung vom Laufen nutzen, um sich hinzulegen und ein paar Stunden zu schlafen. Doch die Vorstellung einer Tasse Kaffee war verführerisch. Außerdem hatte sie länger nichts gegessen, ihr Magen knurrte. Auf dem Tisch standen Gebäck und belegte Brötchen, vor allem der Anblick der mit Käse überbackenen Blätterteigrollen ließen ihren Magen lauter knurren.

»Aber nur eine Tasse«, sagte sie.

Mia rückte ein Stück beiseite, sodass Marissa sich neben ihre Halbschwester setzen konnte.

»Mach mal lauter.« Rieke starrte auf den Fernseher.

Das dritte Regionalprogramm lief. Schon beim Laufen war Marissa die hohe Luftfeuchtigkeit aufgefallen, als würde sie sich mitten durch eine Wolke bewegen. Die Luft war zum Schneiden dick.

»Das Orkantief hat in Süddeutschland einen Schaden von einer halbe Milliarde Euro angerichtet. Im Verlauf des Tages wird das Unwetter den Norden Deutschlands und die Küstenregionen erreichen. Mit schwere Sturmböen und mit Orkanböen bis 140 km/h an der Küste muss gerechnet werden.«

Das Telefon klingelte. Uta stand auf, stellte den Ton vom Fernseher ab und ging an den Apparat.

Sie hielt den Hörer umklammert, auch als das Gespräch bereits beendet war. »Die Unwetterzentrale. Sie haben die Warnstufe Rot ausgerufen. Für die ganze nächste Woche.«

Marissa atmete tief ein und erstarrte. Als hätte das Unwetter nur auf seinen Einsatz gewartet, knallten die Fensterläden aus ihrer Verankerung und schlugen gegen die Scheiben. Draußen krachte es laut.

»Die Tiere«, rief Uta. Die Frauen sprangen auf und Marissa mit ihnen.

»Du bleibst hier. Falls sich das Krankenhaus meldet.« Uta gab Marissa das Mobilteil, dann rannte sie mit Rieke und Sandra ins Freie.

Marissa blieb mit Mia zurück.

In der Halligschule hatte Arne von all den Dörfern erzählt, die im Wasser untergegangen waren. Marissa kannte die Legenden von Rungholt, dem Atlantis der Nordsee, und von Vineta und Rethra, Städten, die das Meer sich geholt hatte. Von versunkenen Kirchenglocken, die manchmal bei Ebbe auftauchten und nachts läuteten. Auch der Blauortsand war vor zweihundert Jahren dreimal so groß gewesen wie heute. Mit diesem Unwetter würde sich wieder die Form des Hochsandes ändern, würden erneut Teile dem Wasser zum Opfer gefallen. Früher hatte Marissa all die Geschichten und Erzählungen aufgesogen, den Grusel genossen, der damit verbunden gewesen war. Zeigten doch all diese Über-

lieferungen, wie klein der Mensch war, wie verrückt der dauernde Kampf, dem Meer das Land abzugewinnen und es zu behalten.

Marissa starrte auf den Fernseher, der ohne Ton Liveschaltungen von den Inseln zeigte. Damals wäre für Christian und Michael eine Sturmflut oder ein Unwetter kein Grund gewesen, eine Mutprobe abzubrechen. Im Gegenteil, das hätte der Angelegenheit nur den letzten Kick verschafft.

Unruhig lief sie mit dem Mobilteil in der Hand auf und ab. Mia saß wie betäubt auf dem Sofa. Von draußen klang das Heulen des Sturms herein. Schafe blökten, wehrten sich dagegen, in die Ställe getrieben zu werden.

Marissa blickte hinaus. Obwohl Ebbe war, flutete das Meer die Übergänge zwischen den Warften, sodass es aussah, als lebten sie in einem Dorf, das von unzähligen reißenden Bächen durchzogen war. Die Wolken hatten die Sonne verdunkelt. Als würde die Nacht hereinbrechen, sah es draußen aus. Die gelben Helme der Bewohner hoben sich mit den angeschalteten Lampen leuchtend von der Umgebung ab. Die ersten Ziegel lösten sich vom Turm und donnerten herab. Das Meer drängte von unten herauf. Selbst die Möwen, sonst die Herren der Lüfte, wurden herumgeschleudert wie Herbstblätter im Wind.

Die Schafe, Gänse und Hühner waren in Sicherheit gebracht worden. Die Erwachsenen versammelten sich auf dem Kapellenhügel. Dicht gedrängt standen sie beieinander. Marissa schüttelte den Kopf. Sie ging zum

Fenster, um besser sehen zu können, doch ihr Atem ließ das Glas beschlagen.

»Die Frau, die in der ehemaligen Schule lebt, die ist doch neu hier? Kennst du sie?«, fragte Marissa.

»Simone. Die ist aber schon lange hier.«

»Wo kommt sie her?«

»Von einer der Nachbarhalligen. Sie war die Lehrerin hier. Ich hatte sie in den ersten beiden Schuljahren. Dann ist sie schwanger geworden. Viktoria ist gekommen. Lukas und Anna waren nicht begeistert. Sie dachten, sie müssten aus dem Schulhaus ausziehen. Aber Papa hatte die Idee, dass Mama wieder unterrichtet und Simone im Schulhaus wohnen bleibt. Wohin soll sie sonst mit Lukas, Anna und Viktoria?«

»Und der Vater der Kinder?«

»Das ist Michael. Aber der kümmert sich kaum um Lukas, Anna und Viktoria.«

Mit welcher Selbstverständlichkeit Mia davon erzählte! Warum kümmerte sich ein Vater nicht um seine Kinder? Doch Marissa wollte den wahren Grund gar nicht wissen. Möglicherweise lebte Simone lieber nach ihren eigenen Vorstellungen, als sich in ein Dreigenerationenhaus einzufügen.

Der Ton des Fernsehers wurde plötzlich laut und ließ Marissa zusammenzucken. Der Nachrichtensprecher berichtete live vom Unwetter, doch die Wellen, die Marissa beim Blick aus dem Fenster sah, übertrafen die Fernsehbilder bei Weitem. Sie hoffte nur, dass der Sturm nicht stärker wurde und sie alle tagelang im

kleinen Schutzraum neben dem Speicher ausharren müssten.

Mia saß wie ein verschrecktes Reh auf dem Sofa, nahm sich eines der Sofakissen und presste es an sich wie ein Schutzschild.

»Dieser verrückte Brauch mit dem Dünenmann und der Bake wäre ganz schnell beendet, wenn die Presse darüber berichten würde«, sagte Marissa. Sie ballte die Hände fest zu Fäusten, so dass sich ihre Fingernägel in die Handinnenflächen bohrten.

Mias Augen weiteten sich. »Du meinst …«

»Diejenigen vom Festland sind nicht die Feinde, die nichts begreifen, euch nicht verstehen. Im Gegenteil. Das Leben kann doch nicht weitergehen wie vor Hunderten von Jahren. Bräuche sind ja schön und gut, wenn sie nicht lebensgefährlich sind. Wie auch immer – auf jeden Fall werde ich nicht zulassen, dass du das Gleiche durchmachen musst, was ich erlebt habe. Die Nacht auf der Bake ist kein Kinderspiel. Es ist kein Scherz.«

»Du willst, dass das im Fernsehen kommt? Oder in der Zeitung?«

»Dann würden einige vielleicht anfangen nachzudenken.« Marissa blickte über die Warften. Die gelben Schutzhelme waren verschwunden. Sie stand auf, um besser sehen zu können, doch von den Bewohnern war keiner zu entdecken.

Ein Räuspern hinter ihr schreckte Marissa auf. Sie drehte sich um. Mit schlammverschmierter Kleidung und dem Helm auf dem Kopf stand Uta im Türrahmen,

breitbeinig, als wolle sie den Weg nach draußen blockieren.

»Das meinst du nicht ernst«, sagte Uta. »Die Sache mit der Presse.«

Marissa wich einen Schritt zurück. Alles in ihr drängte danach, zu betonen, dass es nicht so gemeint war, nur dahergesagt. Viel wird geredet während der Unwetter. Schon in ihrer Kindheit hatte Marissa munter drauflosgeplappert, nur um ihre eigene Stimme zu hören, damit die Zeit schneller verging.

»Es ist mein Ernst.« Marissa konzentrierte sich auf ihre Füße, die fest auf dem Boden standen. Sie war kein kleines Mädchen mehr, dass sich fürchten musste. Es gab Dinge, die mussten endlich einmal gesagt werden.

»Willst du, dass sie kommen und uns die Kinder wegnehmen?«

»Das haben sie uns früher schon eingetrichtert. Die Fremden verstünden das Leben auf der Hallig nicht. Sie würden den Eltern die Kinder wegnehmen.«

Ihre Besuche in der Bücherei. Die Kinderbücher, später die Romane und Fachbücher, das war ihre Gegenwelt gewesen, die sie dem Wahnsinn entgegengesetzt hatte. Doch außer Theo hatte sie niemanden kennengelernt, der diesen Fluchtweg gewählt hatte.

»Ich will, dass du gehst«, sagte Uta. »Du bist hier nicht mehr erwünscht.«

Uta blickte sie unverwandt an.

»Es geht nicht.« Marissa zwang sich, ruhig zu bleiben. »Hier kommt keiner weg.«

»Das ist nicht mein Problem. Arne hat für dich

gebürgt, obwohl du eine Verräterin warst. Er sieht in dir seine Tochter. Trotz allem. Aber jetzt ist Arne nicht mehr da. Von uns will dich niemand hier haben. Wir hätten uns nie darauf einlassen sollen. Du reißt uns ins Unglück.« Dann ging Uta treppauf.

Kurz darauf kehrte sie mit Marissas Rucksack zurück. »Hier ist dein Kram. Jetzt raus mit dir. Die Schuhe von Mia lässt du da.«

Marissa nahm ihren Rucksack und verließ das Haus. Die Schuhe behielt sie an.

Sturm peitschte ihr ins Gesicht. Zum Glück hatte es aufgehört zu regnen. Der Wind wehte aus südlicher Richtung, sodass das Wasser zwischen den Warften nicht zu hoch war. Doch jederzeit konnte der Wind wieder drehen.

Sie durchquerte das knöchelhohe Wasser, um in die Kapelle zu gelangen. Wie früher war das kleine Häuschen unverschlossen. Vor der Marienstatue, die das Jesuskind im Arm hatte, standen frische Blumen. Kerzen brannten. Spätestens bis zum Abend, wenn die anderen sich wie immer bei Sturmfluten in der Kapelle treffen würden, müsste sie eine Lösung gefunden haben. Die Seitenbänke waren mit bunten Kissen ausgelegt, jedes Kissen gehörte einer Person. Früher hatte sie ein Patchworkkissen besessen, das in der zweiten Reihe ganz links gelegen hatte, selbst genäht aus grünen, orangen und roten Stoffkissen. An der Stelle befand sich ein blaues Kissen.

Gedankenverloren ging sie an der Urnenreihe entlang und las die Aufschriften. Jost und Erna Bartel-

sen, ihre Großeltern, hatten die Urnengräber direkt nebeneinander. Davor war Platz für Arne und Uta. Möglicherweise auch für sie, falls sie sich mit den Hulhanern aussöhnen und dauerhaft hierher zurückkehren würde. Die Urnen waren in fünf Abschnitten aufgestellt, wie in unterschiedlichen Regalen, sodass die Urnen der Bewohner einer einzelnen Warft zusammenstanden. Auch die Familie des verfallenen Hofs hatte hier ihre letzte Ruhestätte gefunden. Unter der Erde konnte man auf der Hallig niemanden vergraben, die Körper würden beim nächsten Landunter wieder an die Oberfläche gespült werden. Früher wurden die Leichname auf Hulhan verbrannt, inzwischen übernahm die Aufgabe ein Krematorium auf dem Festland, so wollte es das Gesetz.

Auch wenn die anderen Kinder sich wegen der Urnen immer vor der Kapelle gegruselt hatten, mochte Marissa diesen Ort. Hier ging es nicht darum, etwas zu tun, zu leisten, es anderen recht zu machen. Hier konnte man einfach sein. Nachmittage hatte sie hier die Kissen aufeinander drapiert, und halb liegend auf der Kirchenbank in den Büchern aus der Bücherei gelesen.

Neue Urnen waren hinzugekommen, seit sie die Hallig verlassen hatte: Sandras Eltern waren gestorben, Riekes Eltern auch, Christians Vater war tot. Die wenigsten Bewohner hatten ein langes Leben gehabt. Dann stutzte sie, musste die Aufschrift noch einmal lesen, bis sie die Bedeutung begriff:

Juliane Rasmussen, geboren am 26.9.1973, gestorben am 4.8.1990.

Das Wasser gibt das Leben, es nimmt das Leben.

Doch ist der Tod wie die Reise auf einem Schiff. Während wir den Abschied betrauern, wird jemand auf der anderen Seite des Horizontes ein Wiedersehen feiern.

Marissa rechnete. Ein Jahr, nachdem sie die Insel verlassen hatte, war Jule gestorben. Sie schauderte bei den Gedanken, die auftauchten, wenn sie sich den Spruch vergegenwärtigte.

War es möglich, dass Jule an der Bake ertrunken war? Jule war vollkommen gesund gewesen. Die Inschrift ließ kaum eine andere Interpretation zu. Aber warum?

Marissa wurde es übel. Sie musste sich setzen, weil ihre Knie zitterten und nachgaben. Fest umklammerte sie die alten Holzbänke, drückte ihren Oberkörper aufrecht. Erst jetzt merkte sie, dass ihr Rucksack auf den Boden gefallen war. Mit dem Fuß zog sie ihr Gepäck zu sich heran.

Der Grund für ihren Rauswurf war, dass sie den Gedanken laut ausgesprochen hatte, sich an die Presse zu wenden. Jetzt war sie möglicherweise auf eine viel größere Ungeheuerlichkeit gestoßen. Mit einem Mal ergab das seltsame Verhalten der Anderen Sinn, die den Fragen nach Jule gekonnt ausgewichen waren.

Marissa öffnete den Verschluss des Rucksacks und zog ein Kleidungsstück nach dem anderen heraus. Uta hatte sich nicht die Mühe gemacht, die Shirts ordentlich zu falten. Sie waren zusammengeknüllt, die Waschutensilien lagen ungeordnet dazwischen.

Auf der Holzbank ordnete Marissa das Gepäck. Sie legte Shirts zu Shirts, die zwei Hosen aufeinander, füllte die Cremes und Seifen in einen Butterbrotbeutel. Erst entleerte sie die Haupttasche, dann die Seitentaschen. Schließlich stülpte sie den Rucksack um, doch nichts fiel mehr heraus. Sie tastete den Nylonstoff ab. Ihr Handy blieb verschwunden.

Marissa fluchte. Dabei hatte sie das Gerät sicher zu ihrem Portemonnaie gelegt und das war eingepackt worden.

Ordentlich sortierte sie die Gegenstände wieder ein, schulterte den Rucksack, holte tief Luft und rannte auf das Haupthaus zu.

15

2019

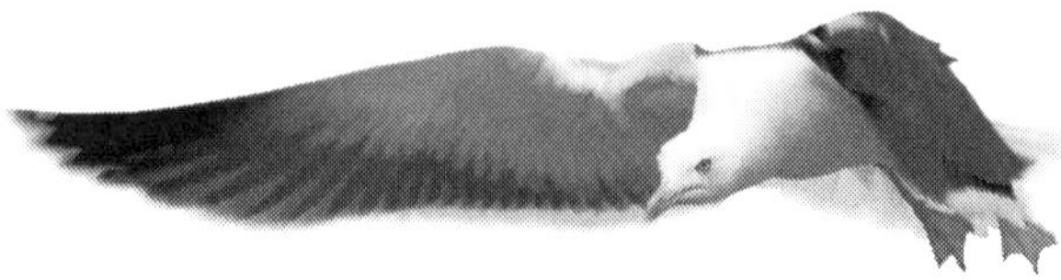

»Ich möchte mein Handy vom Speicher holen. Es muss da liegen.« Marissa hielt sich nicht mit Höflichkeiten auf, für die Uta sowieso nach dem Streit unempfänglich war.

»Hier ist kein Handy.« Uta stellte sich dicht an die Tür, die nur einen Spalt breit geöffnet war, sodass Marissa nicht ins Innere blicken konnte.

»Im Rucksack ist es nicht. Es lag neben dem Portemonnaie am Bett.«

»Wenn ich sage, hier ist es nicht, ist es hier nicht. Oder willst du behaupten, ich lüge?«

»Lass mich einfach kurz nachsehen. Bitte.«

Früh genug bemerkte Marissa die Bewegung von Uta, bevor sich die Tür schloss. Schnell schob sie ihren Fuß in die Öffnung. Mit einem festen Schlag donnerte das Holz gegen ihren Fuß. Die Turnschuhe waren dünn, dass sie den Schwung kaum abfedern konnten. Fast

hätte Marissa den Fuß zurückgezogen, doch sie zwang sich, gegen den Impuls anzukämpfen.

»Lass mich nachsehen. Ich brauche mein Handy.« Marissa hebelte die Tür ein Stück weit auf. »Merkst du nicht, wie lächerlich das ist? Wir stehen hier wie kleine Kinder, die sich um ein Sandförmchen streiten. Es geht um mein Handy, um nichts anderes. Lass mich nachsehen, dann bin ich weg.«

»Es ist nicht hier. Wo liegt dein Problem, dass du das nicht verstehen willst?«

Als der Druck auf den Fuß nachließ, dachte Marissa, Uta hätte aufgegeben und würde sie nachsehen lassen, doch dann spürte sie einen Schlag gegen die Zehen. Ihr Fuß rutschte zurück und ehe sie begriff, was geschah, war die Tür geschlossen. Marissa schrie vor Schmerz auf. Uta hatte kräftig und plötzlich gegen ihren Fuß getreten.

Marissa hämmerte an der Tür. »Lass mich rein. Ich muss mein Handy wiederhaben.«

Der Wind drehte und blies ihr den aufkommenden Regen entgegen.

Marissa trat ein paar Schritte zurück und blickte die Fassade empor. Im ersten Stock bewegte sich ein Schatten hinter dem Fenster, doch Marissa konnte nicht erkennen, zu wem er gehörte.

Frustriert wandte sie sich ab. Sie würde wiederkommen, das schwor sie sich. Im Moment hatte es allerdings keinen Zweck weiterzukämpfen. Die Fensterläden im Erdgeschoss waren von innen geschlossen und verriegelt, sie boten vor dem Unwetter

Schutz und erst recht vor einem dilettantischen Einbruchsversuch.

Marissa umrundet das Haus und klopfte an der alten Scheune. »Sandra!«

Im hinteren Teil des Gebäudes wurde es dunkel. Sandra hatte das Licht ausgeschaltet. Sie war zu Hause, doch Marissa wurde klar, dass niemand ihr öffnen würde.

Von allen Seiten spülten Wellen über die Hallig, nur die höchste Warft mit der Kapelle war geschützt. Nur noch einen halben Meter Pegelanstieg und die ehemalige Scheune und der Tadehof würden im Erdgeschoss überflutet werden. Der verfallene Hof lag unter Wasser, die Bretter, die als Sitzgelegenheit gedient hatten, trugen die Wellen ins offene Meer hinaus.

Am Dach des Turms fehlten Dachziegel, an beiden Seiten brannte im innern Licht. Wellen schlugen gegen den Turm, hinterließen braune Streifen auf dem weißen Anstrich.

Marissa gab sich einen Ruck, dann lief sie auf den Turm zu. Sie klopfte an Theos Tür, leise, damit Rieke es nicht hörte, aber laut genug, damit Theo aufmerksam wurde.

Nur wenige Sekunden später wurde die Tür geöffnet.

»Du bist ja völlig durchweicht«, sagte Theo zur Begrüßung.

»Kann ich bei dir rein?«

Theo trat ein paar Schritte vor, lugte nach draußen und blickte sich um. Obwohl kein anderer Mensch zu

sehen war, gab es keine Zweifel, dass ihr Besuch bei Theo nicht unbemerkt geblieben war.

»Es wäre besser, wenn du von hier verschwindest. Und nicht wiederkommst. Jetzt, wo Arne nicht mehr da ist, solltest du nicht länger hier sein.« Theo blinzelte nervös, als würde er von heller Sonne geblendet.

»Wenn du mir sagst, wie ich aufs Festland komme, bin ich sofort weg.«

»Ach, was soll es, du bist mein Gast. Wenn es geht, zieh dich direkt hier im Flur um. Er nahm ein Handtuch vom Haken und reichte es ihr, dann ging er die Treppe hoch und nickte ihr zu.

Hastig zog sich Marissa um. Ein Teil der Kleidung in ihrem Rucksack war nass geworden. Zumindest fand sie ein paar trockene Socken, eine trockene Hose und zwei T-Shirts, die sie übereinander zog. Dann nahm sie die Jackettjacke vom Garderobenhaken und zog sie über die Shirts. Auch wenn der Turm außen renoviert war, zog es durch die Tür und die undichten Fenster. Im Winter würde es hier sehr ungemütlich werden.

Marissa ließ ihre nasse Kleidung und den Rucksack auf der untersten Treppenstufe liegen, dann ging sie treppauf.

Theos Reich erstreckte sich über zwei Etagen. Zuerst betrat sie ein Wohnzimmer, in dem nur eine Couch stand, ein mit Computern vollgestellter Esstisch und eine große Küche, die in einen Wohnwagen gepasst hätte. Das Bad war so klein, dass man an allen Seiten die Wände berühren konnte, wenn man sich in die Mitte des Raumes stellte. Marissa lugte die Treppe

weiter empor, doch unter dem Dach gab es nichts außer dem Schlafzimmer, wenn man eine Matratze, die auf dem Boden lag, so bezeichnen wollte.

»Du lebst minimalistisch«, sagte Marissa.

»Wir alle überlegen genau, was wir brauchen und was nicht.«

»Hast du eigentlich noch Fotos von früher? Von den Wattwanderungen, den gemeinsamen Vogelbeobachtungen?« Marissa setzte sich aufs Sofa.

Theo ging in die Küche. »Was zu trinken?« Er öffnete einen Küchenschrank. »Hier. Eigentlich wollte ich die Alben längst digitalisieren. Aber wie das ist. Die Zeit. Davon ist immer zu wenig da. Etwas Hochprozentiges auch für dich?«

»Kann ich gebrauchen.«

Theo stellte zwei Gläser mit Schnaps auf den Tisch. Der erste Schluck brannte im Mund und im Rachen, Marissa hustete.

»Für die Nacht kann ich dir die Couch anbieten. Es ist nicht mal eine zum Ausziehen. Aber falls du willst, frage ich Simone. Bei ihr im Schulhaus ist mehr als Platz genug. Wenn man im Klassenraum die Bänke beiseiteschiebt …«

»Ich bin gerne hier. Lass mal.«

Marissa schob den Gedanken beiseite, wie sie es schaffen sollte, hier zu schlafen. Obwohl sie klein war, würde es nur funktionieren, wenn sie sich wie ein Embryo zusammenrollte oder die Beine über die Lehne streckte. »Du bist derjenige, der mir immer am ähnlichsten war.«

»Ich habe mir die Hörner abgestoßen. Das ist wohl ein Unterschied.« Er leerte seinen Schnaps in einem Zug und füllte sich nach. Auch das zweite Glas trank er schnell. Wieder goss er nach.

Marissa sah ihm schweigend zu, wie er geradeaus starrte. Er drehte das Glas in seiner Hand.

»Aber nicht, dass du dich vollständig betrinkst. In ein Krankenhaus kann ich dich nicht zum Ausnüchtern bringen.« Eine Alkoholvergiftung war das, was sie am wenigsten gebrauchen konnten.

»Ich bin nicht einmal auf Betriebstemperatur angekommen.« Als wollte er etwas beweisen, trank er zwei weitere Gläser mit Schnaps.

»Du solltest das nicht tun.«

»So ist das Leben. Man tut, was man nicht tun soll.«

»Trinkst du immer so viel?«

»Wird das ein Verhör?«

Marissa schwieg. Die Art und Weise, wie er es aussprach, zeigte, dass sie richtig geraten hatte.

»Du solltest weg von hier. Diese Umgebung macht dich kaputt.« Marissa nahm seine Hand.

»Ich war weg.«

»Wann? Wohin? Und warum bist du zurückgekommen?«

Theo stand auf und holte eins der Fotoalben. Es war abgegriffen, einzelne Seiten hatten sich gelöst und er musste sie zusammenhalten, damit sich das Album nicht auflöste.

Er setzte sich neben sie und schlug das Buch auf,

sodass eine Seite auf ihrem Schoß lag, die andere auf seinen Oberschenkeln.

»Manon«, sagte er und zeigte auf eine junge Schönheit mit hellen Haaren und weißem Kleid. Sie hatte etwas geisterhaft Unwirkliches. »Du hast sie nicht kennengelernt. Sie war Austauschschülerin. Am Internat. Französin. ›Ouais‹, das sagte sie immer anstelle von ›oui‹, wenn sie in Gedanken versunken war.«

»War das in dem Sommer, nachdem ich von hier weggegangen bin?«

Er nickte. »Zwei Wochen habe ich gebraucht, um sie wiederzufinden. Sie war in einem Zeltlager mit den Pfadfindern. Sie leitete eine Kindergruppe.«

»Und?«

»Sie wollte nicht mehr. Wir hatten Pläne gemacht, wollten im Campingbus durch Europa reisen. Ich hatte sogar schon einen passenden Bus entdeckt und eine Anzahlung geleistet. Aber für sie war es eine reine Träumerei gewesen, ein Spaß. Aus den Augen, aus dem Sinn. Ich bin eine Weile alleine durch die Gegend getrampt, habe das vorgestreckte Geld für den Bus nicht wiedergesehen. Als es Winter wurde, bin ich hierher zurückgekehrt.«

Marissa schwieg. Theo wirkte so gedankenverloren, dass sie ihn nicht mehr erreichen würde. Er blätterte weiter, zeigte auf jedes Foto, auf dem Manon zu sehen war. Manon im Kreis der Klassenkameraden, alle der Reihe nach aufgestellt wie Zinnsoldaten. Manon geschminkt beim Tanzen. Manon mit einem Eis in der

Hand. Manon in den Dünen. Manon mit Hut. Manon mit Sonnenbrille.

Dann klappte er mit Schwung das Album zu.

»So ist es eben. Es geht nicht hier und es geht nicht woanders. Es geht nicht ohne Schnaps und es geht nicht mit. Es geht nicht allein und nicht mit anderen. Die Wohnung im Turm ist mein kleinster gemeinsamer Nenner.«

»Weißt du was über Jules Tod?«, fragte Marissa.

»Früher war ich wie du. Ich bin gegen alles angerannt.« Theos Stimme wurde schleppender. Langsam zeigte der Alkohol Wirkung, doch wer ihn nicht kannte, würde kaum eine Veränderung bemerken. Seine Gedanken wirkten vollkommen klar. »Jordsand wurde im Winter 1998/99 überflutet und ist nur noch eine Sandbank. So viele Halligen gingen unter, ohne dass sich je jemand daran erinnert oder sie mit Namen nennen kann. So ist es auch mit Menschen. Wer denkt an dich, wenn du tot bist?«

Marissa schwieg. Sie dachte an all die Zeitungsberichte über Menschen, die in ihren Wohnungen starben und deren Tod die Nachbarn erst aufgrund des Gestanks der verwesenden Leiche bemerkten. Sie nahm die Flasche mit Schnaps und schenkte sich nach.

»Meine Asche wird in der Kapelle stehen neben all den Turmbewohnern, die vor mir gestorben sind. Die Traditionen sind, wie sie sind. Jetzt kommt schon wieder eine Flut auf uns zu. Aber wir sind füreinander da. Wir können uns aufeinander verlassen. Das ist sehr viel wert. Es ist ein hohes Gut, das an anderen Orten

nicht mehr geschätzt wird. Für das, was wertvoll ist, muss man kämpfen und Opfer bringen.«

»Bist du glücklich?«

Theo lachte. »Ich bin dankbar, dass um mich Menschen sind, die auf mich achten, denen ich nicht egal bin. Bist du denn glücklich?«

»Glück ist ein großes Wort. Wie Liebe.« Marissa lehnte sich zurück. Ihre Augen wurden schwer, ihr Körper warm vom Alkohol, die Gedanken flossen langsamer. Bei ihr kamen zuerst die Gedanken zur Ruhe, ihre Zunge war nicht beeinträchtigt.

»Lass uns schlafen gehen.« Marissa nahm die Wolldecke, die zusammengefaltet neben ihr auf dem Sofa lag.

Theo ging zum Esstisch zu seinen Computern. Dann fluchte er. »Das darf nicht wahr sein. Kein Internet. Schon wieder. So ein Mist! Totalausfall. Sie schaffen es nicht, eine störungsfreie Verbindung zu installieren. Naja, wenigstens Strom und Wasser kommt problemlos. Du hast recht. Gehen wir schlafen. So heftig, dass wir in den Schutzraum müssen, wird der Sturm nicht werden.« Theo umarmte Marissa zum Abschied.

Er war warm, seine Berührung so vertraut, dass Marissa die Tränen kamen. Schnell wischte sie sie weg. »Ich habe wirklich zu viel getrunken. Tut mir leid. Das macht sentimental«, sagte sie.

»Schlaf gut.«

Theo ging treppauf. Marissa lauschte seinen Schritten, die sich über ihr bewegten, wie das Holz knarzte, wie er sich hin und wieder räusperte und wie bald nur

noch das Heulen des Windes und das Klatschen der Wellen an der Vorderseite des Turms zu hören war. Draußen war es dunkel wie mitten in der Nacht. Obwohl die Fenster geschlossen waren, zog ein Luftzug, der nach Salz roch, nach Tang und Fisch, durch den Raum. Der Regen prasselte gegen die Scheibe, als würde jemand einen Duschkopf draufhalten.

Früher hatte sie sich bei solche einem Wetter gefürchtet, jetzt hatte es etwas Beruhigendes. Ohne ihre Kleidung auszuziehen, rollte sie sich auf dem Sofa zusammen. Dann entfernte sie die Sofakissen, um mehr Platz zu bekommen, und wickelte sich in die Decke ein.

Die Anspannung fiel von ihr ab, als sie dem Unwetter lauschte. Es fühlte sich richtig an, hierzusein. Doch die vertrauten Geräusche und Gerüche, die Häuser um sie herum, von denen sie jedes einzelne Zimmer kannte, all das gab ihr das Gefühl, zu Hause angekommen zu sein. Trotz dem Streit. Trotz der Kleinkariertheit und Engstirnigkeit. Es brauchte keine fünf Minuten und sie war eingeschlafen.

16

2019

Langsam schlug Marissa die Augen auf und schloss sie wieder, so hell blendete die Sonne. Möwen schrien und flogen um den Turm. Das Dröhnen des Meeres war zu einem gleichmäßigen Rauschen geworden. Das Unwetter war vorbei. Sie war in der Nacht kein einziges Mal aufgewacht.

Sie rekelte und streckte sich.

»Na, Langschläferin?«, fragte Theo und reichte ihr eine Tasse mit dampfendem Kaffee. »Mit Milch und Zucker. Ich hoffe, an deiner Vorliebe hat sich nichts geändert in all den Jahren.«

»Für mich immer noch süß und mit viel Milch«, sagte Marissa. Dass er sich daran erinnerte!

Theo setzte sich neben sie, dann stand er auf, um das Fenster zu kippen. Die Luft, die hereinwehte, war feucht, als würde es jeden Moment wieder zu regnen beginnen. Noch hingen Tropfen vom vorangegangenen Regenguss außen am Glas. Das übliche Geplapper der

Jugendlichen drang herein. Genau wie damals, wenn Sandra, Rieke, Theo, Jule, Michael und Christian sich dem Hof genähert hatten, um zu warten, bis sie zusammen mit Arne herauskommen würde, um sich gemeinsam auf den Weg zum Schulhaus zu begeben. Sie trank einen Schluck Kaffee. In Italien hatte sie sich einen Kaffeevollautomaten angeschafft. Theo brühte die frisch gemahlenen Bohnen noch immer mit einem Filter auf, wie es seine Eltern getan hatten.

»Du hast übrigens recht.« Marissa blickte aus dem Fenster. Es begann zu stürmen. Die Regentropfen auf der Scheibe wurden vom Wind abwärts gedrückt und hinterließen auf dem Glas Spuren wie Tränen. Trauer erfasste sie, wie sie es selten erlebt hatte.

Meistens war es nur eine leichte Melancholie, die sie immer wieder packte, völlig grundlos. Wie ein düsteres Hintergrundrauschen. Wenn sie es bemerkte, stand sie zügig auf und brachte ihren Körper in Bewegung, um diesem Gefühl nicht zu viel Raum zu geben.

Sie mochte die Seealpen, ihren Garten mit den Blumen, die Pflanzen dicht gesetzt, hohe neben kleine Bodendecker, damit das Unkraut gar keine Chance hatte, sich auszubreiten. Genauso hatte sie ihr Leben gestaltet, viele Aufträge mit einer engen Abgabefrist angenommen, sich selbst ein straffes Programm mit Sport und anderen Tätigkeiten auferlegt. Hier war der einzige Ort auf der Erde, den sie kannte, an dem sie zur Ruhe kam, wenn sie nur dasaß.

»Es ist etwas ganz Besonderes, wieder hier zu sein«, sagte sie.

Ein kurzes Klopfen, dann quietsche die Eingangstür, dann Schritte auf der Treppe.

»Überraschung«, sagte Sandra und hielt einen Bastkorb in die Höhe, gefüllt mit frischen Brötchen. Hinter Sandra folgten Rieke, Christian und diejenige, die Marissa in Gedanken die »neu Hinzugezogene« nannte, obwohl sie wusste, dass die ehemalige Lehrerin seit rund zwanzig Jahren auf der Hallig lebte. Marissa schüttelte über sich selbst und ihre Denkweise den Kopf. Nie wäre sie auf die Idee gekommen, in Italien jemanden, der länger als fünf Jahre in dem Dorf wohnte, als »neu Hinzugezogenen« oder »Fremden« zu bezeichnen.

Simone reichte Marissa zur Begrüßung die Hand.

»Ein gemeinsames Frühstück ist doch immer wieder schön«, sagte Sandra.

Nach wenigen Minuten, als sie es sich um den Wohnzimmertisch auf der Couch und auf Sitzkissen bequem gemacht hatten, war die Anspannung und Zurückhaltung verschwunden. Sie aßen, redeten über die Sturmschäden, über die Organisation der anstehenden Reparaturen an den Gebäuden und Zäunen. Sei lobten die Brötchen, den Schafskäse, Theos Kaffee. Sie diskutierten über die Lämmer, die viel zu billig verkauft werden mussten.

Marissas Gedanken wanderten trotz - oder gerade wegen - der unbeschwerten Stimmung wieder zu Jule. Jule war tot. Sie wusste, dass sie keine richtigen Antworten erhalten würde, wenn sie das Thema anspräche.

»Du bleibst doch noch eine Weile, jetzt wo du einmal hier bist?«, fragte Simone.

»Uta meinte …«, begann Marissa.

»Uta hat es nicht leicht«, sagte Rieke. »Dass die Krankheit von Arne so plötzlich kam, dann sein Abtransport ins Krankenhaus – wem würde das nicht zusetzen? Keiner will dich von hier vertreiben.«

Marissa blickte von einem zum anderen. Wenn sie Sandra ansah, dachte sie »Zahnpastalächeln« und schämte sich, dass alle freundlich waren, sich bemühten, sie in die Gespräche mit einzubeziehen, ihr keine Vorwürfe machten, während sie diejenige war, die ihre Vorbehalte nicht aufgeben konnte.

»Noch ein oder zwei Tage«, überlegte Marissa. »Falls ich Theo keine zu große Last bin.«

»Das bist du nicht.«

Gleichzeitig boten Sandra und Simone an, Marissa könne gerne bei ihnen wohnen, dort seien noch Gästebetten frei, Uta würde sich bestimmt freuen, wenn die »Missverständnisse aus dem Weg geräumt würden«.

Marissa hielt ihr Brötchen in der Hand. Der Teig kam ihr mit einem Mal trocken und pappig vor, sodass sie Kaffee brauchte, um schlucken zu können. Die anderen redeten über das anstehende Sommerfest, was gekocht werden würde, was wer vom Festland besorgen müsste.

»Kannst du dich noch an die Sommerfeste damals erinnern? Wie du mehr Lammspieße gegessen hast als wir alle?«, fragte Sandra.

Marissa war Vegetarierin geworden, doch das wäre keine gute Antwort gewesen.

»Ja«, sagte sie stattdessen. Dann nahm sie ihren Mut zusammen. »Es ist mir unangenehm, dich darum zu bitten, aber könntest du für mich gleich zum Haupthaus rübergehen und Uta nach meinem Handy fragen? Es muss noch auf dem Speicher liegen. Wahrscheinlich auf dem Nachttisch oder auf dem Bett. Sie hat es wohl übersehen, als sie meine Sachen zusammengepackt hat.«

Sandra rieb sich die Stirn. »Ich habe es gestern mitbekommen. Denk nicht, ich hätte gelauscht. Ihr ward ja laut genug und ich wohne direkt nebenan.«

Marissa wartete darauf, dass Sandra weitersprach. Die aber schwieg, als wäre damit alles geklärt. Theo und Rieke unterhielten sich über anstehende Einkäufe. Rieke zog einen Zettel hervor und erstellte eine Liste.

»Redest du mit Uta über das Handy oder nicht?«, fragte Marissa.

»Sie hat es nicht«, sagte Sandra. »Ich habe schon mit ihr gesprochen, gestern noch. Auch über das Handy. Als es darum ging, ob wir besser alle in den Schutzraum zusammenrufen.«

»Es kann doch nicht weg sein.« Marissa setzte sich auf ihre Hände, um nicht mit der Faust auf den Tisch zu schlagen. Es brachte sie zur Weißglut, wie die anderen weiter über Einkäufe redeten und demonstrativ auf die Liste blickten, als wäre das Handythema absolut unbedeutend oder als würde es gar nicht existieren.

»Willst du etwa behaupten, Uta lügt?«, fragte Rieke. Sie lächelte.

»Das habe ich nicht gesagt.« Marissa ärgerte sich, dass sie den Drang hatte, sich zu rechtfertigen. »Möglicherweise hat sie es übersehen. Das Handy kann zwischen die Bettwäsche gerutscht sein, unter das Kissen oder zwischen Matratze und Bettrahmen. Vielleicht ist es unter dem Bett. Ich möchte, dass sie genau nachsieht. Ist das denn zu viel verlangt?«

»Aber sie hat nachgesehen.« Sandra schüttelte den Kopf.

»Dann müsste sie es ja gefunden haben.«

»Siehst du, Marissa«, sagte Sandra. »Das ist dein Problem. Du suchst die Schuld immer bei anderen. Wenn etwas schiefläuft, fragst du dich nicht, was du damit zu tun haben könntest. Dein Handy ist weg. Das haben wir alle mitbekommen. Aber du ziehst nicht einmal in Erwägung, dass du es verloren haben könntest. Du bist auf der gesamten Hallig rumgelaufen, bist im Watt gejoggt. Dabei kann ein Gerät leicht aus der Tasche fallen. Wenn das Wasser steigt, wird es weggespült.«

»Das glaubst du nicht wirklich, was du da sagst.« Marissa blickte nach draußen. Der Wind wehte Styroporfetzen über den Sand. Durch das gekippte Fenster war es kalt im Raum geworden, aber das schien niemanden außer sie selbst zu stören. Sie verbot sich, sich eine Jacke zu holen, sonst stünde sie wieder als diejenige da, die sich anstellte, die zu empfindlich war.

»Du fällst dein Urteil, egal ob du richtig liegst oder falsch«, sagte Rieke. »Sandra hat recht. Was für ein Theater du wegen Mia veranstalten wolltest. Die Presse

einschalten, das ist der absolute Hammer. Ich weiß, es war nur dahergesagt, du würdest es nicht wirklich tun. Aber wie du Mia versuchst zu beeinflussen …

Wenn du in deiner eigenen Welt lebst, heißt das nicht, dass deine Überzeugungen für Mia gelten. All das Geschwafel von Psychologen über die Distanz zwischen Eltern und Kindern, Abnabelung, all die Filme und Romane, die darauf aufbauen, Protest, Kampf, Gezerre – das ist doch nicht die Realität. Wir hier auf der Hallig sind eine Einheit. Wir sind uns nah. Wir vertrauen einander. Das ist die echte Welt, die du gar nicht mehr mitkriegst, weil du dir deinen eigenen Kokon erschaffen hast. Schon früher waren die Bücher dir wichtiger als wir.«

Marissa presste die Lippen aufeinander. Als wäre die gesamte Hallig mit Kameras ausgestattet und jeder könnte jeden ununterbrochen beobachten. Wurde jedes Wort, das sie zu jemandem sagte, direkt weitergetragen? Gab es nichts Besseres zu tun, als sich mit dem Halligklatsch zu beschäftigen?

Die anderen warfen ihr vor, sie würde sich zu sehr auf sich selbst konzentrieren. Hier hieß es nur: wir. Wir, wir und nochmals wir. Dass sie nicht dazugehörte, machten Rieke und Sandra mehr als deutlich. Es gäbe nur eine Möglichkeit, das zu ändern, wenn sie sich, ihre Wünsche, Ziele und Überzeugungen aufgab, die Fehler allein bei sich suchte, eingestand, dass sie möglicherweise das Handy verloren hatte und sich dann am besten im Anschluss bei Uta entschuldigte. Aber das würde niemals geschehen, schwor sie sich. Sie rechnete,

wie viel Geld sie auf ihrem Girokonto und auf den zwei Sparkonten zusammen hatte. Würde es mit Hilfe des Überziehungskredits reichen, einen Hubschrauber kommen zu lassen? Würde sich überhaupt jemand finden, der sie von hier wegbrächte, wenn kein Notfall vorlag? Einem Versuch wäre es wert.

»Kann mir kurz einer sein Handy leihen? Besser, ich breche heute noch auf.« Marissa zwang sich, neutral zu bleiben. Keinen weiteren Streit. Keine Vorwürfe. Keine Diskussionen.

»Ich habe meins nicht da«, sagte Sandra.

»Ich nutze gar kein Handy.« Rieke schüttelte den Kopf.

Christian stand auf. »Habe keins dabei. Es ist schon spät und ich kann Michael nicht so lange in der Werkstatt allein lassen. Bis später, Leute.«

Theo zuckte mit den Schultern. Er hob den Hörer vom Festnetztelefon ab. »Noch immer nichts. Na, dann fällt ja heute mein Arbeitstag aus. Beim Handy habe ich nur ein Prepaidteil und das Guthaben ist aufgebraucht.« Er nahm ein Smartphone von der Fensterbank und reichte es Marissa. »Das Passwort lautet ›Ihr könnt mich mal 1234567‹, ohne Leerzeichen. Nimm das so lange. Ich frag mal rum, ob jemand eine neue Guthabenkarte hat.«

Marissa steckte das Smartphone ein, bedankte sich. Wahrscheinlich wäre es ihr sowieso nicht gelungen, einen Hubschrauber zu organisieren. Sie kam bei der Wetterlage nicht weg, würde bei Theo bleiben müssen.

Doch Notrufe funktionierten ohne Guthaben.

17

JULE – 1990

Seit der Begegnung mit den anderen am verfallenen Hof schlief Jule nicht mehr. Nachts fiel sie nur für wenige Minuten in einen Dämmerschlaf, jedes Geräusch von draußen schreckte sie sofort wieder hoch. Still war es auf der Hallig nie. Immer war dort das Pfeifen des Windes, die Unruhe der Hühner und Gänse in ihren Gattern. Balken knackten. Regen prasselte gegen das Fenster. Vögel trappelten mit ihren kleinen Krallen auf der äußeren Fensterbank. Mäuse auf dem Speicher über ihr verursachten ein Knurpsen und Rascheln. Die Treppen knackten, obwohl niemand die Dielen betrat.

Sie kommen, dachte sie jedes Mal, sie kommen. Doch wieder war sie allein.

Ihre Augen brannten, als sie ins Freie trat, trotz der Bewölkung am Himmel. Ihr schien es wegen ihrer Müdigkeit so hell, als blickte sie auf ein gleißendes Schneefeld. Möglich, dass die Ankündigung von Chris-

tian nur eine leere Drohung gewesen waren, dass sie ihr nur Angst machen wollten, sie dazu bringen, andere unangenehme Gefälligkeiten zu erledigen.

Erschöpft ging sie zur Kapelle wie jeden Morgen. Sie tat es nicht, um zu beten, sondern weil das der einzige Ort war, an dem sie allein sein konnte.

Vor dem Altar standen Blumen, sie mochte den süßen Duft, der sich mit dem Geruch von geschmolzenem Wachs mischte. Sie genoss es, wenn das Licht durch das bunte Butzenfenster strahlte und Reflexe auf den Boden oder auf die Decke warf. Wenn sie auf der Holzbank saß, spürte sie nicht, dass das Kissen unter ihr wenig gegen die Härte des Untergrundes ausrichtete. Die Kapelle war ein Ort, an dem sie alles ausblenden konnte, nicht nur die unbequemen Holzbänke, sondern auch ihre Sorgen und das Gedankenkreisen.

Mochte es Theo gutgehen! Mochte er glücklich und zufrieden sein, mochte er seinen eigenen Weg finden. Er war im Grunde wie Marissa, ihm waren Flügel gewachsen, unsichtbar. Auf der Hallig war es ihm verboten, sie zu nutzen. Mochte er wie ein Vogel aufwärtssteigen, den Wind unter seinen Schwingen spüren und dorthin fliegen, wo die Sonne immer schien. Auch sie sehnte sich danach, wegzugehen und aufzubrechen. Neues zu entdecken. Aber sie war nicht wie Marissa und Theo. Wenn sie versuchte, sich etwas anderes als die Hallig vorzustellen, war dort nichts als Schwärze und Angst. In Gegenwart ihrer Mitschüler im Internat fühlte sie sich unwohl, fremd, nicht dazugehörig. Dann musste sie sich am Ende aller Fluchtüberlegungen eingestehen, dass sie

nicht wegwollte. Dass sie sich mehr nach Ruhe und Einsamkeit sehnte.

Sie stutzte, öffnete langsam die Augen. Das erste, was ihr auffiel, war der veränderte Geruch. Der Blumenduft und das warme Bienenwachs waren gar nicht mehr wahrzunehmen, obwohl sie sah, dass die Kerzen brannten, die Blumen nach wie vor im hinteren Bereich standen und blühten, ihre Köpfe noch nicht gesunken waren, sondern in voller Pracht ihre bunten Farben präsentierten.

Dann knallte hinter ihr die Tür so laut zu, dass sie zusammenfuhr. Mit einem Ruck sprang sie auf und drehte sich um.

Christian stand an der Tür und lehnte sich dagegen. Die anderen traten aus den beiden Seitennischen hervor: Michael, Sandra und Rieke. Ihre Gesichter waren im Halbdunkel kaum zu erkennen, sie wirkten wie Masken.

»Wie lange seid ihr schon da?«, fragte Jule. »Wie lange habt ihr mich beobachtet?«

»Es ist Zeit«, sagte Christian, »das Unvermeidliche in Angriff zu nehmen. Nur so können wir Menschen auf der Hallig überleben, nur so trotzen wir dem Wasser und allen Unwettern, wenn wir uns dem unterordnen, dem sich schon unsere Vorfahren untergeordnet haben. Wir müssen dem Meer gegenüber Demut zeigen. Die Wellen entscheiden, ob sie unsere Opfergabe annehmen oder dir verzeihen. Wir sind nur die Mittler.«

So oft hatte Jule diese Worte gehört, von ihren Eltern, von ihren Freunden, in der Schule. Das, was

bisher nur ein Spiel gewesen war, wurde ernst. Sie versuchte, den Blick eines jeden einzelnen einzufangen.

Christian blickte sie so intensiv an, dass sie zuerst wegschauen musste. Sandra wandte sich ab. Ihre Augen fixierten keinen bestimmten Punkt, als würde sie eine Person betrachten, die sich rund einen Meter hinter Jule befand.

Die Nacht, die Sandra wegen Marissa auf der Bake verbracht hatte, hatte sie verändert. Sie umklammerte ihren Bauch, wie sie es seitdem immer tat, als hätte sie Angst, auseinanderzubrechen, wenn sie ihre Eingeweide nicht mit den Händen an dem dafür vorgesehenen Ort hielt. Was mochte Sandra sehen, wenn sie an den Menschen vorbeiblickte? Jule bedauerte, dass sie seitdem nie mit Sandra gesprochen hatte, nie auf sie zugegangen war, irgendetwas Tröstliches gesagt hatte, um das wieder ein Stück weit zusammenzufügen, was in Sandra zerbrochen war.

Michael grinste und kaute auf seiner Zunge. Rieke drehte Jule das Gesicht halb aus dem Profil zu, als befände sie sich beim Fotografen und warte, dass jemand den Auslöser drückte, als hätte jemand »nicht bewegen« gesagt. Wie sie wohl damals ausgesehen hatte, als es darum gegangen war, Sandra für die Bestrafung zu holen? Jule konnte sich nicht mehr daran erinnern, sie wusste nur, dass sie gehofft hatte, es würde bald vorbei sein.

»Gehen wir«, sagte Christian. Er bückte sich, zog aus einer Ecke Gummistiefel hervor und warf sie Jule vor die Füße.

Nun fiel ihr auf, dass alle anderen bereits Gummistiefel trugen. Sie hielt inne und hörte auf den Wind, der an den Fenstern der Kapelle zerrte. Gesellte sich zu dem Vollmond ein Sturm? »Eine Bitte habe ich. Ich möchte die Wathose holen, die alte von meinem Vater.« Obwohl es Sommer war, war es draußen kalt und ungemütlich. Mit dieser Hose wäre sie bestens gerüstet, sie ging ihr bis unter die Achseln. Der Nylon-PVC war unbeschädigt, nicht einmal zwischen Stiefel- und Beinansatz gab es das kleinste Loch. Bei ihrer Initiation an der Bake war es eine angenehm warme Nacht gewesen, sternklar, windstill. Nun musste sie sich auf andere Wetterbedingungen einstellen. Sie wollte sich nicht den Tod holen, wenn sie durchnässt am Blauortsand ankam und dann, wenn die Temperaturen weiter sanken, erfror. »Und meine Winterjacke brauche ich. Darüber die Regenjacke meines Vaters.«

»Gut«, sagte Christian mit einem Nicken. »Hol den Kram, den du mitnehmen willst. Wir begleiten dich.«

Sie ging so langsam wie möglich auf die Nachbarwarft zu, überlegte, was sie noch brauchen würde. Wie sie der Situation eventuell entkommen könnte.

Es war sinnlos, sich zu entschuldigen, vor den anderen auf die Knie zu gehen und um Gnade zu betteln. Das hatte Sandra probiert. Wie demütigend war es, den anderen noch die Macht zu geben, die Bitte abzulehnen!

Sie öffnete die Haustür. Ihre Eltern waren mit dem Schiff aufs offene Meer gefahren, um Krabben zu fischen. Doch die alte Wathose hing am Haken. Sie

roch nach fauligem Fisch und Tang. Das störte Jule nicht. Sie zog die Hose über, dann ihre warme Jacke an. Der Lodenstoff stank nach nassem Hund, aber das war bedeutungslos. Obwohl die Regenjacke ihres Vaters viel zu groß war, ließ sie sich nur knapp über die Winterjacke ziehen. Auf der Kommode lagen ein Messer und eine Packung Streichhölzer. Aus dem Augenwinkel schaute sie sich nach den anderen um. Niemand beobachtete sie, alle wandten den Blick ab, während sie den Reißverschluss der Regenjacke zuzog. Schnell steckte sie Messer und Streichhölzer ein. Wofür sie es gebrauchen konnte, wusste sie nicht, doch jeder Gegenstand, den sie bei sich hatte, konnte ihr helfen.

»Fertig«, sagte sie.

In der dicken Kleidung fiel es ihr schwer, mit den anderen Schritt zu halten. Schon bald wurde die Jeans unter der Wathose von ihren eigenen Ausdünstungen klamm. Obwohl sie beide Jacken geöffnet hatte, lief ihr der Schweiß den Rücken hinab. Sie zog die Jacken aus, um sie zu tragen, aber das machte das Vorankommen nur noch schwerer. Doch freiwillig ein einziges Kleidungsstück zurücklassen? Niemals, schwor sie sich. Lieber schleppte sie die beiden Jacken einmal um die gesamte Erde.

An diesem Tag war die Landschaft grau in grau. Graues Wasser. Grauer Sand. Wenigstens war der Sand überall so feucht, dass er vom Wind nicht herumgeweht wurde und sich in jede Ritze setzte. Sie hasste es, wenn Sand zwischen den Zähnen knirschte, wenn er auf der schweißnassen Haut festklebte und juckte.

Bald tauchte von Weitem das Holzgestell auf, wie der Mast eines versunkenen Schiffes. Wie Perlen an einer Schnur aufgereiht gingen sie in einer Reihe. Michael voran, Rieke und Sandra folgten, dann sie und zuletzt Christian, wie ein Gefängniswärter, damit niemand ausbrach. Jule kam sich vor wie das kleine Mädchen von damals, das dachte, hinter den Warften wäre nur Wasser, Meer bis zum Himmel. Sie hatte als Kind vom Festland gehört, von Kontinenten wie Afrika, von Elefanten und Löwen, doch das war weniger real für sie als die Erzählungen von Meerjungfrauen, vom Dünenmann und von der Seele des Meeres.

Sandra hatte die Nacht bei Springflut auch überstanden, doch der Gedanke milderte ihre Panik nicht. Wieder war es, als würde die Welt direkt vor ihr enden. Das Festland, die Kontinente, das Wissen um ferne Welten waren so unerreichbar, als wäre es der Fantasie entsprungen.

»Wir kommen gut voran«, sagte Michael.

Vor ihnen tauchte eine Wiesenfläche auf. Der Wind fuhr darüber wie eine riesige, unsichtbare Harke, die an den Halmen zerrte. Hier waren sie bei den letzten Wanderungen nicht vorbeigekommen, Jule hatte die Sandfläche nie zuvor gesehen, weil sie meistens den Priel umrundeten, der direkt vor ihnen lag. Jule fragte sich, ob es ein gutes oder ein schlechtes Zeichen war, dass der Priel heute so wenig Wasser führte, keine starke Strömung hatte und ihnen die Abkürzung erlaubte.

Während die anderen schon bis zu den Oberschenkeln nass waren, war sie mit der Wathose geschützt.

Nun musste sie die Jacken wieder anziehen, um im Wasser nicht das Gleichgewicht zu verlieren.

Auch bei der Durchquerung des Priels war das Glück auf ihrer Seite. Sie blieb trocken, nur ihre Jackenärmel waren feucht. Doch wenn sie ihre Hände weiter in die Ärmel schob, war davon nichts zu spüren. Sie war die Einzige, die dank der Hose nicht fror und zitterte. Im Priel spürte sie immer wieder den klebrigen Schlick am Grund. Wegen der Wathose brauchte sie keine Angst zu haben, die Stiefel zu verlieren, die waren ein Teil der Hose.

So zügig hatten sie die Bake nie zuvor erreicht. Das Wasser stand so niedrig, dass die kommende Nacht wie ein Kinderspiel erschien, doch Jule wusste, dass der Eindruck täuschen konnte. Manchmal, wenn sich das Meer besonders weit zurückzog, war es wie eine Katze, die auf Mäuse lauerte. Dann kam es nur umso schneller und mit größerer Wucht zurück. Sie betrachtete das Grün des Schlickgrasfeldes hinter dem Hochsand, um zwischen all dem Grau nicht zu verzweifeln.

Die Handbewegungen der Jugendlichen griffen ineinander, als wäre es ein einziges Wesen, das handelte. Michael holte den Strick hervor, Rieke hielt ihr die Hände auf den Rücken, Christian band sie an der Bake fest. Nur Sandra wartete im Abseits und bewegte sich auch nicht. Sie stand da, starrte durch alle hindurch, als könnte nur sie sehen, wie jeder von ihnen einen unsichtbaren Verfolger hätte.

Jule schwieg. Sie spürte hart den Griff des Messers in ihrer Hosentasche. Die Streichhölzer waren trocken

geblieben. Noch während Christian die Knoten um den Holzbalken knüpfte, nahm die Idee immer mehr Gestalt an. Sie würde sich mit dem Messer befreien. Auf die Dunkelheit warten, dann an der Bake hochklettern und sie in Brand setzen. Schiffe würden das Feuer sehen wie ein Signal. Sie würden kommen und sie mitnehmen, zum Festland und sie würde es Theo nachmachen und weglaufen, obwohl es keinen gab, der auf sie wartete.

Niemand winkte ihr zum Abschied. Schon bald wurden die vier Körper eins mit dem Watt, lösten sich im Grau der Umgebung auf.

Erst als Christian, Michael, Sandra und Rieke nicht mehr zu erahnen waren, traute sich Jule, das Messer hervorzuholen. Es gelang ihr trotz der gefesselten Hände schneller als gedacht. Die Klinge klappte mit einem Knopfdruck aus.

So oft hatte sie mit dem Messer herumgespielt, dass sie genau wusste, wo sich die schärfste Stelle befand: direkt am Griff. Das Seil glitt von ihren Händen ab. Jule schüttelte die Arme aus. Die Wathose war absolut dicht, kein Wasser war an ihren Körper gekommen. Sie fror nicht. Im Gegenteil war ihr noch von der Wanderung angenehm warm, fast zu warm, sodass sie die oberste Jacke ein Stück weit öffnete.

Sie zog die Streichhölzer hervor, um sie zu testen. Das Feuer zischte auf und erlosch durch den Wind sofort. Sorgsam verstaute sie ihre beiden Schätze wieder in ihren Hosentaschen. Dann setzte sie sich im Schneidersitz mit dem Rücken an den Holzbalken gelehnt und

wartete, dass die Dunkelheit kam, damit man das Feuer aus der Ferne sehen konnte.

Nur wenige Minuten nach ihrer Befreiung zog sich der Himmel zu. Die Luft war so feucht, dass ihr die Haare an der Stirn klebten, ihre Locken platt herunter hingen und von den Haarsträhnen Nässe ihren Hals entlang tropfte. War der direkte Weg zur Hallig noch passierbar? Wenn nicht, befänden sich Christian, Michael, Sandra und Rieke in Gefahr.

Der Wind peitschte Wasser bis kurz vor die Bake, obwohl der Wechsel von Niedrigwasser zum Pegelanstieg erst begonnen hatte. Es blieb ihr keine Zeit mehr, um auf die Nacht zu warten.

Jule nahm ein Streichholz aus der Packung. Sie zog den roten Kopf des Holzes über die schwarze Fläche. Kurz glimmte Feuer auf, aber es erlosch, bevor es sich entfaltet hatte.

Jule fluchte. Dann nahm sie das nächste Streichholz, doch auch beim dritten, vierten und fünften Streichholz hatte sie keinen Erfolg.

Regen setzte ein. Eine Windböe blies aus dem Nichts, erwischte sie so unerwartet, dass sie fast stolperte. Sie konnte sich fangen, aber die Streichholzschachtel fiel auf den Boden. Wellen platschten bis auf zwei Meter an sie heran.

Bei dem Dunst war kein einziges Schiff zu sehen. Ob sie es wagen sollte und loslaufen? Noch war das Hochwasser nicht da, es gab die Möglichkeit, die Hallig zu erreichen. Andererseits kannte sie die Lage der Priele

nicht. Jede unüberlegte Entscheidung konnte ihr Leben kosten.

Langsam bewegte sie sich vorwärts. Direkt hinter der Kante des Sandes befand sich ein Wasserlauf, der vorher nicht da gewesen war. Vorsichtig tastete sie sich voran. Im Wasser ließ die Kälte ihre Füße taub werden. Die Wathose hielt das Wasser ab, aber nicht die Kälte. Nach ein paar weiteren Schritten war sie bis zur Hüfte eingesunken, der untere Teil ihrer Lodenjacke war nass. Wenn eine höhere Welle kam, würde sie vollständig durchnässt sein, Wasser von oben eindringen und sie auch an den Beinen bis auf die Haut durchnässen. Wenn der Boden unerwartet abfiel, würde sie das Gleichgewicht verlieren. Doch noch mehr sorgte sie sich wegen der Strömung, die deutlich höher war, als sie erwartet hatte. So zog sie sich auf den trockenen Teil des Hochsands zurück, um kein weiteres Risiko einzugehen.

Als wollte das Meer eine Warnung aussprechen, drückte der Wind sie rückwärts, schob ihr Wellen entgegen, auf denen sich weiße Schaumkronen bildeten.

Sie kehrte zur Bake zurück, lehnte sich daran. Am liebsten wäre sie direkt aufs Festland zugelaufen, doch sie wusste, dass der Weg noch weiter als bis zur Hallig war und die Strecke unberechenbar. Gerade, wenn man dachte, das Land problemlos erreichen zu können, würde der Ossengoot kommen, selbst bei absolutem Niedrigwasser eine unüberwindbare Hürde, tief und mit starker Strömung, eine Todesfalle für jeden, der nicht darum wusste. Mehrmals waren sie mit Arne und den Schülern der Halligschule

diesen Weg gegangen. Jedes Mal hatte sich Jule gewundert, dass es überhaupt eine schmale Passage gegeben hatte, obwohl sie um sich herum nichts als reißendes Wasser gesehen hatte. Nein, dieses Risiko wollte sie nicht eingehen.

Als würde das Meer ahnen, dass sie mit dem Lösen der Fesseln die Regeln gebrochen hatte, als würde es von ihren Fluchtgedanken wissen, bäumten sich die Wellen auf, schwappten über ihre Stiefel. Jule klammerte sich am Balken fest. Dort, wo sie stand, bildete sich eine Kuhle im Sand, die sich mit Meerwasser füllte.

Sie ging zum nächsten Pfahl, der weiter von der Nordseite entfernt war, doch das Wasser schwappte auch bis dorthin. Wieder löste sich der Boden unter ihren Füßen auf. Mit dem Zurückziehen der Wellen blieb unter ihr eine Pfütze, die von Wellenbewegung zu Wellenbewegung tiefer wurde. Mit einem Schmatzen löste sie jedes Mal die Stiefel aus dem Schlick. Die Wellen kamen, bildeten eine Kuhle, gruben ihre Schuhe ein. Sie fragte sich, wie lange es dauern würde, bis sie die Stiefel nicht mehr heben könnte. Zehn Wellenzyklen? Zwanzig?

Sie konnte es nicht riskieren, eine Antwort auf die Frage zu finden. Ihr blieb der Weg in die Höhe. Fest umklammerte sie den Pfahl, um sich daran hochzuziehen. Das Holz war glitschig, schon nach wenigen Zentimetern, die sie an Höhe gewann, zog sie sich einen Splitter ein. Trotzdem musste sie weiter aufwärts kommen, weg von der Flut, deren Höhepunkt noch nicht erreicht war. Über ihr schrien und kreischten die Möwen. Wind schlug ihr ins Gesicht. Drei Seehunde

ließen sich mit den Wellen zur Bake spülen und robbten näher. Sie bellten wie Hunde.

Erst jetzt fiel ihr auf, dass auf dem Hochsand kein einziger Grashalm wuchs. Keine Pflanze hatte es geschafft, sich hier anzusiedeln. Das war der Beweis: Der Sand wurde regelmäßig und nicht nur in Ausnahmefällen überspült. Es brauchte keine Sturmflut, eine Springflut, wie sie an diesem Tag erwartet würde, reichte aus. Sie würde keine Chance haben, außer, ihr gelang es, bis ganz nach oben zu klettern.

Jule umklammerte das Holz fester. Wenn sie eine Unebenheit im Pfahl fand, bohrte sie ihre Finger mit solcher Kraft hinein, dass ihre Nägel abbrachen. Ihre Hände, Arme und Beine schmerzten, ihr Körper versteifte sich. Sie drehte den Kopf vom Wind weg und blickte nicht nach unten.

Die Seehunde unter ihr heulten laut, eine Möwe flog dicht an ihr vorbei, die Bewegungen ihrer Flügel hörte sich wie das Flattern von Rotorblättern an.

Sie versuchte, sich weiter hochzuziehen, konnte sich aber nicht mehr halten. Der Sturz war unausweichlich.

Das Letzte, was sie registrierte, war das Knacken, mit dem ihr Schädel unten gegen den Balken prallte. Dann war alles schwarz.

18

2019

»Ich muss mich bewegen, meine Glieder sind von der Nacht auf der Couch ganz eingerostet«, sagte Marissa.

Warum traute sie sich nicht, die Wahrheit zu sagen, dass sie rausgehen wollte, um allein zu sein? Dass diese Gedanken von früher wieder auftauchten, als hätte es die letzten dreißig Jahre nicht gegeben! In ihrer Kindheit und Jugend hatte sie sich am liebsten den gesamten Tag verkrochen, in einer dunklen Ecke zusammen mit ihrem Kopfkissen und ein paar Büchern. Auch jetzt wollte sie nur weg.

Sie nahm ihre Jacke, zog die Schuhe von Mia an, die durchweicht waren. Doch nasse Socken und kalte Füße störten sie nicht. Das Gespräch der anderen erschien ihr aus der Entfernung gedämpfter als vorher, wie ein Flüstern, obwohl sie wusste, dass der Eindruck daher stammte, dass sie sich weiter entfernte.

Marissa schob den Gedanken beiseite und trat ins

Freie. Sollten die anderen doch reden. Sie würde die Hallig sowieso bei nächster Gelegenheit verlassen. Es reichte, wenn sie mit Theo gut auskam. Theo war unkompliziert, mit ihm würde es keinerlei Probleme geben.

Sobald sie sich ein paar Meter vom Turm entfernt hatte, fegte der Wind über sie hinweg. Obwohl Niedrigwasser war, waren die Senken zwischen den Warften vollgelaufen. Um zu einem anderen Gebäude zu gelangen, musste sie das Wasser waten.

Sie kehrte zurück zu den Eingangsstufen des Turms und setzte sich. So war sie windgeschützt und hatte einen guten Blick über das Meer aufs Festland und zum verfallenen Hof auf der sechsten Warft. Sie konzentrierte sich auf die gleichmäßigen Wellen, die bis dicht an sie heranschwappten und sich wieder zurückzogen, wie der Atem eines unendlich großen Lebewesens. Der Wind drückte die Grasbüschel nieder, die noch aus den Wellen herausschauten. Früher hatte sie diese Wetterlagen gemocht, wenn das Meer sich über die Hallig drängte, es aber nicht so gefährlich wurde, dass sie den Schutzraum aufsuchen mussten. Die Tage hatten ihr allein gehört, niemand hatte etwas von ihr verlangt. Niemand war in die Boote gestiegen, der Klassenraum war geschlossen, die Tiere blieben im Stall und bekamen dort ihr Futter. Der Unterschied zwischen Tag und Nacht hatte sich aufgelöst, weil auch bei tiefster Dunkelheit immer jemand wach bleiben musste, um den Wasserstand zu beobachten. Wettervorhersagen

waren das eine, was dann wirklich geschah, war nie vorauszusehen.

Ein Klicken hinter ihr riss sie aus ihren Gedanken. Marissa drehte sich um. Die Tür schwang auf.

»Du?«, fragte sie.

Sandra setzte sich neben sie auf die Stufen. »Wen hattest du denn stattdessen erwartet?«

»Gar keinen.«

»Du führst dich auf wie eine Mimose.«

Marissa schwieg. Sie wusste, was Simone meinte: Sie hatte dankbar zu sein, dass sie überhaupt hier sein durfte, dass ihr Vater die anderen überzeugt hatte, ihr Kommen zu erlauben.

Sie hatte genug von all der Anpassung, dem Nachdenken über die Befindlichkeiten der anderen, von all den unausgesprochenen Erwartungen, denen sie sich beugen sollte.

»Wo liegt dein Problem, dass du mich nicht in Ruhe lassen kannst, wenn du mir schon nicht helfen willst? Frag' Uta nach meinem Handy, dann können wir weiterreden. Oder besorg' mir eine SIM-Karte.«

»Du machst es uns nicht leicht. Wie sollen wir denn deiner Meinung nach reagieren, wenn du drohst, gleich eine Bombe zu zünden. Die Presse einschalten! Na, was für eine tolle Idee.«

Früher hätte Marissa ihre Worte sofort zurückgenommen, sie hätte betont, dass es nicht so gemeint, dass es nur ein Ausspruch aus Wut gewesen war.

Aber das stimmte nicht. Wenn sie nicht länger die verschüchterte Marissa sein wollte, durfte sie sich nicht

so verhalten. Trotzdem fiel es ihr schwer, zu dem zu stehen, was in ihr vorging.

»Wenn hier alles in Ordnung ist, wie ihr immer betont, verstehe ich nicht, was euch Sorgen bereitet. Ja, ich weiß, die vom Festland begreifen sowieso nichts, haben von dem Halligleben keine Ahnung. Was hält euch davon ab, es ihnen zu erklären? Habt ihr es nötig, euch zu verstecken?«

Nun war Sandra diejenige, die schwieg.

Marissa presste die Zähne aufeinander. Die Wut, die sich in ihr aufbaute, war wie ein aufkommender Orkan, der sie weitertrieb in eine Richtung, vor der sie zurückscheute.

»Je länger ich darüber nachdenke: Ein Zeitungsbericht über das Leben und die Bräuche auf der Hallig, das wäre sogar interessant für die überregionalen Tages- oder Wochenzeitungen. Jahrhundertealte Initiationsrituale, die heute noch bestehen. Opfergaben für das Meer.«

»Du bist völlig bekloppt. Dir ist ja nicht zu helfen.« Sandra stand auf und verharrte mit der Klinke in der Hand. »Wenn du mit dieser Einstellung hier ankommst, kann ich nichts mehr für dich tun. Mit den Konsequenzen musst du dann selbst zurechtkommen.« Sandra ging hinein.

Marissa atmete auf. Endlich allein.

Um keinen erneuten Streit zu provozieren, setzte sie sich in Bewegung. Fest zurrte sie die Kordel ihrer Kapuze um ihr Gesicht. Sie gab sich einen Ruck und ging auf den verlassenen Hof zu. Schon nach wenigen

Schritten waren ihre Unterschenkel nass. Das Wasser war zwischen den beiden Warften so tief, dass sie bis über die Knie einsank. Obwohl keine Fenster existierten, die Wände schon zum Teil weggebrochen waren, stand die Mauer, die an diesem Tag den Wind abhielt, noch unversehrt.

Von der Lagerstätte, die die Jugendlichen errichtet hatten, war nichts mehr zu sehen. Die Autoreifen waren weggeschwemmt worden, die Sitzbretter verschwunden. Von der Feuerstelle waren nicht einmal Reste zu entdecken. Sie ging in die Stube, weiter zum Fenster und blickte hinaus aufs Watt.

Dann zog sie das Handy von Theo hervor. Ein Überqueren zu Fuß war undenkbar. Möglicherweise würde sie es schaffen, wenn sie auf dem Damm blieb und zum Gehen immer die Momente wählte, in denen das Wasser wieder ein Stück Weg freigab. Wahrscheinlicher war, dass ihr zu wenig Zeit blieb, dass die Flut sie ins Meer zog. Obwohl die Strömung in Richtung Festland trieb, hatte man bei der Kälte kaum eine Überlebenschance. Sie schätzte die Wassertemperatur auf acht bis zehn Grad. Würde man eine Stunde in dieser Jahreszeit schwimmen können? Länger gewiss nicht.

Sie schaltete das Handy ein. Der Akku war geladen. Sollte sie die 112 anrufen, um einen Hilferuf abzusetzen, damit ein Seenotkreuzer vorbeikam oder die Wasserschutzpolizei? Doch waren Überdruss, Streitereien, Platzangst und der Hass, der ihr immer stärker entgegenschlug, kein Notfall.

Um sich warmzuhalten, ging sie auf und ab. Einen

Ort, um sich im Trockenen hinzusetzen, gab es nicht. Die Wände hatten sich mit Feuchtigkeit vollgesogen. Der Stabilität der Treppe traute sie nicht, so wagte sie es nicht, in den ersten Stock zu steigen, obwohl es theoretisch die Möglichkeit gab. Doch über ihr war ein Großteil der Decke weggebrochen, sodass sie den Himmel sehen konnte. Wahrscheinlich war es gefährlich, sich überhaupt in diesem Gebäude aufzuhalten.

Sie lief zum Kellereingang und ruckelte an der hölzernen Tür. Sie war von verschiedenfarbenem Schimmel überzogen, aber wegen der Metallbeschläge nicht zerstört worden. Dann wanderte sie zwischen Kellertreppe, Eingangstür und den drei Fensteröffnungen auf und ab.

Ein Knacken ließ sie innehalten. Marissa zuckte zusammen. Sie schaute sich um.

Mit einem Maunzen sprang eine Katze von draußen ins offene Fenster. Das Tier war abgemagert, das Fell struppig, es schien zu niemandem zu gehören und doch genügend Reste zu finden, um zu überleben. Langsam ging Marissa auf die Katze zu, die sich gegen die Mauer drückte und den Rücken daran rieb. Die Katze fauchte und schlug mit der Pfote nach Marissas Hand, dann sprang sie mit einem Satz zurück ins Freie. Marissa beugte sich hinaus, um zu sehen, wohin die Katze gegangen war. Doch sie war so unvermittelt wieder verschwunden, wie sie aufgetaucht war. War es denkbar, dass die Katze das Wasser überquerte, um zu den anderen Häusern zu gelangen?

Marissa lief weiter im Innern des Gebäudes auf und

ab und versuchte, ihre Gedanken zu ordnen. Ob ihr Vater überhaupt noch lebte? Sie sehnte sich danach, mit ihm zu sprechen. Wahrscheinlich war er der einzige Mensch auf der Erde, der ihren Konflikt nachvollziehen konnte: Die Wut auf die anstehende Mutprobe, auf das, was seit Generationen praktiziert wurde. Gleichzeitig diese verdammte Sehnsucht dazuzugehören, die sie nicht abstellen konnte. Das waren Gegensätze, die sie nachts vom Schlafen abhielten. Allein der Gedanke daran ließ sie ihre Zähne aufeinanderpressen, bis es im Gelenk knackte.

Wieder drehte sie sich hektisch um. Wurde sie beobachtet?

Nichts und niemand war zu sehen. Dort war nur der sandige Boden unter ihr, die Mauern, die Treppe nach oben, die alte, massive Kellertür und draußen graues Meer vor grauem Himmel neben grauem Sand.

Langsam ging sie auf die Tür zu, um zu sehen, ob sie festgerostet war oder sich öffnen ließ. Der Handlauf aus Metall glänzte ungewöhnlich stark im Gegensatz zu den rostigen Beschlägen der Tür, als würde er regelmäßig genutzt. Sie drückte die Klinke.

Die Tür öffnete sich so geschmeidig, als hätte jemand die Scharniere vor Kurzem geölt. Sie untersuchte die Aufhängung. Jemand hatte neue Unterlegscheiben eingefügt. Es mussten mehrere Personen gewesen sein, weil eine solche Aktion wegen des hohen Gewichts der Tür schwer zu bewerkstelligen war.

Warum setzte jemand diese Kellertür instand?

Marissa öffnete die Tür weiter und zog Theos

Handy hervor. Sie schaltete die Taschenlampe des Geräts ein und leuchtete nach unten. Während sich im Erdgeschoss überall Sand auf dem Boden abgelagert hatte und in den Ecken Gras wuchs, wirkte der Treppenabgang stabil und intakt. Zum ersten Mal registrierte sie, dass dieses Gebäude überhaupt einen Keller besaß. Der einzige Keller auf der gesamten Hallig. Doch dieser Hof war der Älteste, die Grundmauern stammten aus dem Mittelalter, Wikinger hatten ihn im zwölften Jahrhundert gebaute, hatten sie im Unterricht gelernt. Möglich, dass damals das Meer weiter entfernt gewesen war, dass die Hallig die Größe einer Insel gehabt hatte.

Der Strahl des Handylichts war so schwach, dass kaum etwas Genaueres zu erkennen war. Marissa beugte sich vor und wartete, bis sich ihre Augen an das Dunkel gewöhnt hatten.

Ein Schaben auf dem Boden hinter ihr ließ sie zusammenzucken. Hektisch drehte sie sich um, doch die geöffnete Tür versperrte ihr die Sicht. Durch ihre schnelle Bewegung geriet sie ins Taumeln. Dann traf sie ein Schlag an der Seite.

Sie rutschte abwärts, prallte auf die Stufen, der Aufprall nahm ihr die Luft zum Schreien. Wie ein nasser Mehlsack polterte sie in die Tiefe. Dann hörte sie ein Kracken, ein Klacken und es wurde schwarz um sie herum. Jemand hatte oben die Tür mit Wucht geschlossen.

Eine Weile blieb sie liegen. Sie tastete ihren Körper ab. Die kleinsten Bewegungen schmerzten. Doch sie fühlte kein Blut. Ihr Kopf hämmerte, aber sie hatte sich

keine offenen Verletzungen zugezogen. Vorsichtig tastete sie den Boden nach dem Handy ab, kroch auf allen vieren über den Schlick. Es roch modrig, als würde irgendetwas in ihrer Nähe verwesen. Sie unterdrückte ihren Brechreiz.

Sie hatte es nicht zu hoffen gewagt, doch es dauerte nicht lange und sie erspürte etwas Hartes, Kleines. Das Handy. Mit den Fingern tastete sie es ab, fühlte das Display, die Tasten, den Powerknopf. Sie drückte auf die erste Taste links oben, von der sie hoffte, dass es die 1 war. Eigentlich müsste ein Signalton hörbar sein, sich die Displaybeleuchtung anschalten. Das Handy zeigte keine Reaktion.

Marissa fluchte. Sie versuchte es noch einmal, drückte den Powerknopf. Nichts tat sich. Dann mahnte sie sich zur Ruhe. Immerhin war es denkbar, dass nur die Displaybeleuchtung defekt war, alle Töne ausgeschaltet, das Gerät an sich aber noch funktionierte. Sie wusste, wo sich die einzelnen Ziffern befanden. Sie drückte 112 und die Taste, von der sie glaubte, dass es die Wahltaste war. Fest presste sie das Handy ans Ohr. Kein einziger Laut war zu hören. Sie probierte es noch einmal, wieder und wieder, schüttelte das Handy, rieb es an ihrem Pullover trocken. Doch wie sie sich auch bemühte, es bewirkte nichts. Der Sturz hatte es zerstört.

Stufe für Stufe tastete sie sich aufwärts. Innen gab es nur einen Türknauf. Marissa rüttelte daran, trat dagegen, rief um Hilfe, bis sie heiser war. Sollte sie sich mit dem gesamten Körper gegen die Tür werfen? Jetzt nur

nicht unüberlegt handeln, keine weiteren Verletzungen riskieren.

Tränen liefen ihr warm über das Gesicht. Wie hinterhältig, sie in diese Lage zu bringen! Sie brauchte gar nicht rufen. Das Rauschen des Meeres und des Windes war so laut, dass sich jemand direkt im Gebäude aufhalten musste, um sie zu hören.

Ihre Hoffnung ruhte auf Theo. Hatte er gesehen, wohin sie gegangen war? Sie wollten zusammen zu Mittag kochen, so war es abgesprochen. Er würde sich auf die Suche nach ihr begeben. Sie musste nur die Nerven bewahren. Ruhig atmen.

Ihr Puls hämmerte gegen den Hals. Vier Pulsschläge lang atmete sie ein, acht Pulsschläge lang atmete sie aus. Langsam fiel es ihr leichter, den Rhythmus zu halten.

Dann stutzte sie. Eigentlich müsste der Luftzug von der Türritze her kommen, doch er kam von unten.

Von unten leuchtete ein Licht. Anfangs hatte sie es nicht wahrgenommen. Nicht hell, aber vorhanden, von der Stärke einer Kerze.

So ruhig wie möglich, um niemanden auf ihr Kommen aufmerksam zu machen, ging sie treppab. Nun erkannte sie jede Stufe, sie konnte sicher auftreten, wenn sie sich an der Wand festhielt.

Der Boden unter ihr war glitschig und mit Algen bedeckt. Vorsichtig verlagerte sie ihr Gewicht von einem Fuß auf den anderen. Je weiter sie vorankam, umso frischer wurde die Luft. Es roch nach Algen, Fisch und Salz, aber nicht mehr faulig oder schimmelig. Obwohl sie sich im Keller befand, waren das Meer und das Krei-

schen der Möwen gut zu hören. Die Luft war deutlich kälter und feuchter als draußen. Sie wickelte die Jacke enger um ihren Körper. Immer wieder trat sie in Pfützen. Etwas Hartes knackte unter den Schuhsohlen, wahrscheinlich ein Krebs.

Nun begriff sie, woher das Licht stammte: Es fiel durch ein Loch in der Mauer, gerade breit genug, um einen Arm durchzustrecken. Eine Katze könnte sich hindurchzwängen. Das Meer hatte die Kellerwand im Laufe der Jahrzehnte freigelegt, sodass das Untergeschoss an dieser Stelle ebenerdig war. Vor dem Loch schimmerte Wasser in einer Pfütze, die Oberfläche bewegte sich. In der Pfütze schwamm ein kleiner Fisch, der mit silbrigen Haut immer wieder knapp auftauchte. Sie beugte sich über die Pfütze, um das Tier näher zu betrachten, als ihr ein Schwall Meerwasser ins Gesicht klatschte.

Mit einem Schrei zuckte zusammen. Noch eine Ladung Wasser donnerte herein, als stünde jemand außen und würde Eimer mit Wasser gegen die Mauer kippen.

Marissa kehrte in den Gang zurück. Starr beobachtete sie das Loch. Eine Weile passierte nichts. Sie hustete und keuchte. Meerwasser brannte in ihrer Nase und in ihren Augen, es rann unter ihrer Jacke an der Brust abwärts bis zum Hosenbund. Ihre Jacke war glitschig von Tang, den das Wasser mit hereingeschwemmt hatte.

Langsam beruhigte sich ihr Atem und der Hustenreiz klang ab. Dann donnerte noch einmal ein Schwall Wasser herein. Kurz wurde es dunkel, weil das Wasser

das Licht verdeckte, direkt danach folgte ein weiterer Schwall. So ging es ein paarmal, bis das Wasser zwischen seinen Bewegungen nicht mehr abebbte, sondern erst in einem kleinen Rinnsal nach innen lief. Innerhalb weniger Minuten wurde aus dem Rinnen ein Fließen.

Der Keller war nicht mehr von den Gezeiten abgetrennt, daher der Fisch in der Pfütze, die vermoosten und veralgten Treppenstufen, der Geruch wie in einer Grotte. Bei Ebbe lief der Keller leer, doch er wurde regelmäßig geflutet. Es würde nur ein paar Stunden dauern, und das Wasser würde die Decke erreichen.

So schnell wie möglich tastete sie sich zur Kellertür vor, warf sich gegen das Holz. Doch auf der rutschigen Treppe konnte sie keinen Anlauf nehmen. Niemals könnte sie so etwas gegen das Holz und die Metallbeschläge ausrichten. Ein Schlüsselloch, um durchzusehen, existierte nicht. Die Tür musste mit einem Riegel arretiert sein.

Sie brauchte ein Stemmeisen oder ein dünnes Metallstück, um zwischen Tür und Rahmen einen Hebel einbringen zu können. Oder einen Hammer oder einen großen Stein, um mit Schwung zuzuschlagen.

Marissa zwang sich, langsam zu atmen. Einatmen. Ausatmen. Pause. Sie ging wieder treppab.

Obwohl sie sich nicht lange mit der Tür aufgehalten hatte, war der Keller knöchelhoch mit Wasser bedeckt. Es platschte bei jedem Schritt. Zügig tastete sie sich am Mauerwerk entlang und fuhr gleichzeitig mit den Füßen großflächig über den Boden, um etwas Hilfreiches zu entdecken.

Zuerst fand sie das kaputte Handy. Dann stieß sie auf ein Fischskelett. Schnell spülte sie die Hände am Wasser ab und beeilte sich, weiter vorwärtszukommen.

Der Keller bestand aus drei Räumen, die von dem Gang abgingen. In der Kammer links befanden sich Regale, in der Wand eingemauert. Mit wenig Mühe löste sich ein Regalbrett aus der Verankerung. Der Schwung ließ Marissa rückwärts stolpern. Sie prallte gegen die Wand und verlor das Brett, als sie sich mit den Händen abstützte. Doch schnell fand sie es wieder. Sie nahm es und eilte treppauf.

Um mehr Stabilität zu bekommen, lehnte sie sich mit dem Oberkörper an die Wand und holte weit aus. Es krachte und splitterte. Sie kniff die Augen zusammen, um von keinem herumfliegenden Holzstück getroffen zu werden.

Dann war es still.

Das Brett in ihrer Hand war durchgebrochen. Sie tastete an der Tür entlang. Nicht eine einzige Einkerbung. Sie schluchzte. Unter ihr war das Schwappen des Wassers zu hören.

Sie kehrte wieder nach unten zurück. Diesmal ging sie direkt auf die zerstörte Mauer zu. Ein Stein war bereits herausgebrochen. Vermutlich waren auch andere Steine lose. Der Boden war noch rutschiger geworden. Sie bewegte sich vorwärts wie auf einer Eisfläche.

An der Maueröffnung wartete sie, bis die Wasserbewegung kurz zum Stillstand kam, dann trat sie mit Wucht gegen die Mauer. Ihr Fuß schmerzte.

Zwei Steine bewegten sich. Sie kniete sich vor das

Loch und zog an den Steinen. Einen bekam sie sofort zu packen und er ließ sich herausziehen. Dadurch hatte sie dem Wasser mehr Platz geschaffen. Der Keller füllte sich noch schneller mit Wasser.

Sie packte wieder einen Stein, löste einen dritten und einen vierten. Dann wurden zwei weitere Steine ohne ihr Zutun ins Innere geschwemmt.

Nun war das Loch groß genug, um ihren Körper durchzuschieben. Wichtig war nur, die Luft anzuhalten, denn die gesamte Öffnung befand sich unter dem Meeresspiegel.

Marissa kniete sich hin. Sie atmete tief ein, hielt die Luft an und drückte sich in das Loch.

19

2019

Marissa zitterte am gesamten Körper. Das Salz und der Sand, die unter ihrer Kleidung klebte, juckte und kribbelte.

Dann ließ ein schleifendes Geräusch sie innehalten. Sie duckte sich. Das Geräusch kam wieder, als würde jemand einen schweren Gegenstand über den Boden im Innern des Hauses schleifen.

Langsam ging sie vorwärts und hielt sich möglichst nah an der Mauer, bis sie durch eine Fensteröffnung hineinblicken konnte.

Mia.

Mia stand mitten im Raum und scharrte mit einem Fuß ein Loch in den sandigen Boden. Den Blick auf die geschlossene Kellertür gerichtet.

Leise umrundete Marissa das Gebäude, dann trat sie ein. Ihre Wut hatte die Kälte vertrieben.

»Du hast mich eingesperrt«, sagte sie. Sie schrie

nicht, ihre Stimme klang nicht schrill, sondern absolut ruhig.

Mia zuckte zusammen. Sie wich ein paar Schritte zurück.

»Ich hätte mir beim Sturz die Kellertreppe runter das Genick brechen können.« Marissa ging weiter auf ihre Halbschwester zu.

»Ich habe nichts gemacht.«

»Nein? Was stehst du dann hier rum?«

»Ich habe so ein Bumpern gehört. So was wie ein Hämmern.«

Marissa ging zur Kellertür. Ein massiver Metallriegel war vor die gesamte Breite der Tür gelegt, mit Halterungen fest vor der Tür verankert. Mit den Beschlägen zusammen hätte es für sie kein Entkommen gegeben, nicht einmal ein Vorschlaghammer hätte geholfen. Sie nahm den Riegel an sich und öffnete die Tür. Wie schnell das Wasser stieg! Von unten drang ein Platschen und Rauschen herauf.

Marissa fixierte Mia. Mias Hände zitterten. Unruhig trat das Mädchen von einem Bein aufs andere. Einer der Träger ihrer Latzhose war verrutscht. Sie war bis zur Hüfte nass und voller Sand.

Marissa hielt inne. Sie schwieg, weil es gleichgültig war, was sie antwortete. Sie würde Mia nicht mehr glauben. Damals, in ihrer Kindheit, hatte sie auch so gedacht. Ein Denksystem, in dem es ein Innen gab, das Schutz bot, und ein Außen, das fremd und gefährlich war. Nun war sie eine von außen.

»Du kannst gehen und den anderen sagen, dass ich

dummerweise noch lebe.« Marissa hielt die Metallstange umklammert.

Mia drehte sich um und rannte weg.

Marissa wartete. Als es still blieb, setzte sie sich in Bewegung. Die Metallstange hielt sie nach wie vor fest in beiden Händen.

Um zum Turm zu gelangen, musste sie hüfttiefes Wasser durchwaten. Alle Häuser wirkten wie ausgestorben. Weil die Tiere in den Ställen waren, war es so still, als hätte das Meer von diesem Ort bereits wieder in Besitz genommen. Als würde sie eins der versunkenen Dörfer durchqueren, die nur bei Niedrigwasser aus den Wellen auftauchten.

Theos Haustür stand offen.

Sie hinterließ schlammige Fußabdrücke auf der Treppe, ihre Kleidung tropfte den Boden voll. Sie wollte nur schnell den kalten und klebrigen Stoff loswerden, warm duschen und sich dann ins Bett legen.

»Wo bist du gewesen?« Theo blickte auf. Vor ihm auf dem Tisch lagen unterschiedliche Computerteile, Schraubenzieher der Größe nach sortiert daneben.

Unten hatte sie kein nasses Schuhwerk gesehen, der Wäschekorb in der Küche war nicht weiter gefüllt worden, noch immer lag dasselbe Hemd obenauf wie am Vormittag. Die Waschmaschine war nicht in Betrieb.

»Du bis gar nicht draußen gewesen?«, fragte sie.

»Was soll man hier bei dem Wetter anderes machen, als sich in seinen Räumen einzuigeln? Wenn das so weitergeht, verliere ich mit dem Internetausfall einen

Kunden nach dem anderen. Zum Glück kann ich die Mails nicht abrufen, da erspare ich mir, auf alle die Beschwerden zu antworten. Wie ich das hasse. Es wird heute erwartet, dass man ununterbrochen erreichbar ist. Ist man es nicht, kann man einpacken. Und das Mobilfunknetz auf der Hallig kann man ganz vergessen, mit Glück kann man telefonieren, aber Daten übertragen?«

Sein Gesicht war gerötet, er bohrte mit einem Schraubenzieher in der Tischplatte und fluchte. Sie glaubte ihm.

»Ich war auf der sechsten Warft«, sagte sie.

»Keine gute Idee bei dem Wetter. Du siehst aus, als wärst du schwimmen gewesen.«

»War ich. Ich habe einen besonderen Tauchgang eingelegt, um aus dem Keller wieder rauszukommen. Jemand hat mich eingesperrt. Weißt du, wer auf dem verfallenen Hof war? Mia.«

»Eingesperrt?« Theo ließ den Schraubenzieher sinken und rückte mit dem Stuhl ab.

Sie hielt die Metallstange hoch. »Damit war die Tür verriegelt.«

Theo kam auf sie zu und umarmte sie. »Ich kann das gar nicht glauben.«

»Leider hat es nicht geklappt, mich umzubringen.« Die Stange fiel scheppernd zu Boden. Sie musste weg, allein sein, bevor sie in Theos Gegenwart die Fassung verlor. Ohne sich noch einmal umzudrehen, eilte sie ins Bad, schloss sich dort ein und drehte die Dusche auf.

Ihre Glieder waren taub und so steif, als würden sie gar nicht mehr zum Körper gehören. Marissa stellte das

Wasser wärmer und wärmer, bis der Mischhebel an der äußeren Position anlangte. Das Wasser rötete ihre Haut und prickele, doch trotzdem fror sie. Die Kälte kam tief aus ihrem Innern, als wäre sie zu Eis gefroren oder als würde ihr Körper weitere Kälte produzierte.

Als der kleine Raum so mit Dampf gefüllt war, dass ihr das Atmen schwerfiel, fror sie noch immer. Marissa stellte das Wasser ab und wickelte sich in Handtücher ein. Dann kippte sie das Fenster.

Im Wohnzimmer schlug ihr Wärme entgegen. Neben dem Sofa glimmte ein Heizstrahler rot, dampfender Tee stand auf dem kleinen Tisch an der Couch.

Theo wickelte sie zusätzlich in eine Decke ein.

Sie hatte sich auf Gleichgültigkeit eingerichtet, darauf, dass er weiter an seinen Computern schraubte, dass er die Angelegenheit herunterspielte, aber nicht auf so viel Freundlichkeit. Marissa brach in Tränen aus.

Theo führte sie zum Sofa und reichte ihr eine Tasse mit Tee.

»Ist was Hochprozentiges drin. Für die Nerven«, sagte er. »Und zum Warmwerden.«

»Wie hältst du das hier nur aus?«

»Die Natur ist rau. Die Menschen verschroben. Aber dass jemand dich im Keller eingesperrt hat, kann ich mir nicht vorstellen. So sind wir hier nicht.«

»Du solltest aufhören, von einem Wir zu sprechen. Das gibt es im Zweifelsfall nicht. Warum gehst du nicht weg? Was hält dich?«

Theo ging in die Küche. Wenig später kehrte er mit noch einer Tasse Tee für sich selbst zurück und setzte

sich neben sie. »Sicher habe ich nachgedacht zu gehen. Aber das ist mein Zuhause. Ich gehöre dazu. Im Turm sind alle meine Sachen.«

»Die kannst du einpacken und mitnehmen.«

»Ich weiß, wie es ist, durch die Städte zu gehen. Du siehst die Leute an, versuchst, anderen Blicke zuzuwerfen, damit dich auch jemand ansieht. Sie müssen ja nicht mal lächeln, das verlangst du gar nicht. Für sie bist du gar nicht da. Du bist wie ein Blatt im Wind, wie eine überfahrene Taube am Straßenrand, wie ein weggeworfenes Stück Papier. Du könntest in deiner Wohnung verfaulen und niemand würde es bemerken. Du könntest in der Fußgängerzone stehenbleiben und laut schreien, sie würden dich noch immer nicht ansehen, sondern nur genervt denken: Wieder ein Spinner. Hier bin ich Theo. Ich kann einfach da sein und die anderen registrieren, dass ich da bin, weil wir alle aufeinander angewiesen sind. Ich werde angesehen und muss nicht mal was dafür tun. Dass dir jemand ins Gesicht sieht, in die Augen, das kriegst du hier ohne Gegenleistung, weil du du bist. Das ist viel wert. Wie viel, das merkst du erst, wenn du es verloren hast. Ich bin nicht der kontaktfreudige Typ, der nächtelang feiert, der sich anbiedert, der sich all das erkämpfen will. Ich bin nicht so stark wie du.«

Marissa nickte. Sie wusste, wovon Theo sprach. Auch sie hatte sich nächtelang in den Schlaf geweint, als sie von der Hallig weggegangen war. Einsamkeit schmerzte mehr als Schläge. Trotzdem war der Schmerz nie konstant, er änderte seine Intensität und Art.

Anfangs glaubte sie, es würde sie innerlich zerreißen, nach einigen Wochen war es nur noch ein Stechen, später wie ein Anker für Gedanken, die immer wieder Erinnerungen von der Hallig auftauchen ließ. Marissa wollte darüber nicht sprechen. Was vorbei war, war vorbei, das war der Satz, der sie so oft gerettet hatte und an den sie sich jetzt klammerte.

»Ich muss hier weg. Heute noch. Allerspätestens morgen, mehr als eine Nacht bleibe ich nicht«, sagte sie.

»Du steigerst dich in was rein. Ich kann mir nicht vorstellen, dass dich jemand im Keller eingesperrt hat. Niemand will dir was Böses.«

Marissa presste die Lippen aufeinander und rümpfte die Nase. »Hilf mir, dass ich an ein Boot komme.«

»Bei dem Wetter? Selbst Eske fährt mit seinem Kutter nicht raus, meinst du, er verzichtet freiwillig auf seine einzige Einnahmequelle? Hast du dir den Wellengang mal angesehen?«

»Es ist zu schaffen. Wenn man erst ein Stück in Richtung Norden fährt, um die Sandbank herum, dann aufs Festland zu. Man hält sich im Schatten der anderen Halligen, bekommt die Wellen nicht mit voller Kraft ab. Wenn der Weg zum Festland nicht zu schaffen ist, ist doch zumindest eine der Inseln erreichbar. Bei einer Unwetterpause wird von dort eine Maschine starten.«

»Dir ist es wirklich wichtig.« Theo sprach es aus, als wäre es eine persönliche Kränkung, gegen ihn gerichtet.

»Tust du das für mich? Mir ein Boot besorgen? Wenn du mir nicht hilfst, tut es keiner.«

»Ich will sehen, was ich tun kann.«

Besonders zuversichtlich klang das nicht, aber Marissa wusste, dass es nicht half, ihn weiter zu drängen. Am liebsten wäre sie sofort aufgebrochen. Nicht eine Minute länger ertrug sie es, auf Hulhan zu bleiben. Nur blieb ihr keine andere Wahl, als auf Theos Hilfe zu hoffen.

Theo ging treppauf und kam wenig später zurück mit Regenhose und Regenjacke bekleidet. Seine Gummistiefel trug er in der Hand. »Ruh dich aus, ich tu mein Bestes.« Er nickte ihr zum Abschied zu.

Unten quietschte die Haustür, dann wurde sie mit Schwung ins Schloss geworfen, sodass Marissa die Erschütterung im Boden spürte. Sie stand auf und sah aus dem Fenster. Theo ging um den Turm herum und verschwand dann aus ihrem Blickfeld.

20

2019

Theo war noch nicht wieder zurückgekehrt, als es an der Tür klopfte. Marissa wickelte sich enger in ihre Decke ein. Erst als das Klopfen vehementer wurde und nicht aufhörte, ging sie treppab und öffnete.

»Ich bringe dich zum Festland«, sagte Sandra. Sie trug Regenkleidung, Gummistiefel und eine Rettungsweste.

»Jetzt?«

»Es ist nur ein kleines Motorboot, dafür läuft es nicht auf die Sandbänke auf. Wir müssen die Flut nutzen. Der Wind soll noch zunehmen. Wenn nicht jetzt, dann heute gar nicht mehr.«

»Und wie willst du wieder vom Festland zurückkommen?« Marissa kannte diese Wetterlagen, wenn eine Wolkenfront gerade über sie hinweggezogen war und die nächste sich näherte. Das Festland war erreichbar,

aber einen Rückweg würde es in absehbarer Zeit nicht geben.

»Das lass meine Sorge sein.«

»Gib mir fünf Minuten.« So lange würde sie brauchen, um ihre Habseligkeiten zusammenzupacken und Theo einen Zettel zu schreiben, um sich zu verabschieden und bei ihm zu bedanken.

»Du hast das mit sonst niemandem besprochen?«, fragte Marissa. Sie wollte nicht, dass jemand auftauchte, und versuchte, die Abreise zu verhindern. Oder war sie paranoid geworden?

»Es ist eine Sache zwischen mir und dir. Ich nehme das auf meine Kappe.«

Marissa umarmte Sandra. So oft hatten sie sich früher im Arm gehalten, sich getröstet, sich aufgemuntert. Sandras Körper war durch die Dicke der Rettungsweste kaum zu spüren, stattdessen griff Marissa in eine weiche Masse ohne Kontur.

»Eine Minute ist um«, sagte Sandra.

Marissa lachte. Das war der trockene Humor, den sie an Sandra immer gemocht hatte.

»Ist denn genug Benzin da?«

»Hältst du mich für blöd?«

Marissa drehte sich um. Sie nahm ihren Rucksack, stopfte so schnell wie möglich alle ihre Habseligkeiten hinein und zog sich an.

Nur ein paar weitere Minuten später erreichten sie den verfallenen Hof, auf dessen Rückseite das Boot ankerte. Sandra hatte den Aufbruch perfekt vorbereitet. Die

Abfahrt war von den anderen Warften aus nicht zu beobachten, denn die Mauern des alten Hofs gaben ihnen Deckung. Selbst wenn sie später auf dem Meer gesehen würden, müsste sich jemand, der vorhatte, ihnen zu folgen, erst umziehen, sein Boot startbereit machen, sodass ihr Vorsprung kaum mehr aufzuholen wäre. Obwohl sie keine Gefangene war, obwohl es ihr Recht war, jederzeit Hulhan zu verlassen, kam sich Marissa wie eine Ausbrecherin vor, als täte sie etwas Verbotenes. Immer wieder blickte sie sich zu den anderen Gebäuden um, ob sich ein Schatten hinter einem der Fenster zeigte. Alle Scheiben waren mit Regentropfen und Dunst überzogen, sodass nicht zu erkennen war, was dahinter geschah.

Mit Schwung warf Marissa ihren Rucksack ins Boot, das wie eine Nussschale wirkte. Dann wuchtete sie ihren Körper über die Reling und ließ sich auf den Holzboden fallen. Sandra tat es ihr nach.

Marissa tastete unter dem hinteren Sitz, anschließend unter dem Vordersitz. Sie fühlte Holz, sonst nichts.

»Wo ist denn hier noch eine Rettungsweste?«, fragte Marissa.

Sandra stöhnte. »Mist. Daran habe ich nicht gedacht.« Sie sah auf die Uhr. »Wie es aussieht, schaffen wir es schon jetzt kaum. Du musst zum Tadehof, die Westen hängen in der Werkstatt.«

Marissa wusste, dass dann eine Begegnung mit Christian und mit Michael unausweichlich war. »Fahr los. Wird schon gutgehen.«

Sandra zog am Anlasser. Der Motor startete und das

Boot setzte sich mit Schwung in Bewegung. Gischt spritzte vor ihnen auf. Das Boot hob sich und tauchte mit dem Bug fast senkrecht ab, bevor es wieder aufwärtsging. Obwohl auf den Warften keine Bäume wuchsen, obwohl die Hallig dem Meer ausgeliefert war, boten die Häuser Schutz, der nun wegfiel. Je weiter sie sich von Hulhan entfernten, umso stärker zerrte der Wind an ihnen. Marissa hielt sich die Hände vors Gesicht und blickte zwischen den Fingern hindurch.

Am Horizont befand sich etwas Weißes auf dem Wasser. Für eine Möwe war es deutlich zu groß, für eine Boje bewegte es sich zu schnell.

»Das ist noch jemand unterwegs«, sagte Marissa und zeigte aufs offene Meer. Wer fuhr an solchen Tagen freiwillig hinaus?

»Da ist nichts.«

»Guck. Ein Boot.«

»Irgendein Plastikmüll.«

Wasser spritzte von oben herein, kam mit solcher Wucht, dass Marissas Rucksack in einer Lache schwamm.

»Verdammter Mist.« Marissa kontrollierte ihr Gepäck, dass so nass war, dass es mehrere Kilos zusätzlich wog.

»Du wolltest ja unbedingt aufs Festland. Also jammere nicht.«

Marissa nickte. Das stimmte. Aber war das Ziel bei dem Wellengang überhaupt erreichbar? Der Wind nahm weiter zu, damit die Wellenstärke. Regen setzte ein. Das Wasser stürzte von allen Seiten auf und über

sie. Ein Wunder, dass sich nicht mehr zu ihren Füßen ansammelte. Der Himmel wurde dunkel, als wäre die Sonne bereits untergegangen.

»Lass uns umkehren«, sagte Marissa. In dem Boot war die Weiterfahrt lebensgefährlich. Zudem gab es für sie keine Schwimmweste. Sie hätte nicht überstürzt aufbrechen sollen, sondern Eske bitten sollen, sie mit dem größeren Fischerboot zu bringen.

»Wir müssen zurück«, brüllte Marissa gegen den Wind und das Dröhnen der Wellen an.

Sandra blickte stur geradeaus.

Marissa zögerte. Jede Bewegung innerhalb des Bootes war ein Risiko, konnte das wackelige Gleichgewicht zerstören, aber sie hatte keine andere Wahl. Sie beugte sich vor und setzte sich auf die vordere Bank neben Sandra.

»Ich will zurück.« Marissa klammerte sich an Sandra fest. Ihr war übel und schwindelig. Ihr Magen rebellierte, obwohl sie kaum etwas gegessen hatte.

Sandra schaltete den Motor ab. Es dauerte eine Weile, dann wurden sie nur noch von dem Wellengang auf und ab geworfen. Obwohl von oben kein Spritzwasser mehr hereinkam, füllte sich der Boden des Bootes weiter mit Wasser.

»Wir müssen zurück«, sagte Marissa.

»Ich habe dich gehört.« Sandra blickte konzentriert aufs offene Meer.

Marissa tat es ihr nach. »Das ist kein Plastik, dieser Punkt hinten. Das ist noch ein Boot. Guck doch.« Marissas Schultern entspannten sich. »Haben wir eine

Signalpistole dabei?« Sie hatte keinen Zweifel, dass sich das Rettungsset unter ihr befinden musste. Sie tastete die Holzplanken ab. Ihr Arm reichte bis zum Ellbogen ins Wasser.

Marissa zuckte zurück. Das war unmöglich!

Dann begriff sie. »Da ist ein Leck.«

Nun, da sie sich nicht mehr vorwärts bewegten, strömte das Wasser schneller ein. Eine kreisrunde Öffnung war im Holz, rund fünf Zentimeter lang, die Kanten nicht uneben, sondern wie glatt geschliffen.

Sandra wirkte gleichgültig. Ihr Blick verharrte auf Marissa.

Marissas Gedanken drehten sich immer schneller. Tod. Sie würde sterben, wenn nicht ein Wunder geschah, noch in dieser Stunde. Möglicherweise innerhalb weniger Minuten.

»Du hast das geplant«, sagte Marissa.

»Du bist eine Schnellmerkerin.« Sandra kniff die Augen zusammen, ihre Nasenflügel bebten.

»Was habe ich dir getan? Warum hasst du mich so?«

Sandra lachte laut auf. »Das fragst du? Gerade du?«

Marissa schaffte es nicht, sich schnell genug über die Reling zu beugen. Ihr Magen krampfte sich zusammen. Sie erbrach Galle. Ihre Hände klebten warm. Sie spülte sie mit dem Wasser ab, das so hoch stand, dass das Boot jeden Moment kentern konnte.

»Eine Rettungsweste hilft dir nicht. Du wirst sterben. Ist dir dein eigenes Leben so egal?«

»Ich bin längst gestorben. Wegen dir.«

21

SANDRA – 1989

»Wie sollte ich das denn ahnen? Marissa hat nichts zu mir gesagt. Nicht mal eine Andeutung gemacht.« Sandra griff sich in ihre Haare und zog daran. Der Schmerz schaffte es nicht, ihre Panik zu überlagern. Sie versuchte vergeblich, einen klaren Gedanken zu fassen, der ihr helfen würde, der Situation zu entkommen.

Christian lachte. Dabei wurden seine Zähne sichtbar und er sah aus wie ein angreifender Hund. »Erst alles versauen, dann jammern. So ist es immer.«

»Sogar Arne hat nichts gewusst.«

»Arne ist ihr Vater. Du bist ihre beste Freundin. Du musst auf sie aufpassen.«

Mit einem Mal erschien Marissas Verhalten der letzten Tage in einem anderen Licht. Die Zurückgezogenheit, dass sie nicht mehr aus dem Bett aufgestanden war. Dass sie nicht reden wollte. Dass sie vor sich hingestarrt hatte. Sandra hatte geglaubt, Marissa hätte sich

während der Nacht auf dem Hochsand eine Lungenentzündung geholt oder etwas Derartiges.

»Natürlich hätte ich nachgefragt, mit ihr geredet, wenn es irgendeinen Anhaltspunkt gegeben hätte. Aber da war nichts.« Sandra fragte sich, wann Marissa den Entschluss zur Flucht gefasst hatte. »Sie lag wie betäubt im Bett. Wie soll ich davon ausgehen ...«

»So ist es immer bei dir. Etwas läuft schief und dann stehst du da wie ein kleines Mädchen mit großen Augen und jammerst. Warum habe ich in der Facharbeit eine Fünf gekriegt? Warum bin ich wieder diejenige, die von den Lehrern rausgepickt und bestraft wird? Du denkst keine zwei Meter weit über dein hübsches Köpfchen hinaus.«

»Das ist unfair. Du weißt das.«

»Dann trag einmal, nur ein einziges Mal, die Konsequenzen. Du hast versagt. Das ist eine Tatsache. Dafür wirst du geradestehen.«

Sandra krümmte sich zusammen. Wieder war das Stechen in ihrem Bauch da. Sie beugte sich weiter vor, damit der Schmerz erträglich wurde und schneller nachließ. Die Bauchdecke war hart, als hätte sie einen Fußball verschluckt. Obwohl man zum Glück keine Wölbung sah, wenn sie weit geschnittene Tuniken anzog, wurde es immer schwerer zu verbergen, was in vier oder fünf Monaten offensichtlich werden würde. Was sie dann erwartete – sie wollte gar nicht daran denken.

Dagegen war eine Nacht auf der Barke ein Kinderspiel. Sie würde das Internat verlassen müssen. Wenn sie

Joachims Namen nannte, würde er nicht einmal sein Referendariat beenden können und sein Leben wäre ruiniert. Wenn sie gemeinsam wegzogen und sich dort, wo niemand sie finden konnte, ein neues Leben aufbauten? Lehrer wurden überall gesucht. In den Großstädten würde keiner nachfragen.

Langsam richtete sich Sandra auf. Noch einmal krampfte sich der Bauch zusammen, wurde hart, so plötzlich, dass sie aufstöhnte. Dann war es vorbei.

»Spiel nicht die Kranke, das glaubt dir keiner«, sagte Christian. »In einer Stunde brechen wir auf.«

»So früh?« Sie blickte sich um, hoffte, dass Rieke oder Juliane dazukamen und der Racheaktion Einhalt geboten. Doch niemand war draußen auf den Warften, alle in ihren Häusern, als hätte sie eine ansteckende Krankheit, vor der man sich fürchten müsste.

»Denkst du, wir gucken zu, wie du abhaust? Ich habe für dich zusammengepackt. Du kommst mit zu mir, dann bringen wir beide zusammen die Zeit bis zum Aufbruch rum.« Er packte sie fest am Arm und zog sie hinter sich her.

Sandra gelang es kaum, mit ihm Schritt zu halten, zweimal stolperte sie auf dem Weg zum Tadehof.

Von Eske und Elke war nichts zu sehen oder zu hören. Sandra schaute sich hilfesuchend um, dann fiel ihr ein, dass Eske mit den anderen Männern weit hinausgefahren war und erst spät am Abend zurückkehren wollte, dass die Frauen im Haupthaus Wäsche wuschen.

Christian brachte sie in sein Zimmer. Überall

standen leere Joghurtbecher herum, leere Flaschen, zerknüllte Bonbonpapiere und Chipspackungen. Es roch nach Schweiß und abgestandener Luft. Sandra zog sich den Ausschnitt der Tunika über die Nase und ging zum Fenster, um es zu öffnen. Weit lehnte sie sich hinaus und sog tief die Luft ein, bis die Übelkeit nachließ. Die Aussicht, eine gesamte Stunde in diesem Raum verbringen zu müssen, war noch fürchterlicher, als den Weg zum Blauortsand auf sich zu nehmen.

Vor ein paar Tagen hatte sie die Strecke bewältigt für Marissas Ritual, diesmal würde es ihr wieder gelingen. Wenigstens war dort die Luft frisch.

»In deinem Messiezimmer bleibe ich nicht«, sagte Sandra. »Wir gehen los. Jetzt. Hol die anderen. Dann haben wir mehr Zeit und brauchen nicht zu hetzen.«

Christian grinste. »So gefällst du mir. Du hast Biss. Weißt du das? Du bist immer wieder für Überraschungen gut.« Er strich ihr über den Arm.

Sie schlug seine Hand weg. »Lass den Scheiß!«

»Warum so zickig?«

»Also was jetzt? Gehen wir oder nicht?«

Ohne das Fenster zu schließen, lief Sandra voraus. Auf der Treppe nach unten passierte es wieder. Ihr Bauch wurde hart, wölbte sich vor. Diesmal hielt der Krampf nur wenige Sekunden an. Sie setzte sich auf die Treppenstufe, atmete ein paarmal tief durch, dann richtete sie sich auf. Niemand würde ihr glauben, wenn sie sagte, ihr ginge es nicht gut.

»Danke, dass du für mich Proviant in deinen Ruck-

sack gepackt hast«, sagte sie. So brauchte sie das Gepäck wenigstens nicht selbst zu schleppen.

Schon auf dem Weg von Warft zu Warft, um erst Michael, dann Jule, dann Theo und Rieke zu holen, spürte sie die Anstrengung, wenn Wasserflächen durchquert werden mussten. Sie konzentrierte sich auf ihren Körper und brachte den Atem mit ihren Schritten in Gleichklang.

Am verfallenen Hof drängte sie wieder auf einen schnellen Aufbruch. Sie wollte nicht herumstehen und reden und ihren Gedanken die Möglichkeit bieten, sich zu verselbstständigen. Atmen und gehen. Das würde sie sich für die nächsten Stunden immer wieder vergegenwärtigen.

Das Wasser hatte sich weit zurückgezogen, als wolle es den Weg zur Bake freigeben.

Sogar der Priel direkt vor Hulhan, der normalerweise bei Ebbe Wasser führte und eine gefährliche Strömung hatte, war zu einer Pfütze geworden, in der sie nur knöcheltief einsanken.

Viel zu schnell verließen sie den Priel und traten auf trockenen Sand. Hellgelb unterschied er sich deutlich vom bräunlichen Grau des Watts. Das Schlickgras war seit ihrem letzten Besuch an diesem Ort weiter gewachsen. Sanft bewegten sich die Halme im Wind. Der Spülsaum aus Algen, Gras, Müll und Muschelschalen zeigte, dass das Wasser sich lange nicht mehr der Bake genähert hatte, der Sand um das Holzgerüst herum war so hell, dass er fast weiß schien, eher zu einem Karibikbild als zur Nordsee gehörte. Weiter hinten gab es zwischen

dem Gras neu entstandene Tümpel. Der Wind nahm zu, je näher sie der Bake kamen. Sand raschelte und knackte, als würde jemand in der Ferne ein Geschenk auspacken.

»Bist du bereit?«, fragte Christian.

Sandra antwortete nicht und verbot sich ein Nicken. Ihre Antwort spielte keine Rolle. Wenigstens hatte sich ihr Bauch nicht mehr zusammengekrampft. Problemlos hatte sie mit den anderen mithalten können.

Christian zog ein Tau aus seinem Rucksack und band Sandra mit den Händen auf dem Rücken an einem der Pfähle fest. Dann holte er einen Zettel hervor. Rieke, Theo, Jule und Michael bildeten einen Kreis um ihn. Er sprach von Hulhan, wie es die Menschen geprägt hatte. Eine Gemeinschaft war geschaffen worden, die nur überlebensfähig war, weil jeder sich auf den anderen verlassen konnte, weil es nicht um den Einzelnen ging, sondern um den Zusammenhalt. Er erzählte vom Meer, das Opfergaben und Vertrauensbeweise braucht, um die Hallig zu verschonen.

Sandra hörte nicht hin, sondern versuchte, das Zittern zu unterdrücken, das immer stärker wurde. Sie ließ sich mit dem Rücken entlang am Pfahl hinab auf den Boden sinken, konzentrierte sich auf die Stabilität des Holzes hinter ihr, auf den Sand, der sie trug. Nun kam sie doch, die Panik. Aber sie wollte den anderen nicht die Genugtuung verschaffen, das zu bemerken.

Sie richtete den Blick starr geradeaus. Erst als die

anderen aufgebrochen und außer Hörweite waren, hielt ihre Tränen nicht länger zurück.

Immer weiter entfernte sich das Grüppchen, bis sie nur noch dunkle Punkte waren, die durch den Dunst grau erschienen wie der feuchte Meeresboden unter ihren Füßen.

Um sie herum knackte und knirschte es. Es raschelte und zischte durch den Sand, der vom Wind aufgewirbelt wurde. Wellen schlugen dumpf an die Außenkante von Blauortsand. Möwen schrien.

Mit der Dunkelheit verstummten die Möwen, das Wasser wurde lauter. Es kam näher. Die Nacht war so schwarz, dass Sandra nicht mehr erkennen konnte, wie nah das Meer gekommen war. Sie schätzte es auf rund zehn Meter Entfernung, als ein kalter Schwall ihr bis über die Hüfte spritzte. Sie schrie auf, drängte sich zwischen die Holzstreben.

Der Wind kam so plötzlich auf, als hätte jemand einen Schalter angeknipst. Um sie herum war ein einziges Dröhnen. Ihr Bauch krampfte sich wieder zusammen, diesmal stärker als je zuvor. Sie konnte nicht anders, als den Oberkörper nach vorn zu beugen und die Knie einzuknicken, um den Krampf zu ertragen. Die folgende Welle überspülte sie, durchnässte die Haare. Sandra richtete sich wieder auf. Sie spuckte und hustete. Salz brannte in ihrem Rachen, in der Nase, in den Augen. Sie zitterte vor Kälte. Überall an der Haut lief Wasser an ihr herab, kratzig durch den Sand, der unter ihre Kleidung gespült worden war.

Die nächste Welle drückte sie unter Wasser, obwohl

sie die Beine durchgedrückt, den Körper gestreckt hatte und auf Zehenspitzen stand. Der Schmerz im Bauch erwischte sie mit einer solchen Überraschung, dass sie Wasser schluckte und einatmete.

Diesmal unterschied sich der Schmerz von all den Krämpfen, die sie zuvor erlebt hatte. Ihr Bauch wölbte sich hart vor, als würde ihn jemand von innen heraus aufpumpen, um ihn auseinanderzusprengen.

Sandra schrie. Das machte es erträglicher. Das Schreien löste die Spannung und die Angst, es zeigte ihr, dass sie noch lebte.

Dann ging der Druck im Bauch nach unten. Zuerst dachte sie, sie müsste auf die Toilette, zog sich die Hose mit einem Ruck hinunter. Etwas Warmes, Fleischiges glitt in ihre Hände. Mit der nächsten Welle rutschte es aus ihrem Griff.

Die Schmerzen waren verschwunden. Die Erkenntnis jedoch tat noch mehr weh, als würde es sie von innen heraus zerreißen. Joachim hatte von alledem nichts geahnt. Sie beide würden nie erfahren, ob es ein Sohn oder eine Tochter geworden wäre. Das Meer hatte sich sein Opfer genommen.

»Nimm mich auch«, schrie sie.

Der nächsten Welle warf sie sich entgegen, mit solcher Wucht, dass sie zuerst glaubte, ihre Arme würden auskugeln. Danach spülte das Wasser nur noch um ihre Knie. Das Meer zog sich wieder in Richtung des Horizonts zurück.

22

2019

»Du warst schwanger?« Wie konnte sie das nur übersehen haben! Wie Sandra bei Gesprächen immer weggesehen hatte. Wie sie nie ganz anwesend gewesen war.

»Fünfter oder sechster Monat. Ich war nicht beim Arzt gewesen.«

»Und Jule? Was ist mit ihr passiert?«, fragte Marissa.

»Das spielt keine Rolle mehr.«

»Sie ist an der Bake gestorben.« An der Art, wie Sandra den Blick senkte und sich abwandte, wusste Marissa, dass sie richtig lag. »Warum?«

Sandra zog unter ihrer Weste eine Handfackel hervor. Sie entzündete das Signallicht und winkte mit dem Arm.

Dann ließ sie die Fackel fallen, nahm Anlauf und sprang ins Wasser. Durch die Rettungsweste war sie in ihren Bewegungen eingeschränkt, trotzdem schwamm sie zügig aufs offene Meer zu.

Marissa klammerte sich an der Holzbank fest. Durch den Absprung schaukelte das Boot so, dass sie zuerst dachte, sie würde kentern. Dann beruhigten sich die Schiffsbewegungen wieder, bis die Wellen die einzige Kraft waren, die das Boot wie ein Stück Treibholz auf und abwarfen. Sie hielt sich die Hände vors Gesicht, um kein Meerwasser einzuatmen. Von allen Seiten drängte das Wasser heran, von der Seite, von vorn, es floss von unten durch das Leck. Panisch zog Marissa am Anlasser des Motors, immer wieder, bis ihr klar wurde, dass es keinen Zweck hatte.

Ein Knattern ließ sie innehalten.

Ein modernes Motorboot mit Kabine näherte sich mit hoher Geschwindigkeit, ließ die Gischt vor sich hoch aufspritzen, kam so nah, dass das kleine Holzboot erneut fast kenterte. Das Boot, das sie vorher in weiter Entfernung gesehen hatte.

Marissa stellte sich auf und winkte. »Hier bin ich.«

Das Boot donnerte an ihr vorbei. Eine Welle spritzte über sie. Als wäre ein Riese gekommen und hätte mit seiner Hand auf ihr Boot geschlagen, drehte es sich mit Schwung und Marissa stürzte von Bord.

Die Kälte ließ ihre Glieder erstarren. Sie rang um Luft, das Atmen wurde schwer. Die rechte Wade krampfte sich zusammen. Vor Schmerz schrie sie auf und schluckte Wasser. Sie hustete und röchelte. Dann fluteten Stresshormone ihren Körper und mobilisierten ihre Kräfte. Sie war euphorisiert, als hätte sie Drogen gespritzt. In ihrem Innern pulsierte es warm.

Sie tat, was ihr als Kind beigebracht worden war, so

oft hatte sie es gehört, geübt und darüber gesprochen, dass sie nicht nachzudenken brauchte. Sie drehte sich mit dem Rücken zum Wellengang. Es musste ihr gelingen, das Atmen mit den Wellen zu koordinieren. Nur kein Spritzwasser einatmen! Nicht hektisch nach Luft schnappen!

Sie schaute sich um. Bekam das gekenterte Holzboot zu fassen, das wie eine umgedrehte Nussschale auf dem Wasser trieb. Sie wischte sich übers Gesicht, um besser sehen zu können.

In ungefähr hundert Metern Entfernung hielt das Motorboot, jemand warf ein Seil über die Reling. Sandra packte danach, zog sich hoch, glitt wie ein nasser Sack auf das Deck des Motorboots.

»Hilfe! Hier bin ich! Hierher! Hilfe! Ich bin auch noch da!«, schrie Marissa, so laut sie konnte gegen das Dröhnen der Wellen an. Sie ließ die Holzplanken los und versuchte, zügig in Richtung des Motorbootes zu gelangen. Doch das Motorboot nahm Fahrt auf und entfernte sich.

Marissa zitterte. Wieder kämpfte sie mit einem Wadenkrampf, diesmal am anderen Bein. Über ihr schlugen die Wellen zusammen. Sie konnte sich höchstens ein paar Minuten über Wasser halten. Die Hallig war zu weit entfernt, der Kälteschock zu stark. Sie würde ertrinken. All das war geplant worden, als Rache für Sandras gestorbenes Kind, für ihr Weglaufen.

Vorbei. Das Wissen ließ sie ganz ruhig werden. Marissa

tauchte unter. Der Druck auf ihre Lunge war so stark, der Überlebenstrieb gewann Oberhand, sodass sie wild strampelte. Schnell erreichte sie wieder die Wasseroberfläche. Sie schnappte nach Luft, paddelte auf das umgekippte Boot zu und krallte sich daran fest. Sie schlug mit den Beinen im Wasser, um sich warm zu halten. Vorwärts bewegte sie sich nicht, zu schwer war das Boot. Doch das Holz war wie ein Schwimmbrett, es drängte immer wieder an die Oberfläche.

Zuerst dachte sie, sie sähe in der Ferne eine Boje, dann tauchte ein zweiter roter Fleck auf, kurz danach ein dritter weißer. Eine Welle schlug über ihr zusammen, drückte sie mitsamt dem Boot unter Wasser. Als sie wieder hochkam, erkannte sie drei Boote, die sich in hoher Geschwindigkeit näherten, Schnellboote, größer gebaut als die, die auf der Hallig in Verwendung waren, mit stärkeren Motoren. Trotz des Wellengangs glitten sie über das Wasser, als schwebten sie auf Luftkissen.

Die nächste Welle traf sie unerwartet, weil sie auf die Boote konzentriert war. Sie schaffte es nicht, ihre Hände weiter in die Planken zu krallen. Wasser drang in ihre Nase, brannte in den Augen. Sie bewegte sich hektisch, der Druck in ihrem Innern wurde stärker und stärker, bis sie begriff, dass das gekenterte Boot über ihr schwamm. Mit der nächsten Welle wurde es von ihr weggeschoben und Marissa tauchte wieder auf. Sie schluckte Wasser und hustete. Dann hörte sie Stimmen.

Die Schnellboote!

Ein Seenotrettungskreuzers, eins der Wasserschutzpolizei. Im dritten Boot fuhren Polizisten.

Marissa hob eine Hand, doch wieder schlugen die Wellen über ihr zusammen und noch einmal wurde das Holzboot auf sie geschleudert. Sie wollte tauchen, aber die drei Schiffe und hatten das Meer zusätzlich in Aufruhr versetzt. Eine Strömung packte sie und zog sie in die entgegengesetzte Richtung. Dann griffen Hände nach ihr.

Marissa schluchzte vor Erleichterung. Sie würde weiterleben.

23

2019 – EINE WOCHE SPÄTER

Marissa hielt die eine Hand ihres Vaters, Mia die andere. Dankbar blickte Marissa zu ihrer Stiefschwester, der sie die Rettung zu verdanken hatte. Das Mädchen hatte die Seenotrettung, die Wasserschutzpolizei und das Sperrwerk in Büsum angerufen, als es mitbekommen hatte, was Sandras Plan gewesen war. Inzwischen glaubte Marissa auch Mias Beteuerungen, dass Mia die Kellertür nicht verriegelt hatte, sondern im Gegenteil öffnen wollte, aber den Mut nicht aufgebracht hatte.

»Gibt es Neuigkeiten von Uta?«, fragte Arne.

Marissa schüttelte den Kopf. Uta hatte Hulhan verlassen, noch bevor die Polizei sie hatte befragen können. Es gab keinen Hinweis, wo sie sich aufhielt. Familienangehörige außerhalb der Hallig hatte sie nicht mehr.

»Ich habe das nicht gewollt«, flüsterte Arne.

Marissa zögerte. Was hatte er nicht gewollt? Dass es zum Prozess kam? Dass ihre Rückkehr nach Hulhan fast ihren Tod bedeutet hätte? Dass Jule an der Bake verstorben war und Sandra ihr Kind verloren hatte?

»Aber du hast es gewusst. Die ganze Zeit über«, sagte Marissa.

Arne schwieg.

Dann ergriff sie seine Hand und drückte sie fest. Gab es einen Unterschied zwischen ihm und ihr? Auch sie hatte manche Dinge nicht sehen wollen. Eine Mutprobe, so hatte sie es sich schöngeredet. Ein ungefährlicher Brauch. Sie alle hatten sich ihre eigene, kleine Realität gezimmert, ihre Seifenblase, in der sie über dem Geschehen schwebten mit Blick auf die schillernden Farben der Hülle, ohne ein Augenmerk auf den Boden zu richten.

Schließlich hatte Mia mit ihrem Anruf all die Blasen zum Platzen gebracht. Sogar in Hulhan galten die Gesetze, denen sich jeder unterordnen musste.

»Sie enden alle im Gefängnis. Das ist keine schöne Vorstellung«, sagte Arne. »Ich bin froh, dass ich das nicht mehr erleben muss.«

»Niemand ist verhaftet worden.« Marissa strich über seinen Arm. Auch Sandra lebte noch in Freiheit. Sie stellte alles als Unglück hin, als Zufall, bedingt durch die Hektik, mit der Marissa hatte aufbrechen wollen, ohne sich um die eigene Sicherheit zu kümmern und eine Schwimmweste mitzunehmen.

»Es gibt keine Fluchtgefahr. Es gibt keine Möglichkeit, das Geschehene zu vertuschen.«

»Was ein Glück. Trotzdem …« Arnes Muskeln erschlafften. Er schloss die Augen und atmete schwer. Die Besuche strengten ihn an. Mehr als ein paar Minuten konnte er keinem Gespräch folgen.

»Soll ich dir ein Eis aus der Cafeteria holen?«, fragte Mia.

Das war das Einzige, was Arne noch zu sich nahm: Vanilleeis. Wenn das ausverkauft war, akzeptierte er ein Joghurteis, aber keine andere Sorte. Feste Nahrung verweigerte er seit Tagen, auch das Trinken.

»Bitte.« Arnes Worte waren nur ein Flüstern.

»Bin gleich zurück.« Mia sprang auf. Langsam ging sie zur Tür, schloss sie leise und vorsichtig von außen wieder, dann polterten ihre Schritte wie Hammerschläge über den Flur. Für sie war es nicht leicht, zuzusehen, wie ihr Vater von Tag zu Tag weniger wurde, wie sein Körper in sich zusammenfiel. Den Gerichtsprozess würde Arne nicht mehr erleben.

»Versprich mir eins«, sagte Arne.

»Was du willst.«

»Nimm Mia zu dir. Nach Italien. Sie soll nicht auf Hulhan bleiben. Sie soll nicht vor Gericht gezerrt werden. Das ist zu viel für ein Kind. Ich habe mit ihr gesprochen. Sie wird mit dir gehen.«

»Sie ist nicht mein Kind. Wir kennen uns kaum.«

»Sie ist dir wichtig.«

Marissa stand auf und schaute aus dem Fenster. Weiß strahlten die Apfelblüten. Die Wiese war von gelben und blauen Blumen gesprenkelt. Nun erwachte hier im Norden die Natur zum Leben.

»Ich habe ein paar Anrufe getätigt und einen Käufer für den Hof auf Hulhan gefunden. Mit dem Geld …« Arnes Stimme wurde immer leiser.

Marissa lehnte ihre Stirn gegen die Scheibe. Durch ihren Atem bildete sich ein Schleier vor dem Glas, das ihr die Sicht nahm. Wie sie den Nebel auf Hulhan gehasst hatte!

»Ich wollte nie Kinder haben. Ich weiß gar nicht, wie man mit ihnen umgeht. Wie soll ich ihr geben, was sie braucht, wenn ich nicht einmal weiß, was nötig ist?«

»Du bist doch selbst ein Kind gewesen. Erinnere dich daran. Mehr brauchst du nicht zu tun.«

Sie war erleichtert, dass Mia das Gespräch nicht mitbekam, dann wäre es noch schwerer abzulehnen.

Arne liefen Tränen aus den Augenwinkeln, rannen auf die Bettwäsche und hinterließen auf dem Weiß des Kissens dunkle Stellen.

Sie wollte keine Entscheidung aus Mitleid oder aus Zwang treffen. Sie musste den Entschluss gut abwägen und vorbereiten. Doch Mia war ihr von der ersten Begegnung an nicht egal gewesen war, im Gegenteil. Um sie vor dem Ritual zu retten, hatte sie ihr Leben aufs Spiel gesetzt. Mia war diejenige, die Marissa gerettet hatte.

»Wir können es ja erst mal für einen oder zwei Monate probieren«, sagte Marissa. »Ob sie sich in Italien wohlfühlt. Dann sehen wir weiter.«

Schon jetzt wusste sie, dass es kein Zurück mehr gab. Sicher würde es Mia in Italien gefallen. Vor allem

die Bank in ihrem Garten unter den Rosen war ein wundervoller Ort, an dem Mia lesen und träumen könnte.

ÜBER DIE AUTORIN

Mit ihrem Wunsch, Schriftstellerin zu werden, schaffte es Leonie Haubrich immer wieder, sich das Leben selbst schwer zu machen. Warum nicht einfach nach dem abgeschlossenen Studium (Musikwissenschaft, Germanistik und Schulmusik) etwas »Vernünftiges« arbeiten? Doch das Leben ist nicht dafür da, um das zu tun, was alle tun. Man kann die Sterne nicht vom Himmel holen. Aber wenn Leonie Haubrich einmal alt ist und über das Meer blickt, möchte sie sich sagen können, dass sie es wenigstens versucht hat.

Doch bei einem Versuch ist es nicht geblieben. Jahrelang war Leonie Haubrich als Journalistin für Frauenzeitschriften tätig. Sie veröffentlicht seit 1999 als Verlagsautorin, seit 2012 auch als Selfpublisherin. Die meiste Zeit des Jahres ist die Autorin unterwegs, um für eines ihrer nächsten Bücher zu recherchieren.

Zur besseren Einordnung der Werke erscheinen die Psychothriller unter dem Pseudonym Leonie Haubrich, die anderen Romane unter dem Realnamen Heike Fröhling.

Mehr über die Autorin erfahren Sie auf der Webseite www.auf-lose-blaetter.de

Wenn Ihnen das Buch gefallen hat, freue ich mich sehr über Ihre positive Kundenbewertung bei Amazon. Damit unterstützen Sie eine Autorin auf ihrem Weg, Sie mit weiteren Romanen zu überraschen, die Spannung und Tiefgang verbinden.

Übrigens: Über Neuerscheinungen / Buchaktionen / kurzfristige Preisreduzierungen / Gewinnspiele informiert der Newsletter auf: www.auf-lose-blaetter.de

Der Newsletter erscheint rund einmal im Monat und nur dort gibt es auch die überzähligen Belegexemplare der Verlagsbücher zu gewinnen.

facebook.com/aufloseblaetter

twitter.com/HeikeFroehling

instagram.com/heikefroehling